ツバ語
記述言語学的研究

内藤真帆 著

プリミエ・コレクションの創刊にあたって

「プリミエ」とは，初演を意味するフランス語の「première」に由来した「初めて主役を演じる」を意味する英語です．本コレクションのタイトルには，初々しい若い知性のデビュー作という意味が込められています．

いわゆる大学院重点化によって博士学位取得者を増強する計画が始まってから十数年になります．学界，産業界，政界，官界さらには国際機関等に博士学位取得者が歓迎される時代がやがて到来するという当初の見通しは，国内外の諸状況もあって未だ実現せず，そのため，長期の研鑽を積みながら厳しい日々を送っている若手研究者も少なくありません．

しかしながら，多くの優秀な人材を学界に迎えたことで学術研究は新しい活況を呈し，領域によっては，既存の研究には見られなかった溌剌とした視点や方法が，若い人々によってもたらされています．そうした優れた業績を広く公開することは，学界のみならず，歴史の転換点にある21世紀の社会全体にとっても，未来を拓く大きな資産になることは間違いありません．

このたび，京都大学では，常にフロンティアに挑戦することで我が国の教育・研究において誉れある幾多の成果をもたらしてきた百有余年の歴史の上に，若手研究者の優れた業績を世に出すための支援制度を設けることに致しました．本コレクションの各巻は，いずれもこの制度のもとに刊行されるモノグラフです．ここでデビューした研究者は，我が国のみならず，国際的な学界において，将来につながる学術研究のリーダーとして活躍が期待される人たちです．関係者，読者の方々ともども，このコレクションが健やかに成長していくことを見守っていきたいと祈念します．

2011年5月

第25代　京都大学総長　松本　紘

はじめに

　南太平洋に位置するヴァヌアツ共和国は人口およそ 23 万，大小 83 の島々からなり，ほぼ全ての国民は国語であるビスラマ語を話す．またこれとは別に島々では現地語が話されており，その数は 100 を超える．本書はそのなかのひとつ，ツツバ島で話されているツツバ語に焦点をあてたものである．
　ツツバ島は面積約 14 平方キロメートルの小さな島で，電気・水道・ガスがなく，人々の多くはイモの栽培を中心とした自給自足の生活を送っている．ツツバ語はこれら 500 人にも満たない人々に，日常的に用いられている文字を持たない言語である．
　これまでの先行研究としては，Tryon (1976) らがツツバ語を含むヴァヌアツのすべての現地語を対象にそれぞれの基礎語彙およそ 300 語を調査研究したものがあるだけで，ツツバ語に焦点をあてて調査記述したものは存在しない．
　本書は筆者自身が現地の人々と寝食をともにして得たデータを基に，言語学的視点からツツバ語の記述をめざしたものである．ここではツツバ語の音や形態，文の構造を明らかにするほか，ツツバ語に世界でも極めて珍しい音，舌唇音が存在することを紹介する．舌唇音は舌先と上唇によって調音される音で，世界のおよそ 7000 もの言語のうち，これまでに 10 あまりの言語にしか存在が報告されていない．
　もともと舌先と上唇により音を作ることは可能であると考えられていた．しかし実際にこれが言語音として用いられるとは長いあいだ考えられていなかった．わずかに報告をみた 10 あまりの言語における舌唇音は，私たちの常識を覆す多種多様な言語現象が未調査の言語，特に辺境に生きる言語にまだまだ残されている可能性を示唆するものである．

現在，舌唇音の大部分は他の音へ変化しつつある．ツツバ島でも今や舌唇音を発音する話者はほぼ高齢者に限られており，それもわずか数名しか生存していない．もはや子供たちはこの音を聞き取ることすらできない．次世代に継承されることなく舌唇音はツツバ語から消えようとしている．また舌唇音だけでなく，ツツバ語で数を数えることも，鳥や植物の名前を言うことも，海の色の変化を伝えることも，イモや月を軸とした暦で時期をあらわすことも子供たちはできなくなりつつある．記録が急がれる．

　本書はツツバ語の初めての体系的な記述となりうるものであり，また消滅の危機に瀕した言語の記録ともなりうるものである．従って，できる限りツツバ語の全体像を見渡せるような詳細な記述を心がけた．

　本書がオセアニアの言語をはじめ，何らかの言語研究に多少なりとも寄与しうることを願っている．

目　次

はじめに　iii

1章　ツツバ語の背景 ――――――――――――――――― 1

- 1.1. ヴァヌアツ共和国　2
  1.1.1. 学校教育で使用される言語／ 1.1.2. 就学経験／ 1.1.3. 家庭で話される言語
- 1.2. ツツバ語とツツバ島　9
  1.2.1. 先行研究／ 1.2.2. 研究のデータ
- 1.3. 本書の構成　14
- 1.4. 略号一覧　15

  COLUMN　ツツバ島の一日　18

2章　音素・音韻 ――――――――――――――――― 21

- 2.1. 母音　22
  2.1.1. 母音の最小対／ 2.1.2. 母音の音価／ 2.1.3. 母音の音声的特徴
- 2.2. 子音　27
  2.2.1. 子音の最小対／ 2.2.2. 祖語との対応／ 2.2.3. 子音の音価
- 2.3. ツツバ語の舌唇音　34
  2.3.1. 舌唇音の先行研究／ 2.3.2. 舌唇音の音変化と仮説／ 2.3.3. 舌唇音 /m̼/, /b̼/, /v̼/ ／ 2.3.4. 舌唇音の衰退／ 2.3.5. 音変化の要因
- 2.4. 音素配列　45
  2.4.1. 音節構造／ 2.4.2. 母音連続／ 2.4.3. 子音連続／

2.4.4. 同化／2.4.5. 異化／2.4.6. 脱落
- 2.5. アクセント　52
- 2.6. イントネーション　53
  - 2.6.1. 平常文／2.6.2. 疑問文／2.6.3. 命令文

COLUMN　自然の恵み　56

3章　形態論 ——————————————— 59

- 3.1. 自由語基と拘束語基，接辞と接語　60
  - 3.1.1. 自由語基／3.1.2. 拘束語基／3.1.3. 接辞と接語
- 3.2. 語形成　63
  - 3.2.1. 接頭辞／3.2.2. 接尾辞／3.2.3. 重複／3.2.4. 複合
- 3.3. 形態論まとめ　87

COLUMN　食事　88

4章　品詞 ——————————————— 91

- 4.1. 名詞　92
- 4.2. 動詞　95
- 4.3. 形容詞　96
- 4.4. 副詞　98
- 4.5. 名詞，動詞，形容詞，副詞の統語機能比較　100
- 4.6. 前置詞　101
- 4.7. 接続詞　103
  - 4.7.1. 等位接続詞／4.7.2. 従属接続詞
- 4.8. 冠詞　105
  - 4.8.1. 定冠詞 na／4.8.2. 不定冠詞 te
- 4.9. 間投詞　107
- 4.10. 小詞　108
  - 4.10.1. 義務，相，否定の小詞／4.10.2. 類別詞／4.10.3. 連結辞

| COLUMN | 学校　　112 |

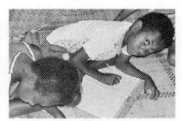

5章　文の構造 ——————————————— 115

- 5.1. 基本語順　　116
- 5.2. 主要部と従属部　　117
- 5.3. 文法範疇　　118
- 5.4. 述語　　119
  5.4.1. 動詞述語文と形容詞述語文／5.4.2. 名詞述語文／
  5.4.3. 副詞述語文
- 5.5. 主語と補語　　125
  5.5.1. 主語／5.5.2. 補語
- 5.6. 付加詞　　129
  5.6.1. 頻度をあらわす付加詞／5.6.2. 場所をあらわす付加詞／
  5.6.3. 時をあらわす付加詞／5.6.4. 様態をあらわす付加詞／
  5.6.5. 道具および手段，その他の付加詞
- 5.7. 焦点化　　134
- 5.8. 法　　135
- 5.9. 否定・義務　　136
- 5.10. 相（アスペクト）　　137

| COLUMN | 数の数え方　　140 |

6章　名詞と名詞句 ——————————————— 143

- 6.1. 名詞の種類　　144
  6.1.1. 普通名詞／6.1.2. 固有名詞／6.1.3. 数詞／6.1.4. 数量詞／6.1.5. 代名詞類／6.1.6. 名詞の種類まとめ
- 6.2. 名詞句の構造と機能　　164
  6.2.1. 名詞句の構造／6.2.2. 名詞句の機能
- 6.3. 名詞句主要部を修飾する名詞以外の要素　　185
  6.3.1. 冠詞／6.3.2. 類別詞と所有表現／6.3.3. 関係節／

6.3.4. 名詞句に後置される名詞句
- 6.4. 前方照応の接尾辞が付加する要素　193
  6.4.1. 名詞句末に主要部がある場合／6.4.2. 名詞句末が普通名詞や固有名詞の場合／6.4.3. 名詞句末が形容詞の場合／6.4.4. 名詞句末が指示代名詞の場合／6.4.5. 名詞句末が数詞の場合／6.4.6. 名詞句末が数量詞の場合／6.4.7. 名詞句末が類別詞の場合／6.4.8. 前方照応の接尾辞まとめ
- 6.5. 指示代名詞　201
  6.5.1. 指定の指示代名詞／6.5.2. 物をあらわす指示代名詞／6.5.3. 場所をあらわす指示代名詞／6.5.4. 方向をあらわす指示代名詞／6.5.5. 指示代名詞まとめ
- 6.6. 所有表現　215
  6.6.1. 名詞の修飾と所有／6.6.2. 所有形式と意味／6.6.3. 所有形式と指示物／6.6.4. 所有物の省略／6.6.5. 所有表現まとめ

COLUMN　連絡方法　250

7章　動詞と動詞句　253

- 7.1. 自動詞と他動詞の形態的な違い　254
  7.1.1. 両用動詞／7.1.2. 他動詞の形態的な特徴
- 7.2. 自動詞　257
  7.2.1. 非人称動詞／7.2.2. 人称動詞／7.2.3. 派生した人称の自動詞
- 7.3. 他動詞　269
  7.3.1. 主格を支配する他動詞／7.3.2. 対格を支配する他動詞／7.3.3. 斜格を支配する他動詞／7.3.4. 拡張した他動詞
- 7.4. 移動動詞　278
  7.4.1. ツツバ語とオセアニア祖語の移動動詞／7.4.2. ツツバ島内の方向表現／7.4.3. サント島内の移動表現／7.4.4. 他島への移動表現／7.4.5. 移動動詞と空間分割
- 7.5. 動詞句　304
  7.5.1. 動詞句の構造／7.5.2. 動詞句の構成要素

- 7.6. 動詞連続　309
    - 7.6.1. 述語連続／7.6.2. 述部連結

COLUMN　命がけのボート　328

8章　形容詞 ─── 331

- 8.1. 形容詞と動詞，名詞　332
- 8.2. 形容詞の基本的機能　334
    - 8.2.1. 述語になる形容詞／8.2.2. 名詞を修飾する形容詞
- 8.3. 形態と意味との相関関係　336
    - 8.3.1. 重複／8.3.2. 形容詞に付加する接尾辞
- 8.4. 意味に基づく下位分類　343
    - 8.4.1. 形容詞の意味グループ／8.4.2. 形容詞の意味／8.4.3. 名詞修飾時の形容詞の語順
- 8.5. 拡張された形容詞　350
    - 8.5.1. 動詞的機能の拡張／8.5.2. 副詞的用法／8.5.3. 名詞的用法
- 8.6. 法，相，否定との共起制限　356
    - 8.6.1. 既然法と未然法／8.6.2. 命令法／8.6.3. 進行相／8.6.4. 反復相／8.6.5. 未完了相／8.6.6. 起動相／8.6.7. 否定
- 8.7. 形容詞まとめ　361

COLUMN　医療　362

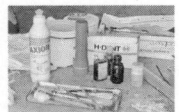

9章　副詞 ─── 365

- 9.1. 文修飾の副詞　366
    - 9.1.1. 文頭に現れる副詞／9.1.2. 文頭または文末に現れる副詞
- 9.2. 動詞修飾の副詞　369
    - 9.2.1. 補語の直前に現れる副詞／9.2.2. 補語の直後に現れる副詞／9.2.3. 副詞の拡張された機能

▍ 9.3. 副詞まとめ　　377

COLUMN　ツツバ島のお礼　　380

10章　前置詞と前置詞句 ———————————— 383

▍ 10.1. 方向，対象，受益をあらわす tel　　384
▍ 10.2. 受益をあらわす lave　　386
▍ 10.3. 起点をあらわす tiu　　386
▍ 10.4. 理由，目的，話題をあらわす sur　　387
▍ 10.5. 理由，目的，話題をあらわす matan　　388
▍ 10.6. 方向，場所，時をあらわす na　　389
▍ 10.7. 随伴をあらわす tuan　　394
▍ 10.8. 前置詞まとめ　　395

COLUMN　結婚式　　396

11章　重文 ———————————————————— 399

▍ 11.1. 等位接続詞の文　　400
　　11.1.1. 添加・順接の接続詞 ro ／ 11.1.2. 反意の接続詞 na ／
　　11.1.3. 選択の接続詞 te ／ 11.1.4. 時の経過の接続詞 mevro と
　　aevro ／ 11.1.5. 因由の接続詞 balro
▍ 11.2. 並置　　411
　　11.2.1. 述部連結と並置の違い
▍ 11.3. 繰り返しによる接続　　414
　　11.3.1. 繰り返しによる接続と相

COLUMN　豚の価値　　418

12章　複文 ———————————————————— 421

▌12.1. 副詞節　422
12.1.1. 並置された二節の意味／ 12.1.2. 主節と副詞節の順番／ 12.1.3. 主節と副詞節の法／ 12.1.4. 時をあらわす節／ 12.1.5. 理由，目的をあらわす節／ 12.1.6. 条件をあらわす節

▌12.2. 関係節　433
12.2.1. 指示代名詞の機能／ 12.2.2. 指示代名詞と関係代名詞／ 12.2.3. 関係代名詞の省略／ 12.2.4. 関係節のプロソディー／ 12.2.5. 関係節における先行詞の文法的役割／ 12.2.6. 名詞句の接近可能性／ 12.2.7. 関係節における先行詞の数／ 12.2.8. 主節と関係節の法，相

▌12.3. 補語節　448
12.3.1. 補語節標識／ 12.3.2. 直接話法と間接話法／ 12.3.3. 主節と補語節の法，相に関する制約／ 12.3.4. 補語節をとりうる動詞

COLUMN　首長と豚　458

参考文献　461
参考論文　467
資料　469
あとがき　509
索引　511

1章　ツツバ語の背景

1.1. ヴァヌアツ共和国
1.2. ツツバ語とツツバ島
1.3. 本書の構成
1.4. 略号一覧

本章では，初めにヴァヌアツ共和国の地理や歴史，言語について 1.1. で概説したのち，1.2. 以降でツツバ語をとりまく社会的，地理的環境，および本研究の背景について述べる．

1.1. ヴァヌアツ共和国

地理

ヴァヌアツ共和国は，オーストラリアから東におよそ 1750 キロメートルの距離に位置し，大小 83 の島々から構成される島嶼国である．83 の島々の総面積，すなわちヴァヌアツ共和国の国土は 12200 平方キロメートルである．国の人口は 2010 年の時点でおよそ 23 万人である[1]．

歴史と言語

ヴァヌアツでは，オーストロネシア語族のオセアニア語派に属する 100 あまりもの現地語が話されているほか（図 2 参照），ピジン英語であるビスラマ語，旧宗主国の言語である英語とフランス語も用いられている (Lynch 1994)．

ヴァヌアツは 1980 年に独立するまでニューヘブリデス諸島と呼ばれ，イギリスとフランスの共同統治下にあった．共同統治は 1906 年から独立を果たすまでの 74 年間におよび，統治下では英語とフランス語が公用語として，また学校教育で使用される言語として制定された．

独立後は憲法でビスラマ語が国語として制定された．そして公用語には旧宗主国の言語である英語とフランス語，加えてビスラマ語の三言語が定められた．学校教育で使用される言語としては，独立後も統治時代と変わらず英語とフランス語の二言語が制定された．

---

1) これ以降，ヴァヌアツ共和国をヴァヌアツとする．これらの情報はヴァヌアツ政府の国政調査担当部署にて 2010 年に入手したものである．

1章　ツツバ語の背景

図1　ヴァヌアツ

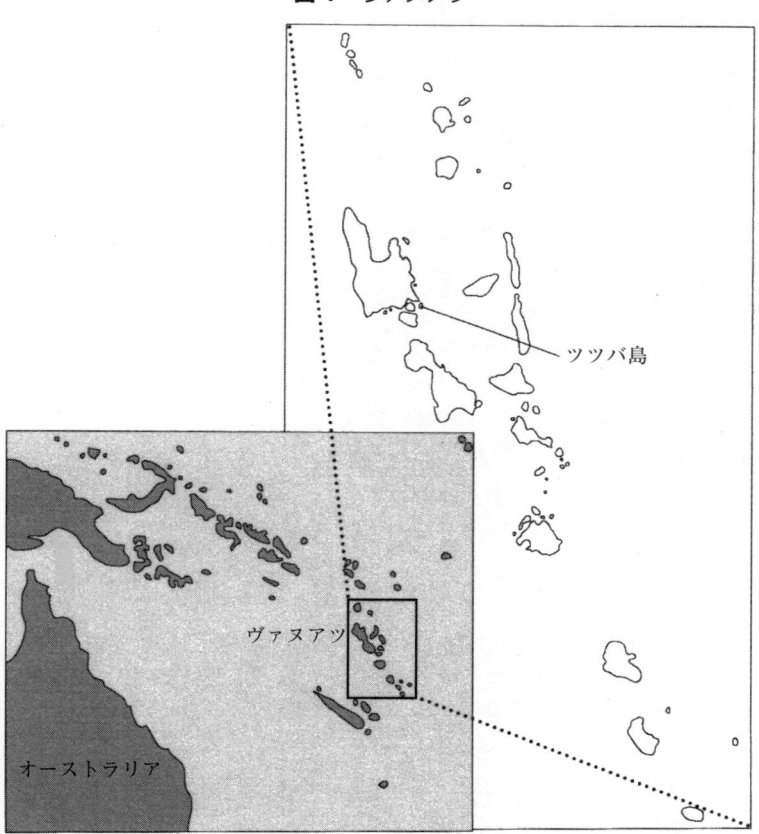

図2 ヴァヌアツで話される言語[2] (Tryon 1996)

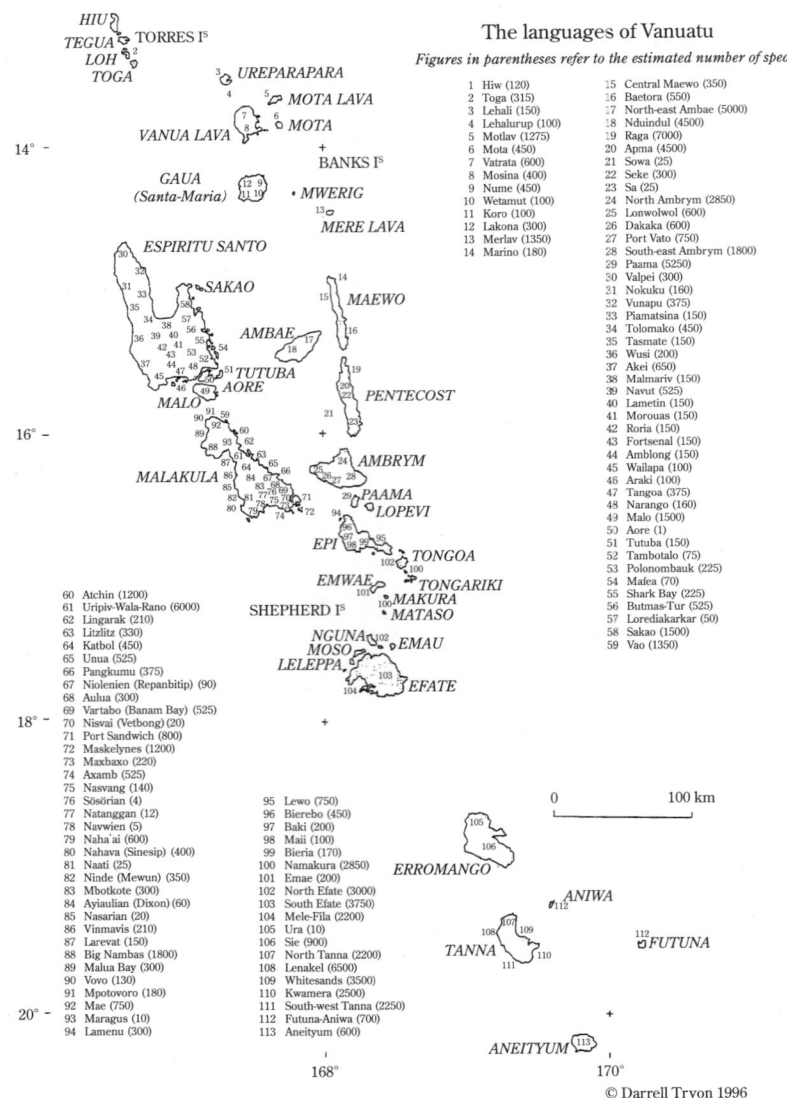

2) 括弧内の数字は話者数.

1章　ツツバ語の背景

　ヴァヌアツでは今日，ビスラマ語，英語，フランス語の三言語によるラジオ放送に加え，三言語で書かれた新聞が発行されている．ビスラマ語は憲法で国語として制定されているものの，今日まで正書法が確立されておらず，アルファベットで表記されている．正書法が定められていないため，次の「学校」の例のように異なる表記も一紙の中で往々にして見られる．

　　　「学校」　SIKUL
　　　　　　　SUKUL

1.1.1.　学校教育で使用される言語

　先に述べたように，ヴァヌアツの憲法は学校教育で用いる言語として英語とフランス語を定めている．図3に示すようにヴァヌアツの学校は，授業言語が英語の学校とフランス語の学校に二分される．
　小学校は全体で398校あり，中学高校は58校ある．このうち指導に英語を用いる小学校は246校であり，フランス語を用いるのは152校である．また指導に英語を用いる中学高校は38校であり，フランス語を用いるのは20校である (The Republic of Vanuatu 2000)．小学校，中学高校ともに英語で指導を行う学校が全体の半数を占めるが，たとえ英語使用の学校であっても中学校入学と同時にフランス語の授業が科目として導入され，逆にフランス語使用の学校では英語の授業が導入される．ゆえに結局のところ，比重は大きく異なるが最終的には両言語を学習することになる．生徒は授業中に英語またはフランス語の使用のみが認められており，ビスラマ語を使用した場合は校庭を走る，草むしりをするなどの罰が課せられることもある（図4）．
　ヴァヌアツの首都には英語で授業が行われる南太平洋大学の分校が置かれている．しかしヴァヌアツ国民の大学進学率は低く，学生の多くはソロモンやフィジーなど，近隣諸国出身である．

図3 ツツバ島を含む周辺地域の小学校
(The Republic of Vanuatu 2000)

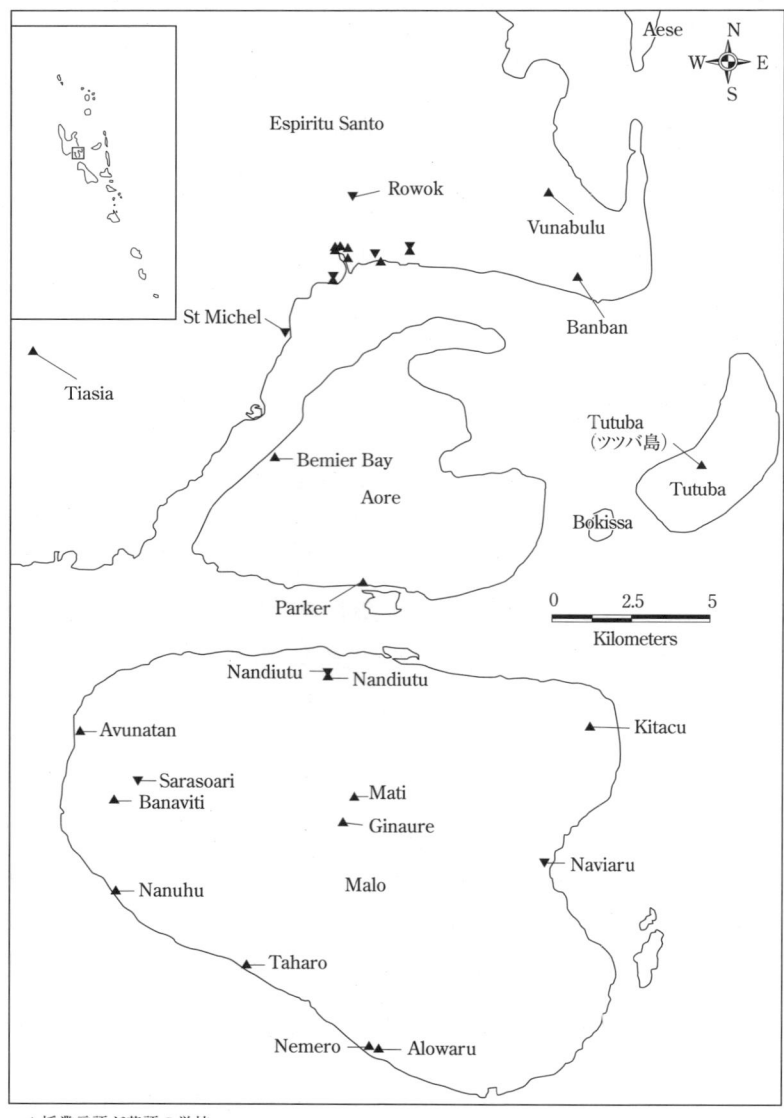

▲授業言語が英語の学校
▼授業言語がフランス語の学校

図4 学生に対する言語規制[3]

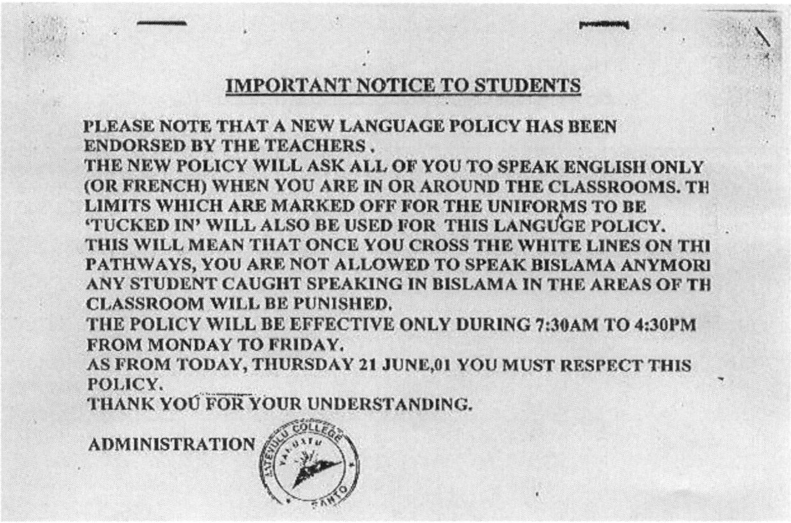

> **IMPORTANT NOTICE TO STUDENTS**
>
> PLEASE NOTE THAT A NEW LANGUAGE POLICY HAS BEEN ENDORSED BY THE TEACHERS.
> THE NEW POLICY WILL ASK ALL OF YOU TO SPEAK ENGLISH ONLY (OR FRENCH) WHEN YOU ARE IN OR AROUND THE CLASSROOMS. TH LIMITS WHICH ARE MARKED OFF FOR THE UNIFORMS TO BE 'TUCKED IN' WILL ALSO BE USED FOR THIS LANGUGE POLICY.
> THIS WILL MEAN THAT ONCE YOU CROSS THE WHITE LINES ON TH PATHWAYS, YOU ARE NOT ALLOWED TO SPEAK BISLAMA ANYMOR ANY STUDENT CAUGHT SPEAKING IN BISLAMA IN THE AREAS OF TH CLASSROOM WILL BE PUNISHED.
> THE POLICY WILL BE EFFECTIVE ONLY DURING 7:30AM TO 4:30PM FROM MONDAY TO FRIDAY.
> AS FROM TODAY, THURSDAY 21 JUNE, 01 YOU MUST RESPECT THIS POLICY.
> THANK YOU FOR YOUR UNDERSTANDING.
> ADMINISTRATION

1.1.2. 就学経験

　都心部と周辺地域住民の就学経験の割合には，かなりのひらきが見られる．表1は1999年に統計局が15歳以上の男女を対象に，最終学歴を調べた結果である（The Republic of Vanuatu 1999: 102-103）．表の数値は全人口に占める割合ではなく，都心部そして周辺地域のそれぞれの人口を母体としている．

　周辺地域に住む全人口の5分の1以上は就学経験がなく，これは都心部のおよそ4倍にあたる．また就学経験のない者と小学校の就学経験はあるが修了証書を有していない者を合わせた割合が，都心部では21.6％と都心部人口の5分の1であるのに対し，周辺地域では54％と住民の半数以上にものぼる．加えてその後の進学割合も大きく異なることが数値から分かる．なお都心部

---

[3] 本資料は，ヴァヌアツのサンマ州にあるマテヴルカレッジ（Matevulu College）において，先生方の好意により得ることの出来たものである．

とはエファテ島に置かれる首都ポートヴィラとサント島にある副首都ルーガンヴィルの二地域を指し，周辺地域とはそれ以外の地域をいう．

表1 都心部と周辺地域住民の就学経験割合

単位（％）小数点第二位を四捨五入

	都心部	周辺地域
就学経験なし	5.4	21.8
小学校の就学経験はあるが，修了証書は有せず	16.2	32.2
小学校の修了証書を有する	37.3	35.0
Year10の修了証書を有する[4]	18.2	5.6
大学の修了証書を有する	4.9	0.4
その他	18.0	4.6

1.1.3. 家庭で話される言語

ヴァヌアツ政府は1990年代終わりにヴァヌアツのすべての島に住む人々を対象に調査を行った結果，家庭では現地語が用いられる割合が最も高く，使用の割合は現地語72.6％，ビスラマ語23.3％，英語1.9％，フランス語1.4％，その他0.3％であったと報告している（The Republic of Vanuatu 1999: 28）．この内訳であるが，次頁のグラフ1が示すように，都心部ではヴァヌアツ全域と使用言語の比率が異なり，現地語の使用が全体の30.1％であるのに対し，ビスラマ語が半数以上の58.1％である．そしてこれに英語が6.1％，フランス語が4.7％，その他1.0％と続く．また周辺地域では，現地語の使用が85.4％，ビスラマ語が13.3％，英語が0.7％，フランス語が0.5％，その他0.1％である（The Republic of Vanuatu 1999: 130）．都心部でビスラマ語の使用割合が高いのは，母語を異にする人々が現金収入を求めて都心部に集まり，そこで結婚することを考えれば当然といえる．

---
4) 中学校卒業を意味する．

グラフ1　家庭で話される言語

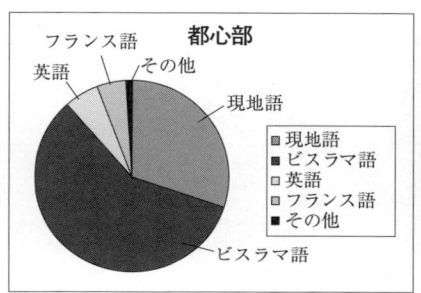
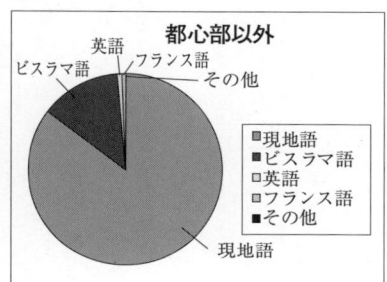

1.2. ツツバ語とツツバ島

　ツツバ語はオーストロネシア語族のオセアニア語派に属し，北・中央ヴァヌアツグループに分類される言語で（Clark 1985, Lynch 1998: 46），ツツバ島に住む150人から500人の人々に日常的に用いられている[5]．ツツバ島は副都心が置かれるヴァヌアツ最大の島，エスピリトゥ・サント島の南東に位置し，面積13.9平方キロメートルの小さな島である（図1）[6]．島には海岸線に沿って一本の長い道が走っており，この道沿いに10あまりの村が点在する（図5）．ツツバ島の人口は1967年に158人，1979年に229人，1989年に315人，そして1999年には518人と，この30年あまり急速に増加している．この人口の増加は外部からの人口流入というよりはむしろ出生率の増加によるところが大きい．出生率の変化に伴う人口増加は，ツツバ島だけでなくヴァヌアツ全体に見られる傾向である．

　ツツバ島には1999年時点で90世帯，518人が生活しており，その内訳は女性237人，男性281人である．言及なしの49人を除く469人を年齢別に

---

[5] Lynch and Crowley (2001) はツツバ語の話者数を約500人とみているが，Gordon (2005) は150人とみている．

[6] ツツバ島は南緯15.3度から15.4度，東経167.2度から167.3度の間に位置している．

図5 ツツバ島（Land Use Planning Office所蔵[7]）
Tutuba Island

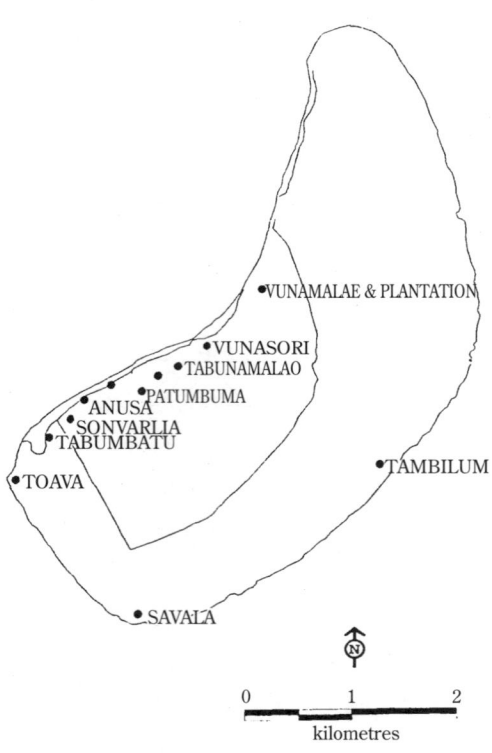

見ると次のようになる（The Republic of Vanuatu 1999: 54）.

年齢	0–9	10–19	20–29	30–39	40–49	50–59	60–69	70以上
人口	172	119	62	53	34	13	9	7

7) この地図は2003年9月にヴァヌアツのLand Use Planning Officeで入手したものである.

1999年に15歳から64歳を対象に行った国勢調査は，ツツバ島の対象者212人中，現金収入を得る仕事に携わるのは43人であると報告している（The Republic of Vanuatu 1999: 54）．これらの人々の多くは，石鹸や油の原料となるコプラ（ココナツの胚乳を乾燥させたもの）を副都心で売って現金を得ている．現金収入のない人々は自給自足の生活を送っている．ツツバ島には中学・高校はなく，小学校が一校存在するのみである．小学校は授業料が要るため，就学しない子供もいる．また小学校卒業後に中学に進学する場合は，島を離れて寮生活を送らなければならないため，経済的理由から進学する児童の数は限られる．

1.2.1. 先行研究

　ヴァヌアツの言語を対象とした先行研究は次の三つに分類できる．

1. オセアニア諸語の下位分類
2. 言語の文法記述
3. 語彙の記録

　これまでのヴァヌアツの言語に関する先行研究，特にヴァヌアツ研究者の言語記述に影響を与えたと考えられているものを以下に示す．

> 1891 年　Macdonald が 10 の言語について，その文法を簡潔に記したもの（以下このタイプの文法記述を「文法スケッチ」と呼ぶ）を出版
>
> 1926 年　Ray が 17 言語の文法スケッチを出版
>
> 1938 年　Ivens がペンテコスト島の言語の文法スケッチを出版，1940 年にはアンバエ島，マエヲ島の言語のスケッチを出版
>
> 1966 年　Walsh がペンテコスト島で話されるラガ語の音韻論と句構造を記述
>
> 1976 年　Tryon が約 180 の言語・方言を対象に収集した，それぞれ約 300 語の基礎語彙集 New Hebrides Languages を出版

　1969 年から 1974 年にかけて，Tryon を含む 4 人の言語学者がヴァヌアツの言語・方言を対象にそれぞれの基礎語彙およそ 300 語を調査し，それを 1976 年に New Hebrides Languages で発表して以降，個別言語の体系的記述が行われるようになった．この New Hebrides Languages には，ツツバ語の語彙を音声表記したものも含まれており，これが本研究の唯一の先行研究といえる．この語彙およそ 300 語を除いてはツツバ語について記録されたものはなく，Lynch and Crowley (2001) は Languages of Vanuatu でツツバ語を「ほとんど情報が存在せず，どのような言語であるのか依然不明である」としている．

1.2.2. 研究のデータ

　本書のデータは，筆者自身が 2001 年から 2006 年までのあいだにツツバ島

で調査を行い，得られたものである[8]．用いたデータは次の6種類である．

1. 聞き取り調査で得られた語彙
2. 聞き取り調査で得られた文
3. 筆者が作成した文のうち，聞き取り調査でツツバ語話者が容認したもの
4. 観察した日常の会話
5. 収集したテクスト（民話，会話）
6. 筆者が発話した文のうち，ツツバ語話者が訂正したものと，筆者の発話した文に対するツツバ語話者の返答

上記の6種類のデータのうち，1から5のデータは，ビスラマ語を用いて聞き取りを行い，収集したものである．そして6は筆者のツツバ語による日常会話中に得られたものである．これらのデータは，数多くのツツバ語話者の協力により得ることができたが，なかでも毎日の聞き取り調査に積極的に協力してくださった50代のVernabas氏とMoris氏，70代のSara氏とTurabue氏には，たくさんの貴重な情報を提供していただいた．これら4人の調査協力者はすべてツツバ島の出身である．また4人はツツバ語を母語とし，ツツバ語を日常的に用いている．そしてこれら4人に加え，調査協力者Turabue氏の孫John氏には，ヴァヌアツやツツバ島における学校教育について数多くの情報を提供していただいた．彼は，母親の母語であるツツバ語と父親の母語であるペンテコスト島のラガ語を話し，ツツバ語とビスラマ語を日常的に用いる．彼は過去にツツバ島や他の島で小学校教員をしていたという経歴の持ち主である．

　以下に協力いただいた5人の母語，日常語，受けた教育についてまとめる．

---

[8] ただし移動動詞（7.4.）で用いたデータの一部は2008年の調査で得られたものである．

表2　調査協力者

氏名	母語	日常語	教育
Vernabas (男・50代)	ツツバ語	ツツバ語	小学校
Moris (男・50代)	ツツバ語	ツツバ語	高校
Sara (男・70代)	ツツバ語	ツツバ語	未就学
Turabue (男・70代)	ツツバ語	ツツバ語	未就学
John (男・30代・元小学校教員)	ツツバ語, ラガ語	ツツバ語, ラガ語, ビスラマ語	教員養成の 専門学校

1.3. 本書の構成

　本書では，初めに1章（本章）でヴァヌアツの歴史や言語状況，ツツバ語の話者数などを示し，続く2章で音素・音韻について，そして3章で形態について述べる．この言語では特定の品詞を他の品詞から区別できるような形態的特徴が存在しないため，4章「品詞」では，この言語に9つの品詞を区別して立てることの意義と正当性を示し，それぞれの品詞の特徴を概説する．5章では最も基本的な文の構造や，この言語の文法範疇，主要部と従属部の修飾構造を示し，動詞以外の品詞が述語となる名詞述語文や副詞述語文とその否定形について記す．

　6章から10章にかけては4章で示した9品詞のなかの名詞，動詞，形容詞，副詞，前置詞について順に記す．6章「名詞と名詞句」では名詞を意味や機能に応じて下位分類し，名詞句の構造や指示代名詞と移動動詞の関係，所有表現について述べる．7章「動詞と動詞句」では，とりうる項数と格支配の観点から，動詞を下位分類し，移動動詞について詳述したのち動詞句の構造や動詞連続について論じる．8章では形容詞を意味的な観点から分類し，複

数の形容詞が名詞句主要部を修飾するときの語順を示す．そして9章では副詞の種類と意味，格支配について述べ，10章では前置詞の機能と動詞的なふるまいについて論じる．11章と12章ではツツバ語の文について述べる．11章では重文について，12章では複文について，それぞれの接続方法や接続詞を記す．

論文末には資料として，ツツバ語の2つの民話と本書で用いた語彙の一覧を示す．

なお本書では，例文や脚注，地図の番号は章ごとに付している．

1.4. 略号一覧

本書で用いる略号を以下に示す（次のページにわたりアルファベット順）．

1, 2, 3	人称	OBLG	義務
A	動作主	NEG	否定
ADV	副詞	O	動作主
ART	冠詞	PL	複数
C	子音	PNCV	北・中央ヴァヌアツ祖語
CAUS	使役	POc	オセアニア祖語
CDN	基数	POSS	所有者代名詞
CLASS	類別詞	PP	前置詞
CONJN	接続詞	PROG	進行相
DTB	分配数	R	既然法
DUAL	双数	REF	前方照応
DX	指示代名詞	RED	重複
EXC	排他形	REP	反復相

FEM	女性	S		主語
IMP	命令形	SG		単数
IMPF	未完了相	TR		他動詞化接辞
INC	包括形	TRIAL		三数
INTR	自動詞化接辞	V		母音
ITJ	間投詞	-		形態素境界
IR	未然法	#		語境界
LINK	連結辞	=		接語境界
N	鼻子音	'		アクセント
NMLZ	名詞化接辞	>		通時的変化
OBJ	対格補語			

1章 ツツパ語の背景

[上] 携行品
現地調査の必携品．右上から時計回りに「救命胴衣，調査票，ノート，油性ペン，懐中電灯，録音機，電池，蚊帳，毛布，風邪薬，蚊よけの薬（マラリア用），雨水の浄水フィルター，蚊取線香，そして中央は発音時の舌や唇の動きを撮影するためのビデオカメラ」．ボート浸水や雨，湿気により機材が故障することもあるため，毎回録音機は3台，電池は100本を持って行く．この必携品にいくつかの衣類と寝袋，参考文献を加えたものが調査時の全携行品である．

[下] 方位磁針
移動を表す動詞 sae「上る」，sivo「下る」，vano「行く，横切る」が何に依拠して使い分けられているのかを明らかにするときの調査の様子．可能性の一つである方角との関係を調べることを目的にツツパ語話者が陸路，海上，他島を移動する際には，私も方位磁針を片手に一緒に移動し，どの方角に移動しているときにどの動詞が用いられているのか，話者の発話と発話された状況，そのときの位置と進行の方角を逐一記録していった．写真はサント島からツツパ島への海上調査中，海水にも強いプラスチック製の方位磁針を腕輪に取り付け，ノートをとりながら視界に入るようにそれを左手首にはめているところ．どうかした拍子に投げ出されて鮫の餌食とならぬよう，舟べりをしっかりとつかむ．いつもは全身ずぶ濡れになるが，この日は海が凪いでいて調査にはもってこいだった（調査結果は7章を参照）．

COLUMN

記述言語学の現場から

ツツバ島の一日

　ツツバ島の人々は，朝まだ暗いうちにけたたましい鶏の声で目を覚ます．その後しばらくまどろむ．やがて壁の隙間から朝日が射し込むと起き上がり，日課にとりかかる．まず前日に畑から持ち帰ったドライココナツを2つに割り，殻の内側の白い固まりを細かく削り取る．それを鶏や豚，犬に餌として与える．次に自分たちの朝食とするバナナやパパイヤをジャングルで採ると，家族そろって庭で食べる．それから子供は学校へ行き，大人は畑へ行く．学校に行かない子供たちは，畑仕事を手伝うために大人についてゆく．

　ツツバ島は楕円の形をし，その中心部

朝一番の仕事．ココナツを細かく削って豚，鶏，犬に与える．

が丘になっている．人々の家は海岸沿いにあり，丘の上にある畑までは1時間ほどかかる．畑は決して広くない．ツツバ島のほぼ全ての家庭が，主食にするタロイモと儀式や贈答品としても用いるヤムイモを栽培している．農具は木である．木の先端を鋭利になるように切り落とし，尖った先端部分で地面を掘り起こしてゆく．地面は固く，鍬の代わりの木も重いためにかなりの重労働である．

昼が近づくと人々は掘ったイモをその場で焼いて食べる．喉が渇いたときには，そばのヤシの木に登って実をもぐか，または竹でヤシの実を突いて落とす．そしてヤシの実に穴をあけてじかに口をつけて飲む．グレープフルーツ大のヤシの実の中身は液体であり，この果汁はほのかに甘く畑仕事の水分補給にぴったりである．一休みの後はまた畑仕事に戻り，家族全員の夕食用のイモを掘る．

夕方が近づくと，人々は掘ったイモを麻袋に入れて畑を下り始める．帰り道ではいくつかドライココナツを拾い，木になっているみずみずしいココナツも落として持ち帰る．もしもマンゴーやカカオが熟していたら，子供たちは喜んで木に登る．子供たちにとってはこれら果物がおやつである．ジャングルの虫が鳴き立てる頃に自分の敷地に帰り着くと，人々はすぐに夕食の支度を始める．

夕食は電気がないので薄暗い中，土間または庭先にござを敷いて家族全員でとる．食後には近くの木の小枝を折り，こ

畑を耕す農具は先端を鋭利に切り落とした木．

れを爪楊枝にして歯の掃除をしたり，耳かきにして耳の掃除をしたりする．また火のそばに座っていて手元が見えるようであれば，ブッシュナイフを使って爪を切ったりもする．このようなゆったりとした時間を過ごした後は，地下水を汲み上げて水浴び場で順に水浴びをする．1日の汗を流してさっぱりしたら，星空の下で大人は火を囲みおしゃべりをしてくつろぎ，子供たちは追いかけっこなどをして遊ぶ．ときにはそのまま戸外で寝てしまうこともある．

2章 音素・音韻

2.1. 母音
2.2. 子音
2.3. ツツバ語の舌唇音
2.4. 音素配列
2.5. アクセント
2.6. イントネーション

本章ではツツバ語の音素と音韻について述べる．初めに2.1.で母音，2.2.で子音について述べる．続く2.3.で舌唇音，2.4.で音素配列について記述する．その後2.5.でアクセントについて記し，最後に2.6.でイントネーションについて説明する．

2.1. 母音

ツツバ語には，表1に示す5つの母音音素を認めることができる．この5母音は多くのオセアニアの言語に共通している音素である．ツツバ語では母音の長短は弁別的ではないが，アクセントの置かれる母音は若干長めに発音される．

表1　ツツバ語の母音

	前	中	後
高	i		u
中		e o	
低		a	

2.1.1. 母音の最小対

母音の最小対を以下に示す．拘束名詞の場合，実際にはこれらの形が単独で発話されることはないが，ここでは語基レベルで対を設定している．

| /i/-/e/ | bibi | 「肉」 | bebe- | 「肝臓」 |
| /i/-/a/ | usi | 「頼む」 | usa | 「雨」 |

/i/-/o/	uli	「描く」	ulo	「呼ぶ」
/i/-/u/	asi	「縄」	asu	「煙」
/e/-/a/	ebe-	「体」	abe	「どこ」
/e/-/o/	vel	「踊る」	vol	「買う」
/e/-/u/	rere	「話題」	ruru	「服」
/a/-/o/	nna	「彼，彼女，それ」	nno	「私」
/a/-/u/	vai	「作る」	vui	「幹」
/o/-/u/	avo	「双子」	avu	「灰」

2.1.2. 母音の音価

ツツバ語の5母音がどのように実現されるかを以下に示す．

- **非円唇母音 /i/**

/i/ → [ɪ] / __N（鼻音，前鼻音化音の前）
　　→ [j] / __V
　　→ [i] 上記以外の環境，また上記の環境でアクセントが置かれた場合

[ɪ]	vibue	[βɪᵐbue]	「竹」
[j]	tiaul	[tʰjˈaul]	「釣り針」
[i]	ima	[ˈima]	「家」
	niu	[ɲˈiu]	「ココナツ」

- **非円唇母音 /e/**

/e/ → [ɛ] / __N（鼻音，前鼻音化音の前）
　　→ [e] 上記以外の環境，または上記の環境でアクセントが置かれた

場合

| [ɛ] | ebe-ku | [ɛˈᵐbekʰu] | 「私の体」 |
| [e] | boe | [ᵐbˈoe] | 「豚」 |

- 非円唇母音 /a/

  /a/ → [a]

  | tasi | [ˈt̪ʰaʃi] | 「海」 |

- 円唇母音 /o/

  /o/ → [ɒ]/__N（鼻音，前鼻音化音の前）
  　　 → [o] 上記以外の環境，または上記の環境でアクセントが置かれた
  　　　　場合
  　　ただし鼻音，前鼻音化音の前の /o/ が [o] で実現されることもある．

  | [ɒ] | boŋ | [ᵐbɒŋ], [ᵐboŋ] | 「香り」 |
  | [o] | tamoloi | [tʰamoˈloi] | 「人」 |

- 円唇母音 /u/

  /u/ → [ʊ]/__N（鼻音，前鼻音化音の前）
  　　 → [w]/__V
  　　 → [u] 上記以外の環境，または上記の環境でアクセントが置かれた
  　　　　場合

  | [ʊ] | malumalu | [malʊˈmalu] | 「あなたの髪」 |

[w]	suia-i	[swi'ai]	「強さ」
[u]	utu	['uṭu]	「虱」
	sube	['suᵐbe]	「首長」
	bue	['ᵐbue]	「ナイフ」

2.1.3. 母音の音声的特徴

　調査協力者が発音した単語のいくつかを無作為に取り上げ，用いられている母音の F1，F2，F2-F1 値を計測したものが表 2 である[1]．縦軸は F1，横軸は F2-F1 の値であり，単位は Hz である．

表 2　母音の分布

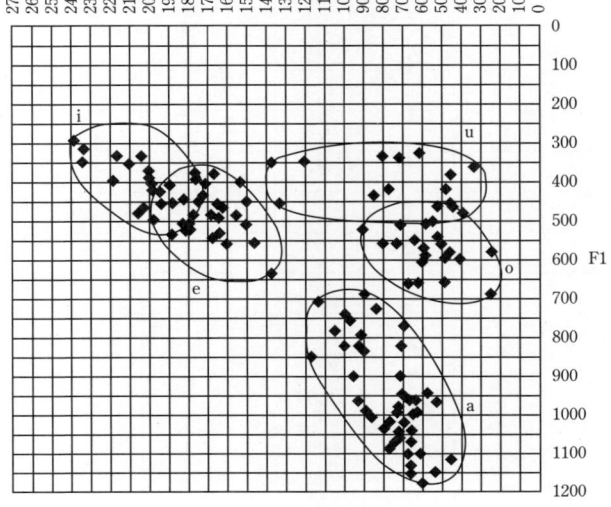

Tutuba vowel chart
F2-F1

---

1) 計測した F1，F2，F2-F1 の値は本書末の資料 C に示している．このデータの分析には，京都大学　学術情報メディアセンター　壇辻研究室のソフトウェア，KAY Elemetrics 社製の Multi-Speech 3700 (ver. 2.3) を使用させていただいた．

またこれらの数値の平均値は次のようになる．

Vowel	i	e	a	o	u
F1	381.1769	481.1514	957.2289	571.6567	405.5336
F2	2444.038	2192.486	1730.133	1130.199	1147.162
F2−F1	2059.861	1711.335	772.9041	558.5423	741.6284

この平均値の小数点以下を切り捨て，縦軸に F1，横軸に F2−F1 をあらわしたものが表3である．

表3　母音のフォルマント

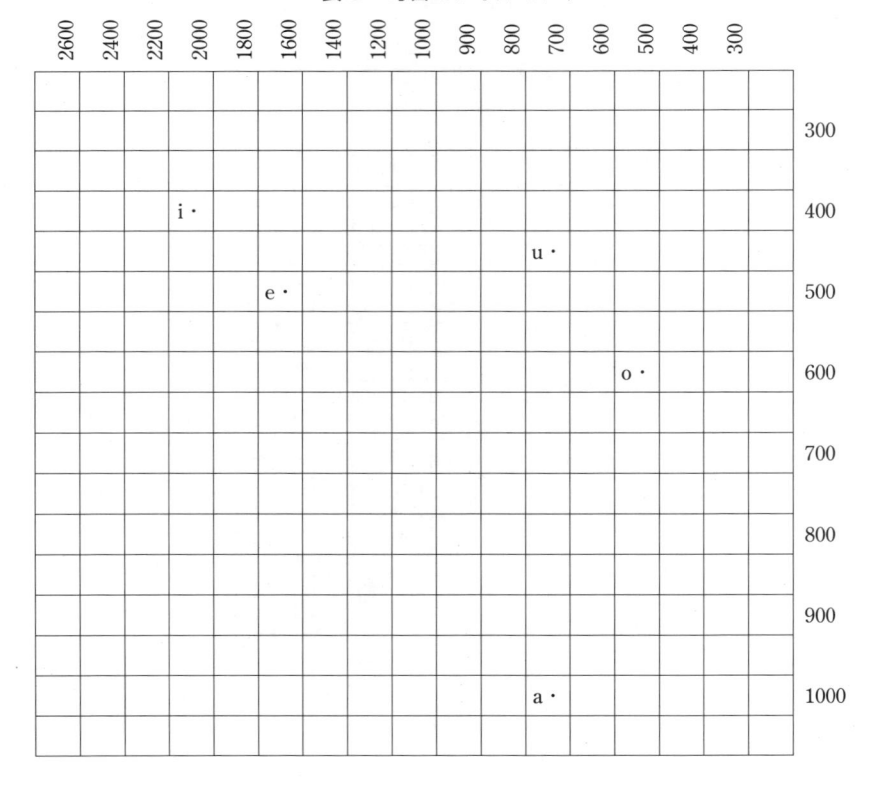

2.2. 子音

ツツバ語には表4に示す15の子音を認めることができる[2]．なかでもこの言語を特徴付ける子音として，舌先と上唇で調音される舌唇音の存在が挙げられる．舌唇音は世界の10あまりの言語に存在が報告されている希少音であるが，現在これらの言語のいくつかでは，この音が既に消失，あるいは他の音へと変化したと考えられている (Clark 1985, Maddieson 1989, Lynch 2005)．ツツバ語の舌唇音とその音変化，音変化の要因については本章の2.3.で詳述する．

表4 ツツバ語の子音

	両唇音	舌唇音	唇歯音	歯茎音	軟口蓋音	声門音
閉鎖音	b	b̪		t, d	k	
鼻音	m	m̪		n	ŋ	
摩擦音		v̪	v	s		h
ふるえ音				r		
側面音				l		

本書では同族言語との比較を容易にすることを目的として，ツツバ語に /v̪/, /v/ を認めているが，実際には /v̪/ は舌唇摩擦音 [ß̪] で実現され，/v/ は両唇摩擦音 [ß] や [ɸ]，唇歯摩擦音 [f] で実現される．

2.2.1. 子音の最小対

以下に子音の最小対を示す．

[2) 舌唇音 v̪ はかなりの調査の後に，高齢者の発音に確認できた音である．彼らはツツバ島で生まれ育ち，両親もツツバ島出身である．

/t/-/d/	utu	「虱」		udu-	「歯」
/k/-/ŋ/	ka=	「一人称・単数・未然法」		ŋa	「ただ〜だけ」
/b/-/b̰/	bebe-	「肝臓」		b̰eb̰e	「蝶」
/m/-/n/	ma	「来る」		na	「しかし」
/n/-/ŋ/	-na	「三人称・単数（所有形）」		ŋa	「ただ〜だけ」
/m/-/m̰/	mata	「へび」		m̰ata-	「叔父，目」
/r/-/l/	roso	「熱が出る」		loso	「水浴びをする」
/s/-/l/	sasa	「働く」		sala	「道」
/r/-/h/	rei	「存在する」		hei	「カヴァ」
/v/-/ṽ/	vati	「たった」		-ṽati	「四」

2.2.2. 祖語との対応

　オセアニア祖語とツツバ語の子音の対応は次のようになる．祖語の欄には先行研究である Tryon (1976) の New Hebrides Languages に倣い，Grace (1969) の再建したオセアニア祖語を記しているが，その下に括弧に入れて示しているのは近年 Ross, Pawley, and Osmond (1998, 2003) らが再建した祖語のうち，Grace (1969) とは見解の異なるものである．

表5 オセアニア祖語との対応

祖語 (Grace 1969)	ツツバ語	祖語 (Grace 1969)	ツツバ語	意味
*p	v	*papine	vavine	「女性」
	b	*kappa	aba-	「羽」
	b̃	*pitu	-b̃itu	「七」
	ṽ	*pati	-ṽati	「四」
*mp (*b)	b	*mputo	buto-	「へそ」
	b̃	*mpe(e)mpe(e)	b̃eb̃e	「蝶」
*t	t	*topu	tovu	「砂糖黍」
*nt (*d)	d	*nta	-da	「一人称・複数 (包括,所有形)」
*k	∅	*kutu	utu	「虱」
	k	*nako	nao-	「顔, 前」
	h	*pakiwaku	b̃aheo	「鮫」
*ŋk (*g)	k	*ŋku	-ku	「一人称・単数 (所有形)」
*q	∅	*toqa	toa	「鶏」
*ŋp (*pʷ, *bʷ)	b	*ŋpo(e)	boe	「豚」
*d	d	*daRa	dae-	「血」
	r	*da	-ra	「三人称・複数 (所有形)」
*nd (*dr)	r	*ndau	rau-	「葉」
*m	m	*-mu	-m	「二人称・単数 (所有形)」
	m̃	*tama-	tam̃a-	「父」
*n	n	*natu	natu-	「子供」
*ŋ	ŋ	*doŋo	roŋo	「聞く」
*ŋm (*mʷ)	m	*ŋmata	mata	「蛇」
*s	s	*susu	susu-	「乳」
*ns	s	*nsipo	sivo	「下る」
*l	l	*tolu	tolu-	「卵」
*r	r	*kari(s)	kari	「掘り起こす」
*R	r	*Rapi	raviravi	「夕方」
	∅	*suRi	sui-	「骨」
*w	∅	*wasa	asao	「離れて」
*y	∅	*yaŋo	aŋoa	「黄色」

2.2.3. 子音の音価

ツツバ語の子音がどのように実現されるかを以下に記す[3]．このうち舌唇音については 2.3. で詳述する．

- **無声閉鎖音** /t/，/k/

/t/，/k/ は常に無声で，語頭では有気音 [tʰ]，[kʰ] であるが，それ以外の位置では，無気音または有気音で実現される．

/t/ → [t̪ʰ]/#__
　　 → [t̪]，[t̪ʰ] 上記以外の環境

tamoloi	[tʰamoloi]	「人」
vitu	[βitu]，[βit̪ʰu]	「月」

/k/ → [kʰ]/#__
　　 → [k]，[kʰ] 上記以外の環境

kamam	[kʰamam]	「一人称・複数（排他形）」
aka	[aka]，[akʰa]	「カヌー」

---

[3] 本書では地理的な記述に際しては地図（ヴァヌアツ政府作成）の地名や表記を用いるが，ツツバ語にはヴァヌアツの島名やツツバ島内の地名をあらわす固有の名称があるため，例文においてはツツバ語話者の発話に忠実に固有の名称を用いる．なお本書では借用された語彙は分析や考察の対象外としている．

● **前鼻音化閉鎖音** /b/, /b̰/, /d/

閉鎖音 /b/, /b̰/, /d/ はそれぞれ前鼻音化され [ᵐb], [ᵐb̰], [ⁿd] で実現される．語頭に比べると語中の前鼻音化閉鎖音は前鼻音部分が若干長い．

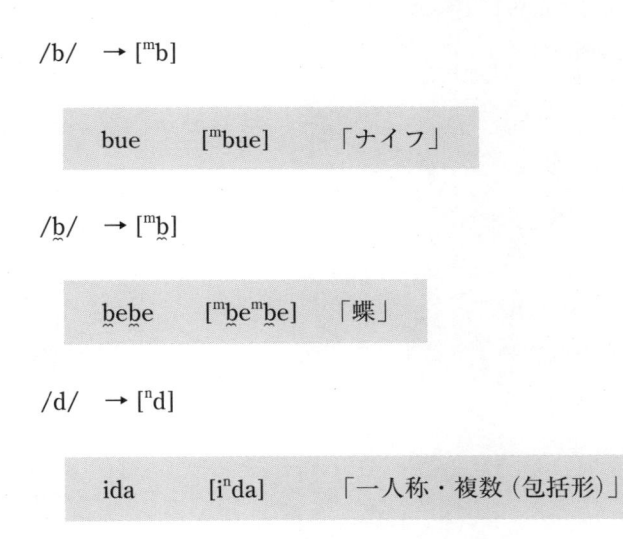

/b/ → [ᵐb]

> bue   [ᵐbue]   「ナイフ」

/b̰/ → [ᵐb̰]

> b̰eb̰e   [ᵐb̰eᵐb̰e]   「蝶」

/d/ → [ⁿd]

> ida   [iⁿda]   「一人称・複数（包括形）」

● **鼻音** /m/, /m̰/, /n/, /ŋ/

四つの鼻音はそれぞれ次のように実現される．

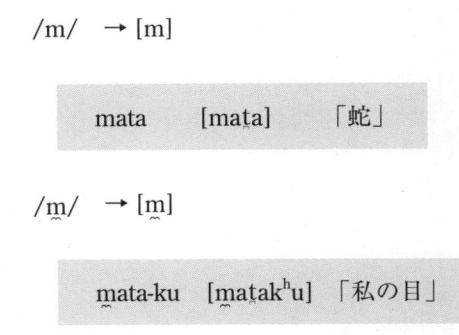

/m/ → [m]

> mata   [mata]   「蛇」

/m̰/ → [m̰]

> m̰ata-ku   [m̰atakʰu]   「私の目」

/n/ → [ɲ]/__i
　　→ [n]/__e, a, o, u

| arivinirnir | [aɾißɲiɾɲiɾ] | 「ねずみ」 |
| natu-na | [natuna] | 「彼女の子供」 |

/ŋ/ → [ŋ]

| ŋ | [ŋ] | 「欲する」 |

- **摩擦音** /v/, /ṽ/, /s/, /h/

四つの摩擦音はそれぞれ次のように実現される．/v/ の [ɸ] と [f] は若い世代に用いられることが多い．

/v/ → [ß], [ɸ], [f]

| vusa | [ßusa], [ɸusa], [fusa] | 「グリーンココナツ」 |

/ṽ/ → [ß̃]

| e-ṽati | [eß̃ati] | 「四」 |

/s/ → [ʃ]/__i
　　→ [s] 上記以外の環境

| tasi | [tʰaʃi] | 「海」 |
| asu | [asu] | 「灰」 |

/h/ → [h], [x]/#__a
　　 → [h] 上記以外の環境

havo	[haßo], [xaßo]	「双子」
hevei	[heßei]	「木の実」

母音の前の /h/ は脱落することもある．この脱落は普通名詞にのみ生じる．

havo	[aßo]	「双子」

- **ふるえ音 /r/**

/r/ は [r] で実現されることが多いが，[ɾ] で実現されることもある．

/r/ → [r], [ɾ]

urede	[ureⁿde], [uɾeⁿde]	「ラプラプ（イモの料理）」

- **接近音 /l/**

/l/ → [l]

alo	[alo]	「太陽」

2.3. ツツバ語の舌唇音

　ツツバ語に世界でも希少な舌唇音が存在することを明らかにしたのは 2003 年である．その舌唇音は /m̼/, /b̼/ であった．その後，島の全戸をまわり話者の発音を確認して歩き，2006 年に舌唇音 /v̼/ が存在することを新たに明らかにした[4]．

　舌唇音は舌先と上唇で調音される音で，世界の約 7000 もの言語のうちこれまでにヴァヌアツの 8 言語とブラジルの 2 言語，タンザニアの 1 言語に報告されているにすぎない (Maddieson 1989)．ツツバ語も過去に基礎語彙調査の対象となったが (Tryon 1976)，この時点では舌唇音が存在するという報告はなかった．

　現在，ツツバ語の舌唇音には固有の音変化が観察される．これは Clark (1985) の音変化仮説を裏づける有力な事実である．そこで本節では初めにヴァヌアツの舌唇音に関する先行研究について概説し，続いてツツバ語の舌唇音と，その固有の音変化について記述する．そしてなぜツツバ語の舌唇音に生じている音変化はヴァヌアツの他の言語における舌唇音の音変化と異なるのか，その要因について論じる．

2.3.1. 舌唇音の先行研究

　舌唇音が一般的な音声学のテキストなどで取り上げられるようになったのは，Maddieson らがこの音を扱い始めた 1986 年以降である．それ以前には，この音が標準的な音声学の教科書や国際音声字母 (IPA) で扱われることはなかった．というのも Smalley (1963) や Catford (1968) などにより，舌端と上唇という位置における調音の可能性は認識されていたにも関わらず，この位

---

[4] 南太平洋大学の John Lynch 教授にこれらの音を聞いていただき，確認をとった．

置で調音される音が実際に人間の言語音として用いられるとは考えられていなかったためである（Maddieson 1989）．

ヴァヌアツで話される言語のいくつかに舌唇音が存在することを明らかにしたのは，Tryon（1976）を含む4人の言語学者である．彼らは1969年から74年にかけてヴァヌアツの現地語を対象にそれぞれの基礎語彙およそ300語を調査した．そして図1に示すようにサント島やマラクラ島を中心とした地域，つまりマフェア（Mafea），アオレ（Aore），タンゴア（Tangoa），アラキ（Araki），ヴァオ（Vao），ポトヴォロ（Mpotovoro），レヴィアンプ（Leviamp）とウンメット（Unmet）で話される7言語に，舌唇鼻音，舌唇閉鎖音，舌唇摩擦音が存在することを明らかにした[5]．その後2005年にはLynchがCrowleyのモノグラフに言及しつつ，マラクラ島のマタンヴァット地域（Matanvat）で話されるネセ語（Nese）の舌唇音とその変化について発表した[6]．

2.3.2. 舌唇音の音変化と仮説

先行研究で舌唇音の存在が報告された言語は，図1の二重下線を施した地域で話されており，これらの言語の舌唇音は，オセアニア祖語の非円唇母音 *i，*e，*a の前の唇音 *m，*b，*p の反映形であった．しかし一重下線を施した言語では，歯音/歯茎音がこの位置のオセアニア祖語 *m，*b，*p の反映形であり，また別の言語では唇音がこれの反映形であった（Tryon 1976: 52-53，Clark 1985: 205-6，Maddieson 1989，Lynch 2005）[7]．

---

[5] レヴィアンプとウンメットで話される言語は，今日ヴェネンタウト語（V'ënen Taut）として知られている．マフェア，アオレ，タンゴアの語彙はJacques Guyが調査し，ポトヴォロの語彙はGregory Foxが調査したものである．そしてアラキ，ヴァオ，ウンメットとレヴィアンプの語彙はTryon自身が調査している（Tryon 1976）．

[6] ネセは以前ヴォヴォ（Vovo）と呼ばれていた（Lynch and Crowley 2001）．ネセ以外の言語の別称についてはLynch（2005）の脚注2を参照のこと．

[7] Clark（1985）がLorediakarkar/Shark Bay，Lyuch（2005）がShark Bayと記述している言語は地図のLorediakarkar，Shark Bay I，Shark Bay IIで話される言語にあたると考えられる．地図ではShark Bay II にのみ下線を引いている．本書では可能な限りRoss, Pawley, and Osmond（1998, 2003）の再建したオセアニア祖語（POc）を用いているが，対応する祖語が見つからな

図1 舌唇音の存在が報告された言語とその地域

以下は地図上のタンゴア (Tangoa),トロマコ (Tolomako),ヴナプ (Vunapu)の言語における非円唇母音*aの前の唇音*mの対応例を示したものである．(Maddieson 1989)．

　　POc *tama-「父」
　　Tangoa 語　　　　　（二重下線）　　　　tama-
　　Tolomako 語　　　　（一重下線）　　　　tana-
　　Vunapu 語　　　　　（下線なし）　　　　tama-

　この地域ではどのようにオセアニア祖語の唇音が舌唇音，歯音/歯茎音，そして唇音へと異なる三通りもの変化をしたのだろうか．Clark (1985) はこの地域の言語にはまず祖語の唇音から舌唇音へという音変化が生じた可能性を指摘し，さらに舌唇音から歯音/歯茎音へという音変化が引き続き生じた可能性を指摘した[8]．この説を基にすると上記の言語はそれぞれ次のような音変化を経たとみなすことができる．

　① *唇音＞舌唇音　　　　　　（二重下線）
　② *唇音＞舌唇音＞歯音/歯茎音　（一重下線）

　さらに Clark は，調音位置が同じであり祖語の唇音から音変化が生じなかったように見受けられる現在の唇音も，①*唇音＞舌唇音 や②*唇音＞舌唇音＞歯音/歯茎音 のように，途中で一度，舌唇音を経た可能性が高いと考えた．すなわち①や②の音変化に加え，

　　いときは Ross (1988) の再建したオセアニア祖語と Clark (1985, 2009) の再建した北・中央ヴァヌアツ祖語 (PNCV) を用いている．筆者が用いた全ての Clark の再建例は François (2002, 2005) と Lynch (2005) が Clark から引用したものに依拠している．ただし 2.3.3. の*mazi は John Lynch 教授が再建し，筆者が 2006 年にツツバ語の舌唇音について論文発表するにあたり提供いただいたものである（私信）．
8)　Clark (1985) は彼自身が再建した北・中央ヴァヌアツ祖語を用いて説明している．

③ *唇音＞舌唇音＞唇音　　　　（下線なし）

という変化が起きた可能性を指摘した．彼は祖語の唇音が舌唇音へと変化した後に再び唇音に戻り，結果として全ての音変化の証拠が消え去ったという可能性は十分にあると述べている．

2.3.3. 舌唇音 /m̪/, /b̪/, /v̪/

　ツツバ語には舌唇音 /m̪/, /b̪/, /v̪/ が存在している．以下にツツバ語の舌唇閉鎖音が発音されるときの舌と上唇の動きを示す．これはツツバ語話者が b̪eb̪e「蝶」を発音したときの口の動きを捉えたもので，この語の二つの舌唇閉鎖音のうち語頭の b̪ が発音されるときの様子である[9]．①から③にかけて舌が前方に移動して舌先と上唇との間で閉鎖が形成され，④で閉鎖が開放されて⑤から⑥にかけて舌が後退してゆくのが分かる．

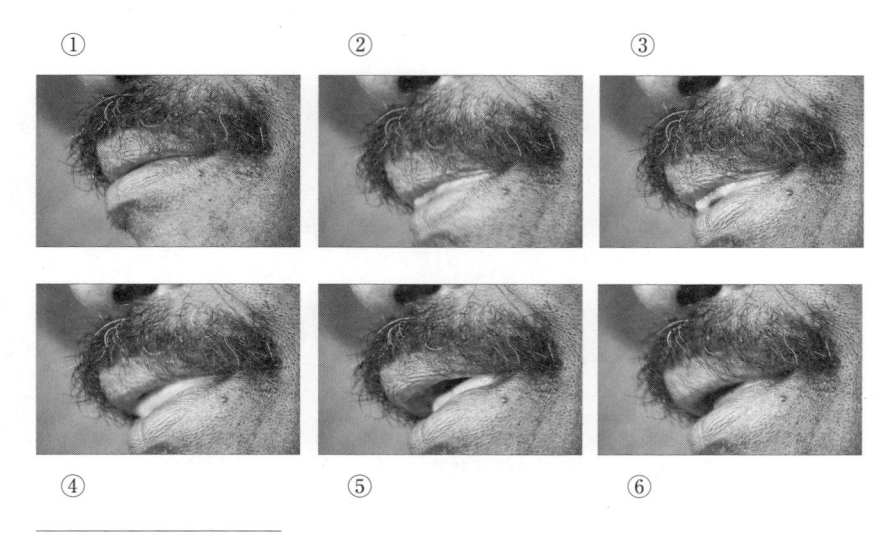

①　　　　　　　②　　　　　　　③

④　　　　　　　⑤　　　　　　　⑥

---

9) 通常の速度で発音されたものを録画し，静止画にしたものを時系列に沿って並べている．動画は付録 CD-ROM 参照のこと．

これらの現れる環境は先行研究と同じである．つまりツツバ語の言語の舌唇音 m̰, b̰, v̰ も非円唇母音 *i, *e, *a の前に位置する唇音 *m, *b, *p の反映形である．

ツツバ語では収集した語彙のうちわずか 11 語に舌唇音が含まれている．次に示すのがその 11 語である[10]．1 例ながら観察される *p>b̰ という変化は，*p が早い時期に b へと変化し，その後 *b>b̰ と同じ変化をたどったものと考えられる（*p>b>b̰）．

*m	PNCV	*meme-	m̰eme-	「舌」
	POc	*mata-	m̰ata-	「叔父，目」
	POc	*mate	m̰ate	「死ぬ」
	PNCV	*mazi	m̰asi	「魚，鳥」
	PNCV	*mana	m̰ana	「笑う」
	POc	*tama-	tam̰a-	「父」

*b	POc	*bebe	b̰eb̰e	「蝶」
	POc	*bakewa	b̰aheo	「鮫」

*p	POc	*pitu（*bitu を経た可能性がある）		
			-b̰itu	「七」
	POc	*pati	-v̰ati	「四」

次に示すように円唇母音 *o, *u の前の唇音 *m, *b, *p はツツバ語でも唇音のままである．この環境の唇音が舌唇音へと変化しないのは発声のメカニズムからしても当然であると考えられる．

---

10) 同音異義語である m̰ata-「叔父，目」は二語に数えている．m̰asi「魚，鳥」は現時点では二語と断定できないため一語に数えている．

*m	POc	*molis	vamol	「オレンジ」
	POc	*-mu	-m	「あなたの (2SG.POSS)」

*b	POc	*boŋi	boŋ	「日」
	PNCV	*boe	boe	「豚」
	POc	*butoŋ-	buto-	「へそ」

*p	POc	*sipo	sivo	「下る」
	POc	*qapu	avu	「灰」
	POc	*topu	tovu	「砂糖黍」

後続母音が非円唇母音であるか否かに関わらず,オセアニア祖語の軟口蓋化した唇音 *m^w, *b^w, *p^w は,ツツバ語でも唇音のままである.Bender Byron(私信)は,オセアニア祖語の軟口蓋化した唇音 *m^w, *b^w, *p^w と後舌母音 *o, *u の前の唇音 *m, *b, *p が舌唇音にならなかった理由として,ともに舌が軟口蓋の方に持ち上げられた結果,舌先が唇から離れたためだろうと述べている[11].

*m^w	POc	*m^{w}ata	mata	「蛇」
	POc	*tam^{w}ata	tamanatu-	「夫」

*b^w	PNCV	*b^{w}ero-	bero-	「耳」
	PNCV	*b^{w}eta	beta	「タロイモ」

---

11) もう一つの考え方として,Maddieson(1987: 26)は円唇化した唇の狭い隙間が舌の突出を阻んだためではないかと述べている.なお彼はこの説明において円唇化した唇音(labialized labials)という語を用いている.

	POc	*bʷatu-	batu-	「頭」

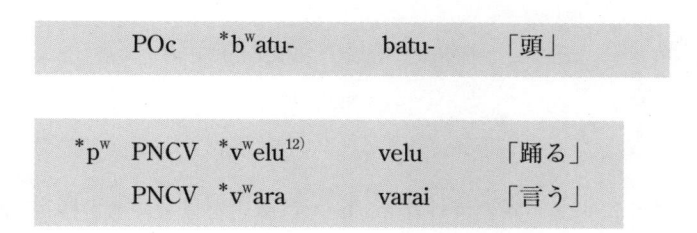

*pʷ	PNCV	*vʷelu[12]	velu	「踊る」
	PNCV	*vʷara	varai	「言う」

　ツツバ語では舌唇音だけではなく，以下に示すように唇音もまた，祖語の非円唇母音の前の唇音*m, *b, *pに由来する．しかし祖語の唇音から歯音/歯茎音に変化した例はない．

*m	POc	*kamiu	kamiu	「あなたたち (2PL)」
	PNCV	*mena	mena	「熟する」
	POc	*ma	ma	「来る」
	POc	*kamali(R)	amali	「寄合所」

*b	PNCV	*bisu	bisu	「指，爪」
	POc	*abe-	ebe-	「体」
	POc	*baReqo	baeo	「パンノキ」

*p	POc	*pano	vano	「行く」
	POc	*patu	vatu	「編む (マット，鞄)」
	POc	*tupa	tuva	「魚を殺すデリス (植物) の毒」

　ただしbが祖語*pの反映形である例もわずかながら存在する．PNCVではこれらの例において，*pに代わり*bが再建されている．

[12) 北・中央ヴァヌアツ祖語 (PNCV) の*vʷはオセアニア祖語 (POc) の*pʷに対応している．

```
*p   POc    *api     (PNCV *kabu) abi, abu   「火」
     POc    *kapak   (PNCV *kaba-u) aba      「翼, 羽」
```

表6に示すようにツツバ語の舌唇音m̪, b̪, v̪は非円唇母音の前の唇音*m, *b, *pの反映形であり, 舌唇音の現れない環境も先行研究が示すものと同じである. これはClark (1985) の主張する①祖語の唇音＞舌唇音 という変化に合致するものである.

表6 オセアニア祖語*m, *b, *pの反映形

	/_*i, e, a		/_*o, u
	11例	11例以外	
*m	m̪	m	m
*b	b̪	b	b
*p	v̪, b̪	v, b	v

2.3.4. 舌唇音の衰退

ツツバ語では舌唇音m̪, b̪, v̪がそれぞれ唇音m, b, vと対立する.

```
/m̪/-/m/   m̪ata-   「叔父, 目」    mata   「蛇」
/b̪/-/b/   b̪ebe    「蝶」          bebe   「肝臓, 紙」13)
/v̪/-/v/   -v̪ati   「四」          vati   「たった」
```

最小対はそれぞれ上に挙げた一つだけであり, 基本的にこれらの舌唇音の

---

13) ただし bebe-「肝臓」は拘束名詞である.

機能負担量は低い．しかしこれまでに確認できた舌唇音を含む語彙はわずか11語と非常に少ないにも関わらず，この11語中に唇音と対立する語が存在していること，そしてそれが基礎語彙であることから，機能負担量は低いがツツバ語にとってこの対立は重要であると考えられる．

上記の最小対のように舌唇音は唇音と対立しているが，ツツバ語ではこれらの舌唇音が，それぞれ対立する唇音へと変化しつつある（m̪>m, b̪>b, v̪>v）．この変化は次のように世代間の発音の違いに観察される．例えば舌唇音を発音する人々の多くは高齢者であり，彼らはb̪eb̪eと発音するが，若い世代の人々はこれをbebeと発音している．高齢者の発音にはb̪eb̪e「蝶」，bebe「肝臓，紙」のようにb̪とbの対立が観察されるが，若い世代は「蝶，肝臓，紙」のすべてをbebeと発音しており，bとb̪は自由変異の関係にある．

現在，ツツバ語で舌唇音の衰退が進行しつつある状況は，同一話者の発音の中にも観察される．舌唇音を発音する50代の男性は，b̪eb̪e「蝶」という語に存在する二つの舌唇音b̪のうち，語頭のb̪または語中のb̪に代わって時おりbを発音している[14]．また舌唇音m̪にも同じような現象が見られ，m̪ata-ku「私の叔父」という語にも数回に一度の割合で舌唇音m̪ではなく，mが観察される．これはv̪についても同様である．

この男性に，背を向けた状態と顔が見える状態のそれぞれでmata「蛇」とm̪ata-「叔父，目」，bebe「肝臓，紙」とb̪eb̪e「蝶」を数回発音してもらい，若い世代が聞き分けられるかをテストした．なおこのテストのため拘束名詞の語基部分だけを発音してもらった．その結果，どちらの場合も極めて正解率は低く，口元が見えるか否かに関わらず，文脈のない状況では判断しかねる様子であった．

このように若い世代には舌唇音と唇音の違いが聞き分けられておらず，舌唇音は衰退して唇音に融合しつつあることが判明した．

---

14) 語頭より語中でbが発音されることが多い．

2.3.5. 音変化の要因

　上記のように，ツツバ語では舌唇音＞唇音の変化がかなり進んだ状態にある．いったいなぜ舌唇音の衰退が生じているのか．

　先行研究で舌唇音の存在が報告されている言語は，先に示したようにマフェア語，アオレ語，タンゴア語，アラキ語，ヴァオ語，ポトヴォロ語，ヴニネンタウト語，ネセ語である．地理的観点から考察すると，2.3.2. で述べた音変化のうち，①*唇音＞舌唇音 の音変化を経た言語は，離島そしてサント島やマラクラ島の端で話されているのに対し，②*唇音＞舌唇音＞歯音／歯茎音 や③*唇音＞舌唇音＞唇音 の音変化を既に経たと考えられる言語は，サント島やマラクラ島の内陸部で話されているという違いが見てとれる．

　当時，ヴァヌアツのこれらの地域では丸木舟でしか島間の移動は可能ではなく，陸路に比べるとその移動は非常に困難であった[15]．従って他の言語との接触は極めて少なかったと考えられる．一方，複数の現地語が存在し陸路の移動が容易なサント島やマラクラ島の内陸部では現地語同士の接触が多く，コミュニケーションのため共通語であるビスラマ語が頻繁に使用されたと推測される．つまりほぼ一つの現地語が使用されている小さな離島などでは舌唇音はそのまま残り，他の現地語や共通語の影響を受けやすいサント島やマラクラ島の内陸部では，舌唇音は衰退していったのではないかと考えられる．

　ツツバ語の言語状況に限定して考えると，ツツバ語は舌唇音が存在する他の言語と同様に，まず①*唇音＞舌唇音 という音変化を経たと推測される．しかし今日ではさらに変化が進み，③の音変化仮説に含まれる舌唇音＞唇音

---

15) 現在では首都の置かれるエファテ島と副都心の置かれるサント島を結ぶ定期船が運行しているほか，サント島とマロ島を定期的に行き来するボートもある．サント島やマラクラ島の周辺に位置する小さな離島の多くは未だこのような定期的な移動手段を持たないが，人々は個人所有のボートや丸木船で島間を移動している．近年では副都心の置かれるサント島が発展したことにより，人々は生活用品などを買い求めに，または病院に行くために，他の島へ行くよりもサント島に行く頻度が圧倒的に増加している．

という音変化が起きている．この変化の一要因としては，現在では共通語が普及し，本来の現地語の言語習得が不完全となっていることなどの影響が考えられる．ツツバ島では近年，母語を異にする者との結婚が増加した結果，共通語であるビスラマ語が家庭はもちろん，儀式など公の場でも広く用いられるようになっている．またビスラマ語だけでなく近隣諸語の語彙も日常的に借用されている．人々の会話では，共通語とツツバ語のコードスイッチングがしばしば観察される．そして結果的に若い世代のツツバ語の習得はますます不完全なものとなっている．

これらのことからツツバ語で現在生じている音変化およびそれが置かれている環境は，Clark (1985) が仮定した「舌唇音から唇音へ」という音変化が自生的なものである可能性のほかに，外的要因によるものである可能性を示唆するものであるといえる．

2.4. 音素配列

2.4.1. 音節構造

ツツバ語の音節は以下の通りである．最も基本的な音節は CV である．

　　　V　CV　CVC　VC　CCV　C

●	V	bu.e	「刀」
		vi.a.e	「木」

- CV　　vi.tu　　　　「月」
　　　　m̰a.si　　　　「魚，鳥」

- CVC　CVC の尾子音としては流音 r，l や摩擦音 v のほか，鼻音 m，n，ŋ が挙げられる．
　　　　na.bar　　　「今日」
　　　　bal　　　　「このように」
　　　　na.nov　　　「昨日」
　　　　ma.lum　　　「ゆっくり，やわらかく」
　　　　nen.to.von　「今」
　　　　laŋ　　　　「風」

- VC　　VC の尾子音として生起しうるのは，摩擦音 v，流音 r，l，鼻音 n である．
　　　　av.vo　　　「明日」
　　　　ta.ur　　　「つかむ」
　　　　ti.a.ul　　「釣り針」
　　　　in　　　　「飲む」
　　　　an.nan　　　「食べ物」

- CCV　音節内の子音連続は nn, nm, nt, vr, vs, rv, ls に限られる．
　　　　nno　　　　「あなた」
　　　　nme.a　　　「赤」
　　　　nta.u　　　「怖がる」

vri	「石を投げる」
vso	「白い」
rve	「引っ張る」
lsu	「叩く，殺す」

- C　音節主音的な子音として聞こえ度の高い l と ŋ が挙げられる．

l	「あれ（指示代名詞 leŋ の異形態）」
ŋ	「欲する」

2.4.2. 母音連続

　ツツバ語では i.i や e.e のように同一の母音が一つの語の中で連続することはできないが，i.e や e.a のように異なる母音はすべて連続可能である．

　この言語では最大で3つの母音の連続が可能であり，動詞語基に名詞を派生させる接尾辞が付加する場合や，名詞語基に前方照応の接尾辞が付加するときには，4つの母音が連続することもある．3つ以上の母音が連続するとき，連続には常に母音 a が含まれる．

baeo	「パンノキ」
siao	「年」
viae	「木」
sao-a	「病気」
sao-a-i	「その病気」
baeo-i	「そのパンノキ」

表7 母音の連続

ii	ie	ia	io	iu
	batieli	tiaul	io	viriu
	「ヤムイモの蔓を這わす棒」	「釣り針」	「はい (yes)」	「犬」
ei	ee	ea	eo	eu
rei		eali	baheo	seu
「存在する」		「担ぎ棒」	「鮫」	「勝る」
ai	ae	aa	ao	au
ntai	ae		nao	tamaute
「保つ」	「水」		「一人称・単数」	「白人」
oi	oe	oa	oo	ou
valavuloi	boe	toa		sou
「裸である」	「豚」	「鶏」		「隠す」
ui	ue	ua	uo	uu
dui	bue	bua	kamiruo	
「良い」	「刀」	「深い, 広い」	「二人称・複数」	

2.4.3. 子音連続

語基内の音節境界においては nn, nt, vv, vs, rl, rn, ls, lr, lv, ld, lt, vŋ, vt, ml の連続が認められる. ツツバ語では語の前後に接辞が付加されることが往々にしてあるが, 接辞を除いた語基を対象にして, 語基の始まりとそれ以外の位置に現れる子音音素の組み合わせを表にすると表8のようになる[16].

---

[16] 今日若い世代は「見る」という意味でhorという語を用いることが多い. これは /hane/ 「ここ」とともに /h/ が語基の先頭に現れる数少ない語であるが, 高齢者はこの語をタマンボ語からの借用語であると言い, sor「見る」を用いている. このhorのように借用されたと考えられる語は, 本表作成にあたり分析の対象外とした.

表8　子音の組み合わせ

語中・語末

		b̰	v̰	m̰	b	v	t	d	k	ŋ	m	n	s	r	l	h
語頭	b̰	○					○									○
	v̰						○									
	m̰			○			○				○	○				
	b				○	○			○	○	○	○	○	○	○	○
	v				○	○	○	○	○		○	○	○	○	○	
	t			○	○	○		○	○		○	○	○	○	○	
	d				○		○		○		○	○		○		
	k				○						○	○		○		
	ŋ				○											
	m				○	○	○		○			○	○	○	○	○
	n				○	○	○						○	○	○	
	s				○	○	○		○		○	○		○	○	
	r				○	○			○		○		○		○	
	l				○	○			○		○		○		○	
	h				○	○										

音素 /ŋ/ は語基先頭に現れる頻度が極めて低く，この音素が語基先頭に現れる語としては，ŋara「泣く」と ŋ「欲する」がある．また /h/ は他の音素と比べると語基先頭，語基中のいずれにおいても出現の頻度が低い．

2.4.4.　同化

　動詞の直前には主語の人称・数・法が一つの形態素に融合した主語代名詞が義務的に現れる．これは動詞をホストとする接語である．本書では接語にイコール（=）を付けて語との境界を示している．三人称・単数・既然法の主語代名詞 mV（V=母音）は，動詞の第一音節の母音に同化し，第一音節の母音が /i/，/e/ である場合 /me/ となり，第一母音が /u/，/o/ の場合

/mo/ となる．これは借用語にも適用される．なおこの同化は三人称・単数の既然法だけに見られるものである．

- mV=CV$_{[+front]}$CV → meCV$_{[+front]}$CV

    (1)　　me=sivo
    　　　　3SG.R=下る
    　　　　「彼は道を下った」

    (2)　　me=vesul
    　　　　3SG.R=口笛を吹く
    　　　　「彼は口笛を吹いた」

- mV=CV$_{[+central]}$CV → maCV$_{[+central]}$CV

    (3)　　ma=ŋara
    　　　　3SG.R=泣く
    　　　　「彼は泣いた」

- mV=CV$_{[+back]}$CV → moCV$_{[+back]}$CV

    (4)　　mo=loso
    　　　　3SG.R=水浴びをする
    　　　　「彼は水浴びをした」

    (5)　　mo=lsu=a
    　　　　3SG.R=叩く=3SG.OBJ
    　　　　「彼は彼女を叩いた」

2.4.5. 異化

動詞をホストとする補語代名詞と，動詞から名詞を派生させる接尾辞に異化が見られる．

- 補語代名詞

動詞の語末が a のとき，後続する三人称・単数の補語代名詞=a は=e となる．

$$(C)V(C)a=a \rightarrow (C)V(C)ae$$

(6)　　mo=sora=e　　　　　　me=ev
　　　3SG.R=送る=3SG.OBJ　　3SG.R=終わる
　　　「彼は既にそれを送ってしまった」

(7)　　e=uma=e!
　　　2SG.IMP=開墾する=3SG.OBJ
　　　「そこを切り開きなさい！」

- 接尾辞

動詞の語末が a のとき，名詞を派生させる接尾辞 -a は -e となる．

$$(C)V(C)a + -a \rightarrow (C)V(C)ae$$

| vora | 「産まれる」 | → | vora-e | 「兄弟」 |
| masiŋa | 「同意する」 | → | masiŋa-e | 「同意」 |

2.4.6. 脱落

　語が二音節以上の音節から構成され，語頭から二音節目が CV で C が流音 r，l または鼻音のとき，重複により流音または鼻音に後続する母音が脱落して，CV.C.-CV.CV となることが多い[17]．

流音	vari	「小さい」	→	var-vari	「小さくちぎる」
	sari	「もりで刺す」	→	sar-sari	「もりで何度も刺す」
	ŋara	「泣く」	→	ŋar-ŋara	「泣いてばかりいる」
	vele	「木に登る」	→	vel-vele	「どんどん木に登る」
	varaŋo	「指（単数）」	→	var-varaŋo	「指（複数）」

鼻音	daŋa	「臭う」	→	daŋ-daŋa	「ひどく臭う」
	luma	「殴る（一度）」	→	lum-luma	「何度も殴る」
	vano	「行く」	→	van-vano	「歩く」

2.5. アクセント

　アクセントはストレス型である．アクセントは通常語末から二音節目に置かれるが，語末が子音のときは最終音節に置かれる．アクセントの位置は語基末から数えて二つ目の音素ではなく，語末から二音節目である．すなわち語基に一音節の接尾辞が付加すると，アクセントの位置は一音節分後退する．アクセントの位置は接尾辞と動詞語基に後続する接語を区別する上で重要で

---

[17] 形容詞が名詞を修飾するとき，いくつかの名詞には母音の脱落が生じる．この名詞と脱落については 8.3.2.3.「修飾される名詞に生じる形態変化」で論じる．

ある.

ima	[ˈima]	「家」
ima-ku	[iˈmaku]	「私の家」
tamoloi	[tʰamoˈloi]	「人」
tamoloi-de	[tʰamoloˈiⁿde]	「その人」
davsai	[ⁿdaßsˈai]	「知る」
dovsai-a	[ⁿdaßsaˈia]	「知識」
annan	[anˈnan]	「食べ物」

アクセントの置かれる部分は長母音化し，その直前の音節の切れ目でピッチが下がる．

2.6. イントネーション

ツツバ語には，平常文，疑問文，命令文など発話の談話的意味を示す三通りのイントネーションの型がある．

2.6.1. 平常文

平常文では基本的に平坦であるが文末のみ下降調となる．単文はもちろん，一文が複数の節から構成される重文や複文でもイントネーションが下降するのは文末だけである．

(8)　　nna　　　lo=maturu
　　　　3SG　　　PROG=眠る
　　　「彼は今眠っています」

(9)　　veasi-de　　　　mo=solati=a,　　　　mo=lo=va,
　　　　灌木の精-REF　　3SG.R=担ぐ=3SG.OBJ　　3SG.R=PROG=行く

　　　　mo=kuro　　　malum　　　nna
　　　　3SG.R=放す　　ゆっくり　　3SG
　　　「その灌木の精は彼を担ぎ，歩み，ゆっくりと彼を放した」

2.6.2. 疑問文

　Yes-No 疑問文と疑問詞疑問文では，文末から数えて三つ目の音節にかけて急激な上昇調イントネーションとなり，その後文末にかけて下降調となる．

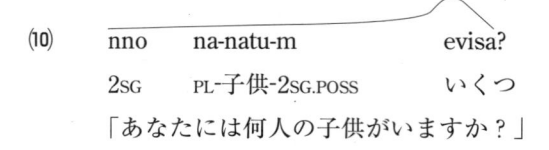

(10)　　nno　　na-natu-m　　　　　evisa?
　　　　2SG　　PL-子供-2SG.POSS　　いくつ
　　　「あなたには何人の子供がいますか？」

(11)　　o=an　　　　　te　　　mako　　　me=ev ?
　　　　2SG.R=食べる　　ART　　マンゴー　　3SG.R=終わる
　　　「あなたはもうマンゴーを食べましたか？」

2.6.3. 命令文

命令文は高ピッチで始まり，文末にかけて急激にイントネーションが下降する．

(12)　　e=annan!
　　　　2SG.IMP=食べる
　　　　「食べなさい！」

COLUMN

記述言語学の現場から

自然の恵み

ツツバ島のほとんどの人は自給自足であり，彼らは自然界のものを上手に活用して生活している．

彼らの家に1歩入ると，植物から作り出されたさまざまなものが目に飛び込んでくる．たとえば床を掃く箒 tivei は，ココヤシの葉っぱの芯をいくつも重ね合わせて1つにまとめたものである．また料理の度に出るバナナやタロイモの皮などを焼却のために森の奥へ運ぶときに使用する浅いかごは，alala と呼ぶココヤシの葉を編んだものである．同じくココヤシの葉の編み方を変えて深いかごをつくり，タロイモなどを天井から吊り下げたり，また深皿として用いたりする．

ココナツの胚乳を乾燥させて，石鹸や油の原料となるコプラを作る．

水浴び場.

　多くの場合，皿として用いるのは vae（ビスラマ語ではブラオ）と呼ぶ木の葉である．これはツツバ島のあちこちに生えている木で，人々はてのひら大の葉をちぎり食事のときに煮たイモやバナナを載せる．またこの葉は柔らかいので用を足した後にトイレットペーパーとしても用いられてきた．人々は木の葉だけでなく木の枝もまたさまざまな用途に合わせて作り変えてゆく．例えば枝を細くそいで野菜を束ねる紐にしたり，また細くそいだ枝の内側を柔らかくなめして三つ編みのように編み込んでゆき，豚の足を結んだり豚を木にくくりつけるときに丈夫な縄として用いたりする．幹もまた利用する．例えば新鮮な幹は樹液を多く含んでいるため石鹸として身体を洗うときに用い，既に乾燥した幹は薪として料理をするときに用いる．

　調理のときには熱した石を用いることが往々にしてあるが，熱した石をじかに手で触ることはできないため，竹（tavekala）を用いる．竹には縦に割れ目を入れておき，金鋏のようにその割れ目に熱した石をはさむ．

　蒸し料理を作るときには，食品を包むものとしてバナナ（vatali）の葉や varo と呼ぶ植物の大きな葉を用いる．また傘としてもこれらの葉を用いる．急な雨のときにブッシュナイフで近くの葉を切り頭にかざして歩く姿が，島の一本道でよく見られる．また大雨のときには逆に外に飛び出し，降り注ぐ雨のシャワーで頭や身体を洗う．多くの場合，子供たちは海で泳いでそれを水浴びの代わりとし，大人たちは地下水を汲み上げて水浴びをする．日本の風呂場に等しい水浴び場は，各戸または数戸共同で持っている．これは1人が入るだけの狭いスペースで，目隠しにヤシの葉を四方にめぐらせ，床には浜辺で拾ってきた珊瑚を敷きつめて水はけをよくしている．

3章　形態論

3.1. 自由語基と拘束語基，接辞と接語

3.2. 語形成

3.3. 形態論まとめ

この章では，初めに語の定義を行い，3.1. で自由語基と拘束語基，接辞と接語の違いについて述べる[1]．その後，3.2. で語形成の 4 つのプロセスとその意味的，文法的な働きの違いについて記述し，3.3. でそれらをまとめた表を示す．

本書では，単独で現れることができ，文の構成要素のいずれかになりうるものを単語と規定する．ツツバ語の形態素の多くは単独で単語として用いられるが，名詞に分類される形態素の中には，意味の中心的な部分を担い語の範疇を決定するものの単独では生起できないものがある．本書では形態素それ自体で独立して語となりうるものを自由語基，意味の中心的な部分を担い範疇も決定するが単独では語として生起できず常に接辞が付加されて現れるものを拘束語基と区別し，拘束語基にはハイフン (-) をつけて表示する．そして形態素のうち，語基と結びついて単語を形成するものを接辞と呼ぶ．

3.1. 自由語基と拘束語基，接辞と接語

3.1.1. 自由語基

以下に自由語基の例を示す．近年では beleti「皿」や kap「カップ」，sios「教会」などビスラマ語からの借用も増えている．

| soko | 「母」 | maturu | 「眠る」 |
| matua | 「固い」 | ate | 「座る」 |

---

[1] 本書では語構造の通時的考察を行っていないため，語根ではなく語基を使用し，自由形態素を自由語基，拘束形態素を拘束語基と呼ぶことにする．

3.1.2. 拘束語基

　拘束語基は単独で現れることができず，常に所有者代名詞接辞が付加されて現れるか，所有者である名詞句との間に連結辞 -n を介して現れる．拘束語基はすべて名詞に分類できるため，便宜上これを拘束名詞と呼び，一方自由語基の中で名詞に品詞分類されるものを自由名詞と呼ぶことにする[2]．

　ニューカレドニアのティンリン語 (Osumi 1995) やヴァヌアツのレナケル語 (Lynch 1978) など多くのオセアニアの言語がそうであるように，ツツバ語でも動物や植物，一般的な物が自由名詞であるのに対し，親族名称や身体部位名称，内側・下といった全体との位置関係，属性をあらわす名詞の多くは拘束名詞である[3]．

　ビスラマ語から借用される名詞はいずれも自由名詞である．拘束名詞が借用されない理由として，拘束名詞は自由名詞に比べて親族名称や身体部位など人（所有者）との結び付きが強いからであると考えられる．以下に拘束名詞の一例を示す．

tama-	「父」	lima-	「腕」
batu-	「頭」	dae-	「血」
isa-	「名前」	suasua-	「かど」
vokevoke-	「水虫」	ruirui-	「下」

---

[2] これらが所有形式の指示物であるとき，それぞれを「分離不可能所有名詞」，「分離可能所有名詞」と呼ぶことにする（6.6.2. を参照）
[3] 拘束名詞の意味的な分類に関しては 6.6.1. や 6.6.3. で記述する．

3.1.3. 接辞と接語

　本書では，アクセント付与や機能，付加（隣接）する品詞をもとに，接辞と接語を規定している．

　接辞も接語も，音韻的には付加（隣接）する語と一つのまとまりを形成し，語とのあいだに休止は置かれない．しかし接辞はアクセントを持たず，特定の品詞に付加して，これを異なる品詞へと派生させたり，もとの語の意味を補う働きをする．また接尾辞が付加すると，語のアクセントの位置は変化する．例えばツツバ語は語末から数えて二音節目の母音にアクセントが置かれる言語であるため，接尾辞が付加すると，アクセントの位置は一音節分後退する．

ima	['ima]	「家」
ima-na	[i'mana]	「彼の家」
sube	['suᵐbe]	「首長」
sube-i	[suᵐ'bei]	「その首長」

　一方，接語にも通常アクセントは付与されない[4]．しかし接辞が特定の品詞の語に付加されるのに対し，接語は様々な品詞の語に隣接する．そして接語は常に句の中で決まった位置に現れ，主語の人称・数・法や相を示すなど，句や節と機能的な関係を持つ．また接語が隣接しても語のアクセントの位置は変化しない．

o=maturu	[ɒma'ʈuru]	「あなたは眠る/眠った」
o=tovo=a	[o'toβoa]	「あなたはそれを数える/数えた」

---

[4] 調査協力者が発話をゆっくりと繰り返すとき，まれにアクセントが付与されることもある．

| o=te=tovo=a | [oteˈtoβoa] | 「あなたはそれを数えない/数えなかった」 |

3.2. 語形成

ツツバ語ではゼロ形態素が付加した自由語基，すなわちそのままの形の自由語基が語として現れるほか，次の4つの形態的プロセスにより語が形成される．

1 接頭辞の付加
2 接尾辞の付加
3 重複
4 複合

3.2.1. 接頭辞

接頭辞の付加は動詞，名詞，形容詞にのみ認められる．接頭辞は名詞には最大二つまで付加できるが，動詞と形容詞には一つしか付加できない．

3.2.1.1. 名詞に付加する接頭辞

名詞に付加する接頭辞には次に示す二つの働きがある．以下，それぞれの接辞とその働きについて述べる．

1) 複数をあらわす
2) 特定のグループの語彙をあらわす

1) 複数をあらわす

少数の例外を除き，ツツバ語の名詞は単数と複数が同形であるが，名詞に

は複数を示す接頭辞が随意的に付加されることがある．これは身近なものや親近感のあるものに対する感情的な制約をあらわしていると考えられる．複数をあらわす接頭辞には，na- と ra- の二つがあり，前者 na- は拘束名詞である親族名称に付加し，後者 ra- は tamoloi「人」や sube「首長」，dam「ヤムイモ」といった自由名詞に付加する．

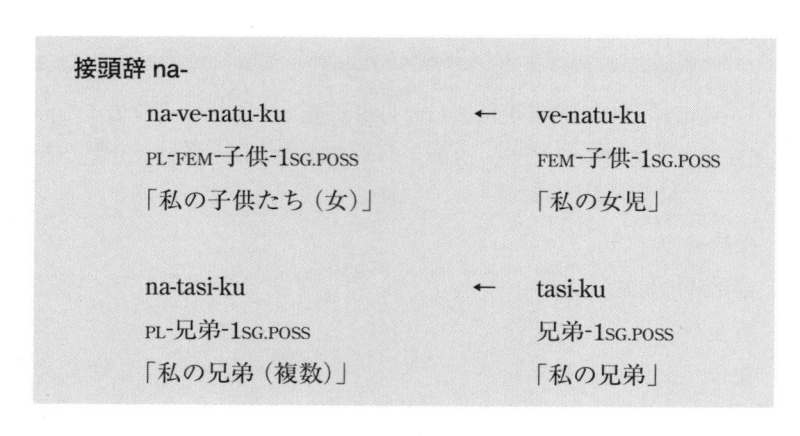

接頭辞 na-

na-ve-natu-ku	←	ve-natu-ku
PL-FEM-子供-1SG.POSS		FEM-子供-1SG.POSS
「私の子供たち（女）」		「私の女児」
na-tasi-ku	←	tasi-ku
PL-兄弟-1SG.POSS		兄弟-1SG.POSS
「私の兄弟（複数）」		「私の兄弟」

接頭辞 ra-

ra-tamoloi	←	tamoloi
PL-人		人
「人々」		「人」
ra-sube	←	sube
PL-首長		首長
「首長ら」		「首長」

　接頭辞 na- と ra- の付加のほか，複数をあらわすプロセスとしては重複（3.2.3. 参照）がある．

2) 特定のグループの語彙をあらわす

ツツバ語には特定のグループの語彙をあらわす次の六種類の接頭辞がある．

① 女性をあらわす ve-
② 木をあらわす vi-
③ 葉をあらわす ro-
④ 出身や居住をあらわす ta-
⑤ 数をあらわす e-, ŋavul-, vaa-, va-
⑥ 場所をあらわす a-

① 女性をあらわす ve-

ツツバ語には tina-「母」, tama-「父」のように「女性」,「男性」などの意味成分を初めから含んでいる語彙もあるが，親族や友人をあらわす語の多くは，女性をあらわす接頭辞 ve- が付加されることで「女性」であることを示すようになる．接頭辞 ve- が付加される語は，mabi-「孫」, natu-「子供」, tasi-「兄弟」, そして tavai-, erua-「友達」の五つである．接頭辞が付加されないとき，これらの語があらわす人の性別はすべて男性と解釈される．

ve-natu-ku	ve-tasi-na
FEM-子供-1SG.POSS	FEM-兄弟-3SG.POSS
「私の女児」	「彼女の姉（または妹）」
natu-ku	tasi-ku
子供-1SG.POSS	兄弟-1SG.POSS
「私の男児」	「私の兄（または弟）」

> ve-mabi-m
> FEM-孫-2SG.POSS
> 「あなたの女の孫」
>
> ve-erua-ra
> FEM-友達-3PL.POSS
> 「彼らの女友達」

ツツバ語では，/v/ が日本の伝統的な女性名「〇〇子」の「子」のように，女性をあらわす音であると考えられているため，女性名の語頭にはこの音が置かれることが多い[5]．

伝統的な女性名
    vemoli
    vatari
    vatartamata

② 木をあらわす vi-，③ 葉をあらわす ro-

木をあらわす接頭辞 vi- は viae「木」に由来し，葉をあらわす接頭辞 ro- は roae「葉」に由来すると考えられる．花や枝など木のほかの部位をあらわす接頭辞はこの言語には存在しない．

> vi-nakatabolo 「ナカタンボロの木」
> ro-niu 「ココヤシの葉」

④ 出身や居住をあらわす ta-

接頭辞 ta- が島の名前に付加すると，「〇〇島出身の人，〇〇島に住む人」のように人々の出身や住んでいる島があらわされる．ただしこの接頭辞の付

---

[5] ツツバの人々は伝統的な名前のほか John や Matthew，Anita や Suzan といったクリスチャン・ネームを有しており，互いの名を呼ぶときは伝統的な名前ではなくクリスチャン・ネームを用いることが多い．

加により，tutuba「ツツバ」は語頭の一音節が脱落する．

tutuba	→	ta-tuba 「ツツバ島出身の人」
aore	→	ta-aore 「アオレ島の人々」

⑤ 数をあらわす

　数の接頭辞には基数をあらわす接辞，二桁の数をあらわす接辞，三桁の数をあらわす接辞，そして倍数をあらわす接辞がある．これらはいずれも1から9の数を意味する拘束名詞に付加する．

● 基数をあらわす接頭辞

　1から7の数，そして9を意味する拘束名詞に接頭辞 e- が付加すると基数があらわされる．8と10以降の数にこの接頭辞が付加することはできない．なぜ10までの数のうち8にだけこの接頭辞が付加できないのかは，e-oa という音連続がツツバ語では音韻的に許容されていないからであると考えられる[6]．

e-tea	「1」	e-ono	「6」
e-rua	「2」	e-biṯu	「7」
e-tol	「3」	oalu	「8」
e-ṿati	「4」	e-sua	「9」
e-lima	「5」	saŋavul	「10」

● 二桁の数をあらわす接頭辞

　接頭辞 ŋavul- が1から9までの基数に付加すると10, 20, 30, 40, …90のように下一桁がゼロである10から90までの数があらわされる．

---

6) eoa は地名 veoa に用いられているが，地名以外の語には用いられない．

ŋavul-e-tea	「10」
ŋavul-e-rua	「20」
ŋavul-e-tol	「30」
ŋavul-e-ṿati	「40」

● 三桁の数をあらわす接頭辞

接頭辞 vaa- が 1 から 9 の数を意味する語基に付加すると 100, 200, 300, …900 のように下二桁が 00 である 100 から 900 までの数があらわされる．

vaa-tea	「100」
vaa-rua	「200」
vaa-tol	「300」
vaa-ṿati	「400」

● 倍数をあらわす接頭辞

数 1 から 9 の語基に接頭辞 va- が付加すると倍数や回数があらわされる[7]．この接頭辞 va- はオセアニア祖語の使役の接頭辞 *paka- (Lynch 1998: 144) に由来していると考えられる．

va-rua
CAUS-2
「二回」

⑥ 場所をあらわす

ツツバ語では近称，中称，遠称の指示代名詞 nede「ここ」，nei「そこ」，

---

7) 実生活の中で用いられるのは 2 倍 (回) と 3 倍 (回) の 2 つである．

leŋ「あそこ」の語基に接頭辞 ha- が付加すると「ここ，そこ，あそこ」のような具体的な場所をあらわす指示代名詞が派生し，接頭辞 ne- が付加すると「この辺り」や「その辺り」のように，漠然と一定の範囲をあらわす指示代名詞が派生する．

ツツバ語には上記の接頭辞以外にも場所をあらわす接頭辞 a- が存在する．Ross (1988) は，オセアニア祖語で *a は場所をあらわす指示代名詞であったと述べ，多くのヴァヌアツの言語でも a- が「～で」のように場所をあらわす接頭辞として機能すると報告している．また Clark (1985: 208) は，北・中央ヴァヌアツグループの中には，*a に由来する語が単独で前置詞として機能する言語もあるが，大半の言語では単独で現れず語の一部であると述べている．北・中央ヴァヌアツグループに分類されるツツバ語でも，場所や方向をあらわすいくつかの語は，祖語の *a に由来する接頭辞 a- から始まる．そしてこの言語で接頭辞 a- は自由語基 ima「家」に付加する一例を除き，すべて拘束名詞に付加して名詞から副詞を派生させる働きをする．

自由名詞に付加

> a-ima 「家に，家で」

拘束名詞に付加

> a-lao 「海岸に，海岸で」
> a-uta 「丘に，丘で，畑に，畑で」

3.2.1.2. 動詞に付加する接頭辞

動詞に付加する接頭辞には項の数を減少させる働きがあり，二つの項をとる他動詞にこの接頭辞が付加すると，自動詞が派生する．逆に自動詞から他

動詞を派生させ，項の数を増やす働きをするのは接頭辞ではなく接尾辞である（3.2.2.2. 参照）．

オセアニア祖語の接頭辞*ma- は，他動詞から自動詞を派生させる接頭辞であると考えられている（Pawley 1972: 38）．ツツバ語で自動詞を派生させる接頭辞にはこの*ma- に由来する ma- と，ta- があり，この接頭辞が他動詞 dun「沈める」や kame「折る」，bolo「壊す」に付加すると，状態変化や状態をあらわす自動詞が派生する．

```
A→ゼロ，O→S
    dun   「沈める」  →  ma-dun   「沈む，沈んでいる」
    kame  「折る」   →  ma-kame  「折れる，折れている」
    bolo  「壊す」   →  ta-bolo  「壊れる，壊れている」
```

(1) ma=kame　　masai
　　3SG.R=折る　小枝
　　「彼は小枝を折った」

(2) masai　ma=ma-kame
　　小枝　3SG.R=INTR-折る
　　「小枝は折れた / 折れている」

3.2.1.3. 形容詞に付加する接頭辞

接頭辞 no- は，形容詞に付加して物や人をあらわす名詞を派生させる．派生した名詞は一語で「新しい物」のように形容詞と名詞からなる句と同じ意味をあらわすようになる．

> 形容詞から派生した名詞
>
> | | | | |
> |---|---|---|---|
> | lavoa | 「大きい」 | → | no-lavoa 「大きい物／人」 |
> | vorvor | 「小さい」 | → | no-vorvor 「小さい物／人」 |
> | mena | 「甘い，熟した」 | → | no-mena 「甘い物，熟した物」 |

3.2.2. 接尾辞

接尾辞の付加は動詞，名詞，形容詞，前置詞に認められる．接尾辞は動詞には最大二つ，それ以外の品詞には一つだけ付加しうる．

3.2.2.1. 名詞に付加する接尾辞

名詞に付加する接尾辞には次の働きがある．
1) 所有者をあらわす
2) 分配数をあらわす
3) 既出であることをあらわす
4) 動詞を派生させる

1) 所有者をあらわす

先に 3.1.2.「拘束語基」で述べたように，親族名称や身体部位名称，内側・下などの全体との位置関係，属性などの拘束名詞には，常に所有者の人称・数に応じた接尾辞，または連結辞が付加される．ここにはその一例を挙げ，人称・数に応じた所有者の接尾辞一覧は 6.1.5.1. の表 5 で，所有の表現については 6.6. で記す．

```
natu-ra              lima-ku
子供-3PL.POSS         腕-1SG.POSS
「彼らの子供」          「私の腕」


ruirui-na            isa-m
下-3SG.POSS          名前-2SG.POSS
「下/それの下」[8)]    「あなたの名前」
```

また三人称・単数の所有者代名詞接辞 -na が数詞に付加すると序数があらわされる．

```
e-rua-na
CDN-2-3SG.POSS
「2番目」
```

2)　分配数をあらわす

8を除く1から9までの数において，語基の第一音節が重複し，さらに接尾辞 -i が付加すると，1つずつ，2つずつ，3つずつ…のように分配数があらわされる．

```
e-tea        →    e-te-tea-i
CDN-1             CDN-RED-1-DTB
「1」             「1つずつ」
```

---

8) これ以降，全体との位置関係をあらわす語には「下」または「それの（その）下」のように，より発話に則した訳をあてることにする．

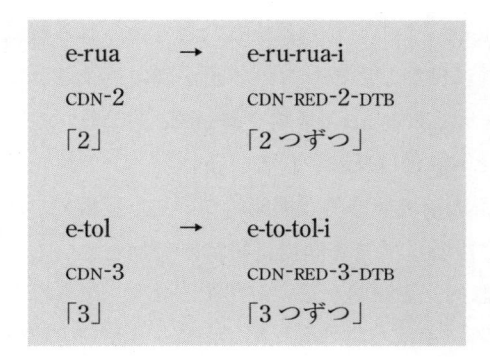

```
e-rua       →    e-ru-rua-i
CDN-2            CDN-RED-2-DTB
「2」            「2 つずつ」

e-tol       →    e-to-tol-i
CDN-3            CDN-RED-3-DTB
「3」            「3 つずつ」
```

　8 には基数の接頭辞 e- が付加せず，語基の第一音節が重複した形に接尾辞 -i が付加して分配数があらわされる．また接尾辞 -i が付加するとき oalu「8」の語末の母音 u は脱落する[9]．

```
oalu        →    o-oal-i
8                RED-8-DTB
「8」            「8 つずつ」
```

　また数が 10 以上となり，10 ずつ，20 ずつ，30 ずつ，…90 ずつ，のように 10 から 90 までの下一桁が 0 である数は，次のように基数の接頭辞 e- の付加や重複ではなく，接尾辞 -i の付加により分配数があらわされる．

```
saŋavul     →    saŋavul-i
10               10-DTB
「10」           「10 ずつ」
```

---

[9] ruirui-na「下」, vasevui「干す」, evui「すべて」など u.i を含む語は複数あることから，u と i の連続が音韻的に許容されていないというわけではない．

3) 既出であることをあらわす

　指示代名詞 nei「その」や nede「この」から派生したと考えられる接尾辞 -i/-de は，既出である自由名詞に付加し，これらの名詞が既に言及されたものであることを示す[10]．派生元である nei「その」や nede「この」のあらわす距離の違いは，接尾辞 -i と -de には反映されていない．

　指示代名詞から派生した接辞の前方照応的な機能について，近隣のアラキ語を記述した François (2002: 77) は「アラキ語では接辞が付加しているときと付加していないときとの統語的，意味的な違いが判然とせず，さらなる調査が必要である」と述べている．ツツバ語でも，接尾辞 -i/-de が前方照応として機能していることが明らかなときもあれば，民話の冒頭に初めて現れる語にこの接尾辞が付加するなど前方照応とは捉え難いときがある．例えば本書末の民話 B.1 では，冒頭の文 "ka=reti matan na veasi-de"「これから灌木の精のお話をします」の語 veasi「灌木の精」に既に前方照応の接尾辞 -de が付加している[11]．このように，状況から既出ではないことが明白であるにも関わらず，この接尾辞が付加しうるのは，発話者が内容を頭の中でまとめる，確認する，または熟考するなどのプロセスを経て発言する場合，頭の中で一度でも登場した名詞を発話時に既出として扱うからであると考えられる．つまり聞き手にとっては新出の名詞であっても，話し手にとって頭の中で考えた時点を1回目とすると，発話時には2回目（もしくはそれ以上）の出現であるため，名詞には前方照応の接尾辞 -i/-de が付加される[12]．

　名詞と前方照応の接尾辞 -i/-de には，表1に示すように，語基末が中・低

[10) ただし形容詞や数詞，数量詞などが既出の自由名詞を修飾するときには，前方照応の接尾辞 -i/-de は既出名詞ではなくこれらの名詞を修飾する要素のいずれか一つに付加する（6.4. 参照）．

11) 70代の調査協力者が発話した民話をテープに録音し，一字一句（言いよどむさまも含む）文字におこしたもので，一切手を加えていない．

12) 本書では，接尾辞 -i/-de が前方照応として機能していることが明らかな場合にのみ，この接尾辞に「その」という訳をあてることにし，初めて現れる語に付加しているなど既出ではないことが明白である場合には何も訳をあてないことにする．接尾辞 -i/-de は既知をあらわす可能性もある．

母音のときには前方照応の接尾辞 -i が付加されて狭めが生じ，子音またはそれ以上狭めることができない高母音 i, u のときには前方照応の接尾辞 -de が付加されるという音韻上の規則がある．そして接尾辞 -i/-de が付加されるとき，名詞のアクセント位置は一音節分後退する．これはツツバ語が語末から二音節目の母音にアクセントが置かれる言語だからである．

表 1 名詞の語末音と前方照応の接尾辞の共起規則

		名詞語末					
		i	e	a	o	u	子音
接尾辞	-i	−	○	○	○	−	−
	-de	○	−	−	−	○	○

tamoloi-de
人-REF
「その人」

ima-i
家-REF
「その家」

arivi-de
ねずみ-REF
「そのねずみ」

tanume-i
悪魔-REF
「その悪魔」

　前方照応の接尾辞は，語末に二つ以上の母音が連続する表 2 の名詞には付加することができない．これらの名詞には接辞の添加に代わって語末の二つの母音に交替が生じる．いずれの交替にも共通しているのは，母音 a と e に狭めが生じ，a は e に，e は i に替わるという点である．

表2 前方照応と母音交替

母音交替			例			
ae	→	ei	ae	→	ei	「水」
			hae	→	hei	「カヴァ」
oe	→	oi	boe	→	boi	「豚」
iu	→	i	niu	→	ni	「ココナツ」
iae	→	iei	viae	→	viei	「木」

　接頭辞 no- が形容詞に付加して名詞が派生するとき，この名詞が既出名詞であれば，これに前方照応の接尾辞 -i が付加される (3)．時にツツバ語では接尾辞 -i が付加された形容詞が名詞的に用いられることもあるが，これは接尾辞 -i が既出名詞を示す本来の機能に加え，形容詞に付加した場合には名詞標識としても作用するからであると考えられる (4)．

(3)　no-lavoa-i　　　　　ma=ntau
　　 NMLZ-大きい-REF　　 3SG.R=怖がる
　　「大きい子は怖がっていた」

(4)　lavoa-i　　　　　ma=ntau
　　 大きい-REF　　 3SG.R=怖がる
　　「大きい子は怖がっていた」

4) 動詞を派生させる

　名詞に接尾辞 -ha が付加すると動詞が派生する．またこの接尾辞が自動詞に付加すると他動詞が派生する．

名詞→動詞	vulu-vulu-「毛」
	→ vulu-vulu-ha「毛むくじゃらである」[13]
自動詞→他動詞	bua「深い状態である，広い状態である」
	→ bua-ha「深める，広める」

3.2.2.2. 動詞に付加する接尾辞

動詞に付加する接尾辞には次の働きがある．

1) 項の数を増やす
2) 名詞を派生させる

1) 項の数を増やす

自動詞に接尾辞 -i が付加すると他動詞が派生する．二語（7.3.3. 参照）を除き，ツツバ語のすべての他動詞は補語代名詞の対格か主格のどちらかを支配するが，この接尾辞により派生する他動詞も対格を支配するものと主格を支配するものに二分される．補語や動詞の項と接辞については 7.3. で記述する．

対格を支配する他動詞を派生させる				
alo	「照る」	→	alo-i	「照らす」
ser	「吹く」	→	ser-i	「吹き飛ばす」
sora	「噂話をする」	→	sora-i	「〜の噂をする」
mate	「死ぬ」	→	mate-i	「死なせる」

---

13) vulu- は「髪」をあらわし，重複形 vulu-vulu- は「毛」をあらわす．

> 主格を支配する他動詞を派生させる
> vesul 「口笛を吹く」 → vesul-i
> 　　　　　　　　　　　　「〜に向かって口笛を吹き，意識させる」

自動詞に付加して主格支配の他動詞を派生させる接辞も存在する．

> 接尾辞 -ti 　rav 　「壊れる」 → rav-ti 　「壊す」
> 接尾辞 -tei 　mana 「笑う」 → mana-tei 「〜を笑う」

なお次に示す動詞には，補語が代名詞であるときに限り接尾辞 -i が付加される．これらはいずれも代名詞の対格を支配する他動詞である（例文は 7.3.2.1. を参照）．

> rve 「引っ張る」　　bel 「完成させる」
> tov 「呼ぶ」　　　　taur 「つかむ」
> vosa 「ひっぱたく」　ter 「開ける」

2) 名詞を派生させる

　動詞から名詞を派生させる接尾辞には相補分布をなす -a と -e があり，語末が a ではない動詞語基には接尾辞 -a が付加し，動詞語基が a のときには接尾辞 -e が付加して音の重複が回避される．多くの動詞が派生辞により名詞化されるが，すべての動詞が名詞化されるわけではない．

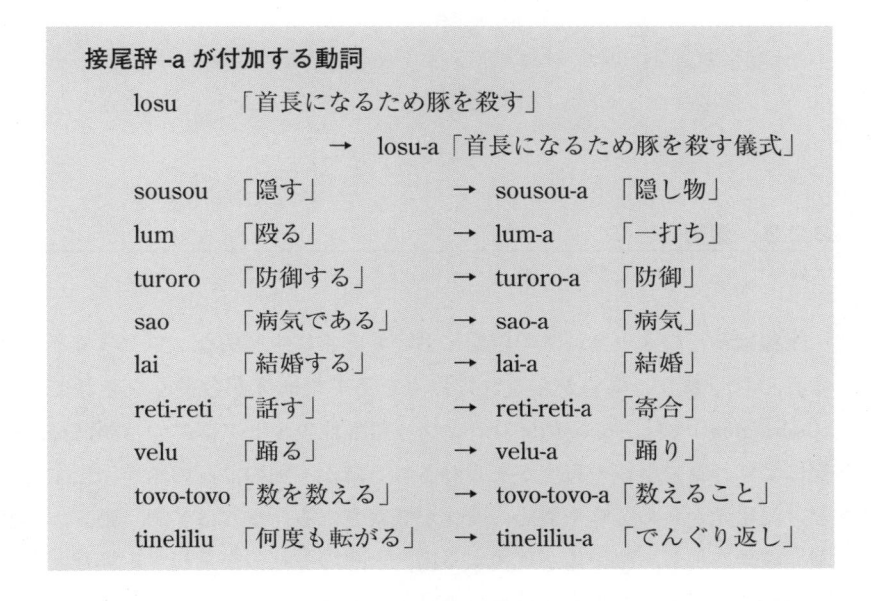

接尾辞 -a が付加する動詞			
losu	「首長になるため豚を殺す」		
	→ losu-a「首長になるため豚を殺す儀式」		
sousou	「隠す」	→ sousou-a	「隠し物」
lum	「殴る」	→ lum-a	「一打ち」
turoro	「防御する」	→ turoro-a	「防御」
sao	「病気である」	→ sao-a	「病気」
lai	「結婚する」	→ lai-a	「結婚」
reti-reti	「話す」	→ reti-reti-a	「寄合」
velu	「踊る」	→ velu-a	「踊り」
tovo-tovo	「数を数える」	→ tovo-tovo-a	「数えること」
tineliliu	「何度も転がる」	→ tineliliu-a	「でんぐり返し」

接尾辞 -e が付加する動詞			
vora	「産まれる」	→ vora-e	「誕生」
sasa	「働く」	→ sasa-e	「働き，仕事」

　これらはいずれも動詞から自由名詞が派生する例であるが，中には名詞化接辞の付加により拘束名詞が派生することもある．この接辞 -a/-e が動詞に付加したとき自由名詞と拘束名詞のどちらが派生するかは，動詞によって決まっている．

bon	「匂う」	→	bon-a-na	「その匂い」

接尾辞 -a/-e 以外に，動詞から名詞を派生させる接辞には次の二つがある．

接頭辞 a-	rav	「盲目である」	→	a-rav	「盲人」
接尾辞 -i	sar	「槍で突く」	→	sar-i	「槍突き」

3.2.3. 重複

　重複は多くのオセアニアの言語において非常に生産的なプロセスであると考えられており，早くからこれに焦点をあてた研究が数多くなされてきた (Codrington 1885, Jauncey 1997). ツツバ語も他のオセアニアの言語同様，重複により行為の継続や程度があらわされるほか，別の品詞の語が派生するなど，派生元からの意味や機能の変化が観察される．重複は名詞，動詞，形容詞，副詞に生じ，語全体が重複する場合と語の一部分が重複する場合とがある．ツツバ語では形態的プロセスのひとつであるこの重複とは別に，語基そのものが重複形で省略形を持たない語がいくつか存在する．以下にそれぞれの語を示す．

（1）語基が重複形
（2）重複による派生

（1）　語基が重複形

beabea	「ヤシガニに餌をやる」
adiadi	「かゆくなる」
burabura	「(蚊に刺された箇所が) 腫れる」
ruru	「服」
roturotu	「遊ぶ」
biabia	「まぶしい」

matemate	「おじぎ草」
rororo	「騒ぐ」
sousou	「隠す」

(2) 重複による派生

重複には語全体の重複と一部分の重複とがあり，語全体の重複は一音節か二音節の語に生じ，三音節以上の語には生じない．一方，語の一部分の重複は，二音節以上の語に起こり，語が二音節から構成されるときは語頭の一音節が重複し，語が三音節以上の音節から構成されるときは語頭の二音節が重複する．重複による母音の脱落については 2.4.6.「脱落」で記している．

語全体の重複	ba.si	「塗る」 →	ba.si-ba.si	「あちこちに塗る」
	taŋ	「泣く」 →	taŋ-taŋ	「死者を悼む」
一部分の重複	do.vo	「朽ちる」 →	do-do.vo	「朽ち果てる」
	n.ta.u	「怖がる」 →	n.ta-n.ta.u	「恐れおののく」

重複により動詞から名詞が派生することがあるが，このように重複により品詞が変化するのは一語だけである．それ以外の語は重複により品詞は変わらず意味だけが変化する．意味を変化させる重複は名詞，形容詞，副詞，動詞に生じ，このうち名詞，形容詞，副詞が重複すると重複した語は重複元，すなわち基本形よりも規模や程度，範囲，数が甚だしいことをあらわすようになる．一方，動詞が重複すると，重複した語は基本形よりも行為の回数や程度が甚だしいことをあらわすようになる．また動詞によっては相互の動作をあらわすようになるものや，他動詞から自動詞が派生するなど，重複により項数の変化が生じるものもある．動詞の重複は 7.2.3. でも例を挙げて説明しているため，ここでは一例を示すにとどめる．

```
名詞
語全体の重複   lamo    「蝿」        →   lamo-lamo     「無数の蝿」
              mesu    「茂み」      →   mesu-mesu     「森」
              karu-   「(片)足」    →   karu-karu-    「両足」
              malo    「珊瑚」      →   malo-malo     「珊瑚礁」
一部分の重複   salan   「方法(単数)」→   sal-salan     「方法(複数)」
              varaŋo  「指(単数)」  →   var-varaŋo    「指(複数)」
```

次の lum-a「一打ち」のように動詞 lum「一打ちする」が派生接辞 -a により名詞化され，派生した語の全体が重複することもある．

```
lum-a    「一打ち」    →    lum-a-lum-a    「数打」
```

```
形容詞
語全体の重複   alu    「熱い，暑い」
                     →   alu-alu    「とても熱い，とても暑い」
一部分の重複   masa   「乾いた(単数名詞を修飾)」
                     →   ma-masa   「乾いた(複数名詞を修飾)」
```

```
副詞
語全体の重複   to        「早く」    →   to-to            「とても素早く」
一部分の重複   turuvatea 「いつも」  →   turu-turuvatea
                                                         「常に，絶えず」
              mausi     「上手に」  →   mau-mausi
                                                         「とても上手に」
```

動詞					
語全体の重複	ulo	「叫ぶ」	→ ulo-ulo	「何度も叫ぶ」
	roso	「発熱する」	→ roso-roso	「高熱を出す」
	boi	「好む」	→ boi-boi	「相思相愛である」
一部分の重複	roŋo	「感じる」	→ ro-roŋo	「感じ入る」
	davsai	「思う」	→ dav-davsai	「信じる」
	vasevui	「干す」	→ vase-vasevui	「何度も干す」

項数の変化（他動詞から自動詞へ）				
sar	「矢で射る」	→	sar-sar	「狩りをする」
tovo	「数える」	→	tovo-tovo	「数を数える」

品詞の変化（動詞から名詞へ）				
bibi	「包む」	→	bi-bibi	「包み」

3.2.4. 複合

　複合には二つ以上の自由語基が結合する場合と，自由語基と拘束語基が結合して一つの語基が派生する場合とがある．複合により派生した語基は次の音韻的，文法的な基準を満たしている[14]．

音韻
　　（1）アクセントが語末から二音節目の位置に一つだけ置かれる
　　（2）構成要素間に休止が置かれない

---

14) 複合により派生するのは名詞と動詞である．

文法
(1) 構成要素は入れ替わることがない
(2) 構成要素は接辞や付加詞により隔てられない，つまり構成要素を分離することはできない

　複合の構成要素は名詞，動詞，形容詞，前置詞の語基である．構成要素がいずれも自由語基の場合は自由語基が派生するが，結合する構成要素の右端が拘束語基である場合，派生するのは拘束語基となる．

　複合には二つの構成要素からなるものと，三つの構成要素からなるものとがある．前者には (a) 名詞同士の複合，(b) 名詞と動詞による複合，(c) 名詞と形容詞の複合，(d) 動詞同士の複合がある．(b) の名詞と動詞による複合には，①動詞＋名詞と②名詞＋重複した動詞がある．(d) の動詞同士の複合には，自動詞同士の複合と他動詞同士の複合がある．そして後者の三つの構成要素からなる複合には，(e) 名詞＋前置詞＋名詞がある．これは名詞句が語彙化したものと考えられる．以下に上記の (a) から (e) の例を挙げる．複合の構成要素間にはイコール（＝）を置いて示す．

(a)　名詞同士

複合	構成要素	意味
bero=butu	耳＋盲目	「耳が不自由な人」
varu=tamaute	鉄＋白人	「機械」
varu=karu-e-vati[15]	鉄＋足-4	「車」
vanua=tamaute	島＋白人	「外国」
arivi=tamaute	ねずみ＋白人	「猫」

---

15) 身体部位をあらわす karu-「足」は拘束名詞で，これには常に所有者代名詞接辞や所有者と所有物を結ぶ連結辞が付加されるが，複合語 varu=karu-e-yati だけは例外である．

84

(b) 名詞と動詞

① 動詞＋名詞

複合	構成要素	意味
karu=mavu	耕す＋大地	「開墾」

② 名詞＋重複した動詞

複合	構成要素	意味
lamo=ati-ati	蝿＋噛む-噛む	「蚊」
ae=kolu-kolu	水＋流れる-流れる	「川」

(c) 名詞と形容詞

複合	構成要素	意味
bisu=lavoa	指＋大きい	「親指」
ino=baro	物＋新しい	「新品」
ino=tuae	物＋古い	「古品」

(d) 動詞同士

複合	構成要素	意味
lua=si	つばを吐く＋下る (vi＋vi)	「つばを吐きつける」
sor=dor	見る＋知る (vt＋vt)	「見知る」
ati=mate-i	噛む＋死ぬ (vt＋vt)	「噛み殺す」

　動詞同士の複合には，二つの動詞語基が一つの人称標識や補語をとらなければならないなどの制約がある．この制約については 7.6. の動詞連続で詳述する．

(e) 名詞＋前置詞＋名詞

　ツツバ語では「私の足」，「彼の弟」，「鞄の紐」，「トラックの砂埃」，「木陰（木の陰）」，「子供の日」など「N_1 の N_2」という名詞句は，主要部が拘束名詞であれば [N_2-N_1]，自由名詞であれば [N_2 類別詞-N_1] という所有形式であらわされることが多い (6.6.「所有表現」参照)．しかし所有者代名詞接辞

または連結辞が直接付加すると予期されるいくつかの拘束名詞は，次に見るように前置詞 na「〜の，〜で，〜に」を介した慣用化した名詞句であらわされることがある．厳密にはこれらは名詞句ではなく，名詞句が語彙化したものと考えられる．というのも [N₁ PP N₂] のうち，N₁ や前置詞にはアクセントが置かれず，N₂ の語末から二音節目にアクセントが置かれるからである．また N₁ と PP，PP と N₂ のあいだには休止が挟まれないことも，この名詞句が語彙化していると考えられるもうひとつの理由である．

予期される表現		実際に用いられる慣用化・語彙化した表現		
bobore-n	sola	→	bobore	na	sola
跡-LINK	傷		跡	PP	傷
			「傷跡」		
ae-n	m̃ata-ku	→	ae	na	m̃ata-ku
水-LINK	目-1SG.POSS		水	PP	目-1SG.POSS
			「涙」		

語彙化した名詞句のうち，次に示すのは，重複により意味が拡張した名詞が N₁ として現れる名詞句である．

vulu-vulu-n	ebe	→	vulu-vulu	na	ebe
RED-髪-LINK	体		RED-髪	PP	体
			「毛深い体」（直訳．体のたくさんの髪）		
ari-ari-n	ebe	→	ari-ari	na	ebe
RED-垢-LINK	体		RED-垢	PP	体
			「垢だらけの体」（直訳．体のたくさんの垢）		

上の例をまとめると次のようになる．

複合	構成要素	意味
bobore na sora	跡＋〜の＋傷	「傷跡」
ae na mata-	水＋〜の＋目	「涙」
vulu-vulu na ebe	髪-髪＋〜の＋体	「毛深い体」
ari-ari na ebe	垢-垢＋〜の＋体	「垢だらけの体」

3.3. 形態論まとめ

表3は，語基形成のプロセスと機能をまとめたものである．

表3 語形成のプロセスと機能

文法的，意味的な働き	接頭辞	接尾辞	重複	複合
複数をあらわす	○	−	○	−
場所・方向をあらわす	○	−	−	−
項を増やす	−	○	−	−
項を減らす	○	−	○	−
所有をあらわす	○	−	−	−
前方照応をあらわす	−	○	−	−
意味カテゴリーを示す	○	−	−	−
意味や程度を拡張する	○	−	○	−
行為の反復を示す	−	○	○	−
相互作用をあらわす	−	−	○	−
動詞を名詞化させる	−	○	−	−
形容詞を名詞化させる	○	○	−	−
他動詞から自動詞を派生させる	○	−	○	−
名詞から自動詞を派生させる	−	○	−	−
名詞から他動詞を派生させる	−	−	−	−
自動詞から他動詞を派生させる	−	○	○	−
二つ以上の語基から一つの語基を派生させる	−	−	−	○

○…可能　−…不可能

COLUMN

記述言語学の現場から

食事

朝食．人々は日の出とともに起床し，すぐにジャングルに入って食べ頃のバナナやパパイヤを探す．大人についてジャングルに入った子供たちは藪をかき分けて鶏の卵を探し出す．みんなで朝食を調達すると敷地に戻り火をおこす．汲み置きの雨水を沸かして摘み取っていたレモンの葉を入れ，数分煮立たせる．レモンの香りがあたりに漂ってくると人々は家の前にござを敷いて座り，レモン湯を飲みながらバナナやパパイヤを食べる．卵はめったに見つからず大変に貴重であるため，家族全員が少しずつ分け合って食べる．

昼食．子供たちは午前中の授業が済む

家族そろっての夕食．月明かりを頼りに食べる．

近所から分けてもらった火を急いで家まで運ぶ．よく枯れたココヤシの葉はたちまちのうちに燃えてゆく．

とひとたび家に帰り，昼食として親が用意していた昨晩の残りのイモや朝に採ったバナナなどを食べる．大人たちは昼が近づくと畑仕事のかたわらココナツの殻を集めて火をおこし，石を熱して掘ったばかりのタロイモを焼く．イモが焼きあがったころに畑仕事をやめて昼食にする．イモの隣にはモロヘイヤのように粘り気のあるアイランドキャベツ（avera）がおかずとして添えられることが多い．喉が渇いたときには近くの椰子の木に登り，ココナツを落として飲む．

　夕食．人々は畑から戻ると休む間もなくすぐにござを敷き，その上に座ってタロイモの皮を剥き始める．マッチを持たない家庭では，この間に子供が隣近所へ火を探しに行く．すでにおこしてある火を分けてもらうために，よく枯れたココヤシの葉っぱをジャングルで拾い，夕闇のなか煙の出ているところや炎の色がちらついている家を探す．そしてそこで火の番をしている子供や料理支度をしている大人に火を分けてくれるように頼み，ココヤシの葉を火に近づける．火が移るのを確かめるとお礼を言い，ココヤシの葉が燃え尽きる前に急いで戻る．こうして火を手に入れたら，いざ料理の開始である．タロイモを鍋に入れて煮始めると同時に，畑からの帰り道に拾ったドライココナツを半分に割り，内側についている白い固まりをそぎ落とす．そぎ落としたものに水を加えて手でよくかき混ぜたのちに絞る．このときに指から漏れる液体がココナツミルクである．煮上がったタロイモにココナツミルクをかければ，夕食ができあがる．魚や肉が食事に出ることはまれである．

4章　品詞

4.1. 名詞
4.2. 動詞
4.3. 形容詞
4.4. 副詞
4.5. 名詞，動詞，形容詞，副詞の統語機能比較
4.6. 前置詞
4.7. 接続詞
4.8. 冠詞
4.9. 間投詞
4.10. 小詞

本章ではツツバ語の単語を9つの品詞に分類し，それぞれの品詞の持つ意味や機能について記述する．章の構成としては4.1.から4.4.で名詞，動詞，形容詞，副詞について順に論じ，4.5.でこの4つの品詞の統語機能を比較する．そして4.6.から4.10.で前置詞，接続詞，冠詞，間投詞，小詞について述べる．

ツツバ語には次の品詞を認めることができる．この言語では特定の品詞を他の品詞から区別するような形態的な特徴は存在しておらず，語は意味的，統語的な働きに基づき以下の品詞のいずれかに分類される．

1. 名詞
2. 動詞
3. 形容詞
4. 副詞
5. 前置詞
6. 接続詞
7. 冠詞
8. 間投詞
9. 小詞

4.1. 名詞

名詞は人や動物，場所や物，抽象的な概念を示し，次の統語機能を有する．
(1) 名詞句の主要部になりうる（例1）
(2) 述部の項つまり文の主語，補語になりうる（例2），（例2'）
(3) 場所や時をあらわす付加詞になりうる（例3）
(4) 前置詞の補語になりうる（例4）

以下に (1) から (4) の例を示す.

名詞句の主要部になる

(1) nno=ntau <u>vir</u> lavoa
  1SG.R=怖がる 犬 大きい
  「私は大きな犬が怖い」

自動詞の項になる

(2) <u>tamoloi</u> lo=ma
  人 PROG=来る
  「誰かがこっちに来ている」

他動詞の項になる

(2') <u>vemol</u> me=riv <u>dam</u>
  v 3SG.R=植える ヤムイモ
  「ヴェモルはヤムイモを植えた」

付加詞になる

(3) nno=an m̰asi e-lima <u>vuisa</u>
  1SG.R=食べる 魚 CDN-5 v
  「私はボキサ島で魚を 5 匹食べた」

前置詞の補語になる

(4) ro=lsu toa sur <u>annanna-i</u>
  3PL.R=殺す 鶏 PP 宴-REF
  「彼らはその宴のために鶏を殺した」

さらにいくつかの名詞には次の働きがある．
　(5) 単独で述語として現れうる（例5）
　(6) 動詞のように主語代名詞に先行され，述語になりうる（例6）
　(7) 名詞句の主要部を修飾することができる（例7）

　このうち(6)「主語代名詞に先行され述語になる」は，動詞が持つ最も基本的な機能であることから，これを名詞の動詞的用法と呼ぶことにする．また(7)「名詞句主要部の修飾」は，本来形容詞の持つ働きであることから，これを名詞の形容詞的用法と呼ぶことにする．以下に(5)から(7)の例を示す．

単独で述語になる
　(5)　　nna　　dokuta
　　　　 3SG　　医者
　　　　「彼女は医者だ」

主語代名詞に先行され述語になる
　(6)　　nna　　mo=dokuta
　　　　 3SG　　3SG.R=医者
　　　　「彼女は医者になった」

名詞句主要部を修飾する
　(7)　　biti　　　mera　　　lo=ŋara
　　　　 小ささ　　男性　　　PROG=泣く
　　　　「男児が泣いている」

　名詞はその意味や機能に応じて固有名詞，普通名詞，数詞，数量詞，代名詞に下位分類でき，これらはさらに形態や意味機能に応じて細かく分類できる．これらについては6章「名詞と名詞句」で詳述する．

4.2. 動詞

　動詞は行為者や主体の様々な行為や出来事をあらわし，述語になるという機能を持つ．動詞には動詞をホストとし，主語の人称，数，法が一つの形態素に融合した主語代名詞が義務的に先行する．以下に動詞の例を示す．

(8)　　nno=<u>masere</u>
　　　1SG.R=満腹である
　　　「私はもう満腹です」

(9)　　o=<u>ve</u>　　　 mausi　　 taŋa-i
　　　2SG.R=作る　　上手に　　鞄-REF
　　　「あなたは上手に鞄を作る」

　ツツバ語の動詞は，とりうる項の数により自動詞と他動詞に二分される．自動詞は項をとらない（非人称動詞）か，一つの項，すなわち主語だけを必要とし，他動詞は主語と補語の二つの項を必要とする．補語には主格補語と対格補語，斜格補語がある．他動詞には，補語が代名詞のとき主格を支配するものと対格を支配するものとがあり，どちらの補語をとるかは動詞によって決まっている．動詞に関しては7章「動詞と動詞句」で下位分類やとりうる補語について記述し，動詞句の構造，範疇については5章「文の構造」で詳述する．

4.3. 形容詞

　一般に形容詞は歴史的に名詞または動詞から派生したと考えられている (Givon 1984: 74). ツツバ語のすべての形容詞は名詞を修飾するだけでなく，動詞のように主語代名詞に先行されて述語となりうる．

ツツバ語の形容詞には次の統語的機能がある．
　(1) 自由名詞を修飾しうる (例 10)
　(2) 動詞のように主語代名詞に先行されると述語となりうる．このとき形容詞は状態動詞の働きをする (例 11)
　(3) 動詞に後続し，先行する動詞と意味的にひとつの大きな節を形成しうる．このときの形容詞には主語代名詞が先行する (7.6.2. 述部連結参照) (例 12)

さらに形容詞に分類される語の中には，次の働きをするものがある．
　(4) 動詞に後続し，先行する動詞を副詞のように修飾する (例 13)
　(5) 名詞のように前方照応の接尾辞が付加されて，名詞句の主要部になりうる (例 14)

上の (1) から (5) のすべての機能を持つ形容詞 lavoa「大きい」の例を示す．

名詞を修飾する
　(10)　vitu　　lavoa
　　　　月　　　大きい
　　　「大きな月」

主語代名詞に先行され述語になる

(11)　　ma=lavoa
　　　　3SG.R=大きい
　　　　「それは大きい」

主語代名詞に先行され，動詞を修飾する

(12)　　ma=annan　　ma=lavoa
　　　　3SG.R=食べる　3SG.R=大きい
　　　　「彼が食べる量は多い（彼は大食いだ）」

単独で動詞を修飾する

(13)　　ma=annan　　　lavoa
　　　　3SG.R=食べる　　大きい
　　　　「彼はかなりの量を食べた」

名詞句の主要部になる

(14)　　lavoa-i　　　　ma=ntau
　　　　大きい-REF　　3SG.R=怖がる
　　　　「大きい子は怖がっていた」

　形容詞の機能のうち，(1)「名詞を修飾する」は形容詞の最も基本的な機能であるが，それ以外の(2)から(5)は，動詞や副詞，名詞といった他の品詞の持つ最も基本的な機能である．ゆえに(2)や(3)のように形容詞が主語代名詞に先行されて述語として用いられるとき，または述部の一部として動詞を修飾するとき，これを動詞的用法の形容詞と呼ぶ．そして動詞の程度や状態を修飾するのは副詞の最も基本的な機能であるから(4)のように単独で動詞を修飾するときの形容詞を，副詞的用法の形容詞と呼ぶ．同様に名詞句の主要部になることは名詞の最も基本的な働きであることから，(5)のよう

に前方照応の接辞を伴う形容詞が名詞句の主要部となるとき，これを名詞的用法の形容詞と呼ぶ．

　形容詞のこれらの用法や拘束名詞を形容詞が修飾するときの形式，形容詞の下位分類については，8章「形容詞」で記述する．

4.4. 副詞

副詞は次の (1) または (2) の機能を有する．
(1) 文頭または文末に現れて文全体を修飾，制限しうる（例15）
(2) 文の述語に後続して述語の様態，程度を修飾しうる（例16）．述語が他動詞の場合，他動詞補語の格を支配する（例17），（例18）．副詞の格支配については9章「副詞」で詳述する．

命題を修飾・制限する

(15)　　balva　　o=te=sor-i=a
　　　　多分　　2SG.R=NEG=見る-OBJ=3SG.OBJ
　　　　「多分あなたは彼に出会わなかったのです」

述語を修飾する

述語が自動詞

(16)　　da=loso　　　　　　　bulu
　　　　1PL.INC.IR=水浴びをする　一緒に
　　　　「私たちは一緒に水浴びをしようね」

4章 品詞

述語が他動詞

　主格を支配する

(17)　　ma=an　　　<u>to</u>　　　　nna
　　　　3SG.R=食べる　すばやく　　3SG
　　　「彼はあっというまにそれを平らげた」

　対格を支配する

(18)　　mo=uli　　　<u>mausi</u>=a
　　　　3SG.R=描く　上手に=3SG.OBJ
　　　「彼はそれを上手に描いた」

さらに副詞に分類される語の中には次の働きをするものがある．
　(3) 動詞のように主語代名詞に先行され述語になりうる (例19)
　(4) 単独で述語になりうる (例20)
　(5) 形容詞のように名詞を修飾しうる (例21)
　(6) 他の副詞を修飾しうる (例22)

主語代名詞に先行され述語になる

(19)　　nao　　nno=<u>vavun</u>　　na　　saru　　nede　　nabar
　　　　1SG　　1SG.R=初めて　　　PP　　場所　　　DX　　　今日
　　　「私は今日初めてここに来ました」

単独で述語になる

(20)　　vila　　<u>asao</u>
　　　　V　　　離れて
　　　「ヴィラは遠い」

名詞を修飾する

(21) mesa-m   mo=boi   noannan   malum
    妻-2SG.POSS 3SG.R=好む   食べ物   やわらかく
    「あなたの妻はやわらかい食べ物を好む」

他の副詞を修飾する

(22) a=te=sae   lavi_adv1   vati_adv2   olotu   nabar
    3SG.IR=NEG=上る   すべきだ   たった   サント島   今日
    「彼は今日サント島に行くことさえもすべきではない」

4.5. 名詞，動詞，形容詞，副詞の統語機能比較

4.1. から 4.4. で概説した名詞，動詞，形容詞，副詞の統語的機能をまとめたものを表1に示す．

表1 名詞，動詞，形容詞，副詞の統語的機能

	名詞	動詞	形容詞	副詞
述部の項になりうる	○	−	△	△
単独で述語になりうる	△	−	−	△
主語代名詞に先行され述語になりうる	△	○	○	△
前置詞の補語になりうる	○	−	△	−
名詞を修飾しうる	△	−	○	△
単独で動詞を修飾しうる	−	−[1]	−	○
単独で付加詞となりうる	○	−	−	○
補語の格を支配しうる	−	○	−	○

○…可　△…可能なものもある　−…不可

---

1) 述語連続（7.6.1.）の場合を除く．

4.6. 前置詞

　前置詞は名詞に先行し，前置詞句を形成する．前置詞句は斜格補語として動詞の後ろに現れるか，または付加詞として文の前後に生起する．前置詞は統語的，形態的に動詞と似たふるまいをし，例えば前置詞の補語が代名詞であるとき，前置詞は代名詞の主格または対格を支配する．そして補語が代名詞のときに対格支配の他動詞に接尾辞 -i が付加するのと同様 (27)，補語が代名詞のとき，対格を支配する前置詞 tel と sur にはそれぞれ接尾辞 -ei と -i が付加する (28), (29)．この接尾辞は，他動詞に付加する接尾辞 -i と同じく，前置詞が補語として固有名詞や普通名詞をとるときには付加しない (30), (31)．

対格を支配する前置詞

tel/tel-ei	「～に，～へ」
lave	「～に，～へ」
tiu	「～から」
sur/sur-i	「～なので，～のために，～について」

(23)　e=l　　　　te　　roae　lave=ao!
　　　2SG.IMP=取る　ART　葉　　PP=1SG.OBJ
　　　「私に薬をちょうだい！」(直訳. 葉を持ってきなさい！)[2]

---

2) かつてツツバ島では薬として葉が用いられていた．今日，人々は病気がかなりひどくなると副都心の病院に行くが，それまでは放っておくか，傷口に葉を貼り，貯めた雨水に「治りますように」と祈りを捧げて飲むなどしている．

(24) *e=l　　　　te　　roae　　lave　　nao
　　　2SG.IMP=取る　ART　葉　　PP　　1SG

主格を支配する前置詞

matan	「～なので，～のために，～について」
na	「～で，～から，～に」
tuan	「～と一緒に」

(25) biti　　　mera-i　　　ma=malei　　　　me=te=ŋ
　　　小ささ　男性-REF　3SG.R=望まない　3SG.R=NEG=欲する
　　　a=va　　　　tuan　　nao
　　　3SG.IR=行く　PP　　　1SG
　　　「小さい男の子は私と一緒には行きたがらない」

(26) *biti　　　mera-i　　　a=va　　　　　tuan=ao
　　　小ささ　男性-REF　3SG.IR=行く　PP=1SG.OBJ

対格補語をとる

他動詞の例

(27) nno=tov-i=a
　　　1SG.R=呼ぶ-OBJ=3SG.OBJ
　　　「私は彼を呼んだ」

前置詞の例

(28) nno=reti　　　　tel-ei=a
　　　1SG.R=言う　　PP-OBJ=3SG.OBJ
　　　「私は彼に話しかけた」

(29)　　mo=lsu　　　　toa　　e-te-tea-i　　　　　sur-i=ra
　　　　3SG.R=殺す　　　鶏　　CDN-RED-1-DTB　　PP-OBJ=3PL.OBJ
　　　　「彼女は彼らひとりひとりのために鶏を殺した」

補語が固有名詞や普通名詞
他動詞の例

(30)　　nno=tov　　　　tom
　　　　1SG.R=呼ぶ　　　T
　　　　「私はトムを呼んだ」

前置詞の例

(31)　　ka=reti　　　　tel　　vernabas
　　　　1SG.IR=言う　　　PP　　V
　　　　「私はバナンバスに話しかけたい」

4.7. 接続詞

　接続詞は二つ以上の文や節，句，語を繋ぐ働きをする．接続詞には二つ以上の文や節を対等に結びつける等位接続詞と，従属節を文に導入する従属接続詞がある．

4.7.1. 等位接続詞

　ツツバ語で統語上，文あるいは文の成分を繋ぐ働きをする等位接続詞には次の六つがある．

ro	「そして，それゆえ」	
me	「そして」	
te	「または」	
na	「しかし」	
mevro	「そのあとで」	
aevro	「そのあとで」	

　等位接続詞のうち，ro「そして，それゆえ」，na「しかし」，mevro「そのあとで」，aevro「そのあとで」は，文の成分を結びつける機能のほか，前の節から切り離されて新しい文の文頭に立ち，前文の意味を受けて文を接続する分離接続詞の機能も有する．

(32)　　ro　　　　ae　　　　　ka=taur-i=o
　　　　CONJN　　するつもり　　1SG.IR=つかむ-OBJ=2SG.OBJ
　　　「そしたら私はあなたをつかむだろう」

　また接続詞 me には，二つの名詞句の間に現れて，これらを繋ぐ機能があるが，二つ以上の節や文を繋ぐ機能はない．me によって繋がれる名詞句のどちらかに話し手が含まれる場合，常にその名詞句は me に先行する．

(33)　　nao　　me　　　anni　　ka=sa　　　　olotu
　　　　1SG　　CONJN　　A　　　1PL.IR=上る　　サント島
　　　「私とアニーはサント島に行くつもりだ」

(34)　　*anni　　me　　　nao　　ka=sa　　　　olotu
　　　　 A　　　CONJN　　1SG　　1PL.IR=上る　　サント島

接続詞 me は二つの名詞句を繋ぐことができるが，三つ以上の名詞句を繋ぐことはできない．三つ以上の名詞句が主語や補語になるとき，名詞句は次のように並置される．

(35) moris tari norin ro=sa olotu nanov
　　 M   T   N   3PL.R=上る サント島 昨日
「モリスとタリとノリンの三人は昨日サント島に行った」

4.7.2. 従属接続詞

主節と従属節を繋ぐ働きをする従属接続詞を以下に示す．

ar	「もしも〜ならば」
matan	「〜なので，〜のために」
sur	「〜なので，〜のために」
aero	「〜のとき」

理由・目的をあらわす従属の接続詞 matan と sur の二つは，先に示した前置詞と同じ形である．

4.8. 冠詞

冠詞は名詞に先行して名詞句の始まりに現れる．ツツバ語には na と te という二つの冠詞があり，前者は定を，後者は不定をあらわす．ただしいずれも英語の冠詞などと比較すると限定された範囲でしか用いられない．ここでは冠詞の定義を述べるにとどめ，冠詞の生起する条件などについては 6.3.1.

で論じることにする．

4.8.1. 定冠詞 na

ツツバ語の定冠詞 na は Crowley（1985）や Ross（1988）の再建したオセアニア祖語の冠詞*na/*a に由来すると考えられる．この定冠詞は補語として生起する普通名詞に先行する．

ツツバ語には同音異義の na が複数存在するが，これらの機能は次のように異なる．

定冠詞 na ……………	補語として生起する普通名詞に先行する
反意接続詞 na …………	節と節のあいだまたは文頭に生起して二つの相反する事柄を対照させる
所有者代名詞接辞 -na ……	三人称・単数の所有者代名詞接辞．拘束名詞や類別詞に付加して所有をあらわす．
間投詞 na ……………	「えー，あのー」のように，言いよどむさまをあらわす
前置詞 na ……………	無生物の普通名詞に先行し，場所や時をあらわす付加詞として述部を修飾する

4.8.2. 不定冠詞 te

ツツバ語の te は Ross（1988: 357-360）が再建した不定冠詞*ta に由来すると考えられる[3]．この冠詞は否定文，命令文，疑問文，未然法の肯定文において，自由名詞に先行し拘束名詞の前には現れない．

te には否定や「または」を意味する選択接続詞としての機能もあること

---

3) 音韻的には*tai「1」の可能性が高いとの説もある（Jauncey 1997）．

から，同音異義語である te を次のように統語的，意味的に定義する．

不定冠詞 te ……… 自由名詞に前置され名詞を修飾する
否定の接語 te= …… 動詞をホストとする接語で節全体を否定する
選択接続詞 te …… 名詞句と名詞句のあいだ，節と節のあいだなどに生起し，前後二つのもののうち一つを選ばせる働きをする

4.9. 間投詞

　間投詞は文の他の要素とは文法的な関係を持たず，話し手の喜怒哀楽や聞き手への反応，呼びかけをあらわす語である．間投詞を以下に示す．

io	「はい」	
ehe	「いいえ」	
aue	「わぁ！」	喜ばしいことが生じた驚き
auoo	「わぁ！」	予測していなかったことが生じたときの驚き
uelee	「わぁ！」	同上
uii	「わぁ！」	同上
aoe	「え!?」	信じられないときの驚き
aei	「おい！」	不快感を示す
ah	「もちろん」	
ei	「なぁ！」	声をかけるとき
oo	「ごめん！」	
oe	「どうして!?」	納得いかないことをあらわす
na	「えー…」	言いよどむさま

前頁の一覧からも分かるように，ツツバ語では na「えー…」を除くすべての間投詞が母音から始まる．間投詞の na が母音から始まらないのは，この語が喜怒哀楽の感情や擬声語に由来するのではなく，定冠詞 na に由来する語が機能上，間投詞に転用されたからであると考えられる．

4.10. 小詞

　小詞にはツツバ語の中で固有の特徴を有さず，叙述の中核的な語になりえないものが分類される．例えば所有者と所有物を結ぶ連結辞，所有表現に用いられる類別詞，自立語よりも自立性が低い接語などである．

4.10.1. 義務，相，否定の小詞

　ツツバ語では名詞，形容詞，副詞，そして動詞が述語のとき，この述語の前には主語の人称・数・法を一つの語形であらわす主語代名詞が義務的に置かれる[4]．これは述語をホストとする接語であり，人称標識として機能する．以下に一人称・単数・既然法 (36)，一人称・単数・未然法 (37) の例を示し，他の人称，数，法は 6.1.5.1. で示す．

(36)　　nno=an　　　　mako
　　　　1SG.R=食べる　マンゴー
　　　　「私はマンゴーを食べる（食べた）」

---

4)　ただし名詞が単独で述語となる文を除く．

(37) ka=an　　　　te　　mako
　　　1SG.IR=食べる　ART　マンゴー
　　　「私はマンゴーをこれから食べる」

この主語代名詞と述語の間には，否定，義務，未完了，進行，反復の小詞が現れうる．これらの小詞については7.5.2.「動詞句の構成要素」で詳述する．

否定	te=
義務	ria=
未完了	telo=
進行	lo=
反復	le=

(38) nno=te=boi　　　mako
　　　1SG.R=NEG=好む　マンゴー
　　　「私はマンゴーが好きではない」

4.10.2. 類別詞

　類別詞は，オセアニアの言語の所有表現を特徴づけるものである．オセアニアの言語では，所有物と所有者の関係が固定的ではなく，所有者が所有物をどのような範疇に属するものとみなすかが類別詞により示される．ツツバ語に存在する類別詞は，所有物が自由名詞のときにのみ用いられる次の4つである．

> a-　　　食べ物
> ma-　　飲み物
> bula-　　動物,植物
> no-　　一般の所有物,個人の財産

これらの類別詞を介する所有表現の一例を以下に示す.

(39)　niu　　　　a-ku
　　　ココナツ　　CLASS-1SG.POSS
　　　「私の(食べる)ココナツ」

(40)　niu　　　　ma-ku
　　　ココナツ　　CLASS-1SG.POSS
　　　「私の(飲む)ココナツ」

(41)　viriu　　bula-na
　　　犬　　　CLASS-3SG.POSS
　　　「彼の犬」

(42)　boe　　no-m
　　　豚　　CLASS-2SG.POSS
　　　「あなたの豚」

所有の形式については6.6.で詳述する.

4.10.3. 連結辞

　連結辞は類別詞と同じく所有の表現に用いられ，所有者が代名詞ではないときに所有物または類別詞に付加して，所有物と所有者を繋ぐはたらきをする．

所有物が拘束名詞
(43)　　lima-n　　tom
　　　 腕-LINK　　T
　　　 「トムの腕」

所有物が自由名詞
(44)　　viriu　　bula-n　　tom
　　　 犬　　　CLASS-LINK　T
　　　 「トムの犬」

COLUMN

記述言語学の現場から

学校

　ツツバ島には小学校が1校ある．1987年創立で dobulu 小学校という．これはツツバ語で「私たちはみんな一緒」という意味だ．入学時の年齢はまちまちであるがおおむね6歳，児童数は100名ほどである．義務教育ではないうえに授業料が要るため，学校に通わない子が大勢いる．

　3学期制で，授業は月曜日から木曜日までが午前7時半から11時半，その後2時間の昼休みをはさみ，午後1時半から3時半までである．金曜日は午前中だけで土日は休みである．2時間という長い昼休みには，児童はいったん家に帰り昼食を済ませてまた学校に戻る．

机・椅子のない教室でノートをとる児童．

コプラを売るためサント島に降り立った島民.

　授業科目は算数，英語，理科（環境について），音楽，体育などである．ヴァヌアツ共和国の国語はビスラマ語であるが，かつてイギリスとフランスに共同統治されていた歴史から，授業は学校によって英語またはフランス語で行われる．dobulu 小学校では英語で授業が行われているが，児童の中には休学や復学を繰り返す結果，英語での授業理解が困難な子もいる．そのため児童の授業理解を促進する目的で，指導にツツバ語が用いられることもある．

　校舎はいたって簡素なもので，竹を編んだ壁とヤシの葉を葺いた屋根からできている．机や椅子のない教室もあり，そこでは雨漏りの箇所を避けて床にござを敷き，児童は座って授業を受ける．電気がないため教室は明るいとは言いがたく，加えて児童の休学や復学が多いため，dobulu 小学校では教室を出て校庭でのアクティビティを伴う授業が多い．1学年の児童数が少ないときは，2学年合同で授業が行われる．

　ツツバ島には中学校がない．進学する場合は他島の中学校に行き，寄宿舎生活を送らなければならない．それにはある程度まとまった資金が必要であるため，親はボートでコプラや木の実を副都心のサント島まで運び，市場で売るなどして現金を作る．貴重な牛や豚を売ることもある．このような資金面の難しさもあり，中学校に進学する子供は多くない．

5章　文の構造

5.1. 基本語順

5.2. 主要部と従属部

5.3. 文法範疇

5.4. 述語

5.5. 主語と補語

5.6. 付加詞

5.7. 焦点化

5.8. 法

5.9. 否定・義務

5.10. 相（アスペクト）

この章ではツツバ語の基本的な文の構造について概説する．

5.1. 基本語順

ツツバ語では焦点化の場合以外は述語の前に主語が現れ，述語の後ろに補語が現れる[1]．そして文頭または文末には付加詞が現れる．このSVOという基本語順は，アネイチュム語を除くすべてのヴァヌアツの言語に共通するものである (Lynch 1998)．

ツツバ語の節は Foley and Van Valin (1984) の提唱した層構造をなしている．彼らのいう「節の層構造」とは，節は述語，つまり中核 (nucleus) と，述語とその項である核心 (core) から構成されており，この層の最も外側には場所や時などの付加的な情報をあらわす周辺部 (periphery) があるというものである (Foley and Van Valin 1984, Hyslop 2001: 58)．以下は Foley and Van Valin (1984) の層構造をもとに，ツツバ語の最も基本的な文の構造をあらわした図である．

図1　ツツバ語の文の構造

periphery	core			periphery
		nucleus		
付加詞	主語	述語	補語	付加詞

ツツバ語の文の構成要素をすべて含んだ例を以下に示す．(1) は図1のように付加詞で始まり，主語，述語，補語，付加詞と続く文である．この例のように付加詞は文の前後それぞれに現れることが可能であるが，(2) のように文頭か文末のどちらかにだけ現れることもある．

---

1) 焦点化については5.7.で記述する．

(1) nanov   dodo   moris   mo=hor   arivinirnir   lavoa
    昨日   夜   M   3SG.R=見る   ねずみ   大きい
    na   ruirui-n   balubala
    PP   下-LINK   机
    「昨晩，モリスは机の下に大きなねずみを見た」

(2) ma=va   na   plantesion   no-na
    3SG.R=行く   PP   プランテーション   CLASS-3SG.POSS
    nabar
    今日
    「今日，彼はプランテーションに行った」

5.2. 主要部と従属部

修飾構造は名詞—形容詞，所有物—所有者，名詞—関係節のように［主要部—従属部］である．

名詞—形容詞
(3) vitu   lavoa
    月   大きい
    「大きな月」

所有物—所有者
(4) viriu   bula-ku
    犬   CLASS-1SG.POSS
    「私の犬」

5.3. 文法範疇

ツツバ語の名詞は人称代名詞を除き屈用しない．人称に関する文法範疇は人称，数，格，法である．人称代名詞は一人称，二人称，三人称の単数と複数のほか双数と三数が区別され，このうち一人称の複数形には包括と排他の区別がある．格は主格と対格が区別される．法には未然，既然，命令の区別があり，既然法はある動作が既に行われている，もしくは行われたことを示し，現在時制と過去時制を吸収している．未然法はその動作がまだ行われておらず，これから行われるか，行うであろうことを示し，未来時制を吸収している．法の使い分けによって，話し手は主観的な意思や願望，事物の可能性をあらわす．この言語では動詞の前に主語の人称，数，法が一つの形態素に融合した主語代名詞が義務的に先行する．このため数，格，法の三つの範疇は，人称に関する不可分の文法範疇とみなすことができる．

ツツバ語の動詞も活用をしない．この言語の動詞に関する文法範疇には相（アスペクト），否定，義務（性）がある[2]．相には進行相，反復相，完了相，未完了相の区別があり，進行相と反復相，未完了相はそれぞれの相の意味を担う小詞が主語代名詞と動詞のあいだに置かれることによって，また完了相は動詞連続の形式によってあらわされる．否定，義務の小詞も主語代名詞と動詞のあいだに置かれる．

法，相，否定，義務についてはそれぞれ本章の5.8. から5.10. のほか，7.5.2. にも記している．

---

[2] 言語において「否定」はもちろん，肯定との対極で捉えられるものであるから，厳密には「肯定・否定の対立」を一つの範疇とすべきかもしれない．しかしこの言語では否定の場合に特別な小詞があり，否定と相とのあいだに共起関係の制約が見られるなど，否定にのみ，有標な特徴がある．そこで本書では「肯定・否定の対立」とする代わりに，「否定」のみを動詞に関わる独立した文法範疇として扱う．

5.4. 述語

ツツバ語で述語の中核をなすのは動詞であるが，動詞以外にも形容詞，名詞，副詞が文の述語として現れうる．動詞のようにすべての形容詞は述語になるが，副詞と名詞に分類される語の中には述語にならないものもある．述語になりうる副詞と名詞は単独で述語となるか，または動詞のように主語代名詞に先行されて現れる[3]．

5.4.1. 動詞述語文と形容詞述語文

以下に動詞述語文と形容詞述語文の例を示す．すべての動詞と形容詞は述語になりうる．そしてこのとき述語には常に主語代名詞が先行する．

- 動詞述語文

述語が自動詞

(5) ma=maturu
3SG.R=眠る
「彼は眠った」

述語が他動詞

(6) ka=in　　　te　　ae
1SG.IR=飲む　ART　水
「私は水を飲みたい」

---

[3] アラキ語 (François 2002)，ロロヴォリ語 (Hyslop 2001) といったヴァヌアツの言語では，動詞的ふるまいをするときの形容詞や名詞を動詞と呼んでいるが，ツツバ語ではそれぞれを動詞的用法の形容詞，名詞，副詞と呼ぶことにする．

● 形容詞述語文

形容詞述語文は主語の状態をあらわす．

(7)　　ma=lavoa
　　　3SG.R=大きい
　　　「(それは) 大きい」

(8)　　vir　　le　　mo=vorvor
　　　犬　　DX　　3SG.R=小さい
　　　「あの犬は小さい」

5.4.2. 名詞述語文

　名詞の中で述語になりうるのは固有名詞，普通名詞，数詞，数量詞，独立主語代名詞，指示代名詞であり，このうち普通名詞だけが動詞的に用いられうる．

　名詞述語文では［NP$_1$ NP$_2$］の形式で二つの名詞が並置され，NP$_1$ が主語，NP$_2$ が述語である．そして文は「NP$_1$ は NP$_2$ だ / だった」の意味になる．

(9)　　nna　　tariala
　　　3SG　　T
　　　「彼はタリアラです」

(10)　　taŋa　　no-ku　　　　e-rua
　　　鞄　　　CLASS-1SG.POSS　CDN-2
　　　「私の鞄は二つです」

(11) m̰ate-a　　　tivan
　　 死ぬ-NMLZ　　横の方
　　「死体は横の方にあります」

　普通名詞は述語になるとき，主語代名詞に先行される場合とされないと場合とがある．主語代名詞に先行されない場合，例 (12) や (13) のように二つの並置された名詞句は「N_1 は N_2 だ / だった」の意味になるが，名詞が未然法の主語代名詞に先行されると「N_1 は N_2 になる」，既然法の主語代名詞に先行されると「N_1 は N_2 になった」のように主語の状態が時間の経過によって変化すること，または変化したことがあらわされる (14), (15).

主語代名詞に先行されない

(12) nna　　sube
　　 3SG　　首長
　　「彼は首長だ / だった」

(13) tariala　sube
　　 T　　　首長
　　「タリアラは首長だ」

主語代名詞に先行される

(14) nna　　a=sube
　　 3SG　　3SG.IR=首長
　　「私は首長になる」

(15) tariala　mo=sube
　　 T　　　3SG.R=首長
　　「タリアラは首長になった」

例文 (14), (15) のように主語代名詞に先行される名詞は，先生，警察官，看護師，医者，司祭，首長など社会的地位をあらわすものに限られる．学生のように身分をあらわす名詞や大工のように現地で資格を必要としない職業をあらわす名詞はこれに含まれない．

(16)　　*nna　　mo=student
　　　　3SG　　3SG.R=生徒

(17)　　*tariala　　ma=kapenta
　　　　T　　　　3SG.R=大工

　主語代名詞の有無に関わらず，名詞述語文の否定は，述語である名詞の前に主語代名詞と否定 te= が置かれてあらわされる．ゆえに主語代名詞を伴わない述語名詞の否定と，動詞的用法の名詞の否定は，ともに [NP₁ 主語代名詞=否定 te=NP₂] という形式であらわされる．

(18)　　nna　　a=te=sube
　　　　3SG　　3SG.IR=NEG=首長
　　　　「彼は首長にならない」

(19)　　tariala　　me=te=sube
　　　　T　　　　3SG.R=NEG=首長
　　　　「タリアラは首長ではない / なかった，タリアラは首長にならなかった」

5.4.3. 副詞述語文

　副詞には述語になるものとならないものとがあり，さらに述語になるものは主語代名詞に義務的に先行されるものと，義務的ではないが先行されうるものとに二分される．ここでは述語になりうる副詞について説明する．初めに述語になるときに義務的に主語代名詞に先行される副詞の例を示す．

(20)　　do=bulu
　　　　1PL.INC.R=一緒に
　　　　「私たちはみな一緒ですね」

(21)　　o=vavun　　　vanuatu ?
　　　　2SG.R=初めて　v
　　　　「ヴァヌアツは初めてですか？」

続いて主語代名詞の先行が義務的ではない副詞の例を示す．

(22)　　veoa　　maruvitu
　　　　v　　　近くに
　　　　「ヴェオアは近い」

(23)　　bativanua　　l　　asao
　　　　村　　　　　DX　　離れて
　　　　「あの村は遠い」

　例文 (22) と (23) の述語 maruvitu「近くに」と asao「離れて」は，(24)，(25) のように主語代名詞に先行されうる．これらが単独で現れるときは「近

い，遠い」のように状態があらわされ，主語代名詞に先行されるときは「近くにある（居る），遠くにある（居る）」のように距離だけでなく主語の存在が明示されるものと考えられる．

(24) veoa ma=maruvitu
 V 3SG.R=近くに
 「ヴェオアは近くにある」

(25) bativanua l ma=asao
 村 DX 3SG.R=離れて
 「あの村は遠くにある」

副詞述語文の述語が否定されるときは，名詞述語文の否定と同様，主語代名詞に先行されるか否かに関わらず，副詞の前に主語代名詞と否定 te=が置かれ，［主語代名詞=否定te=副詞］の形式であらわされる．

(26) do=te=bulu
 1PL.INC.R=一緒に
 「私たちはみな一緒ではなかったね」 ((20)と比較)

(27) veoa me=te=maruvitu
 V 3SG.R=NEG=近くに
 「ヴェオアは近くない／近くにない」 ((22)と比較)

(28) bativanua l me=te=asao
 村 DX 3SG.R=NEG=離れて
 「あの村は遠くない／遠くにない」 ((23)と比較)

5.5. 主語と補語

ツツバ語は主格・対格型の言語である．代名詞の体系を除き名詞は格変化をしないが，基本語順は SVO であるので，語順中の位置により格の機能が示唆される．

5.5.1. 主語

ツツバ語で主語として現れうるのは，固有名詞，普通名詞，数詞，数量詞，独立主語代名詞，指示代名詞を主要部とするすべての名詞句と，名詞的用法の形容詞である．以下に一例を挙げる．

主語が名詞

(29) ima-i   nno=lo=eno   a-ia   mo=dovo
     家-REF   1SG.R=PROG=横になる   ADV-そこに   3SG.R=朽ちる
     「私が寝泊りしているその家はあちこち傷んでいる」

主語が名詞的用法の形容詞

(30) nmea-i   me=te=maso
     赤い-REF   3SG.R=NEG=まっすぐである
     「その赤いのはふさわしくない」

5.5.1.1. 一致

述語をホストとする主語代名詞は，人称・数において主語と一致する．ゆえに代名詞が主語の場合，この主語は特別に強調される場合を除き省略される．ただし固有名詞や普通名詞など，代名詞以外が主語であるときには主語は省略されない．以下の例文では省略可能な主語を括弧に入れて示し，主語

代名詞に下線を引いて示している．

主語が省略可能

(31) (ida) do=tovo niu
　　　1PL.INC　1PL.INC.R=数える　ココナツ
　　　「私たちはココナツを数えたね」

(32) (nao) ka=loso
　　　1SG　1SG.IR=水浴びをする
　　　「私は水浴びをしたい」

(33) (nna) a=liliai to
　　　3SG　3SG.IR=戻る　急いで
　　　「彼はすぐに戻ってきます」

主語が省略されない

(34) turabue ma=davsai na isa-n ino tari
　　　T　　　3SG.R=知る　ART　名前-LINK　物　たくさん
　　　「ツランブエはたくさんの物の名前を知っている」

(35) vir le ma=ate na ruirui-n balubala
　　　犬　DX　3SG.R=座る　ART　下-LINK　机
　　　「あの犬は机の下に居る」

5.5.2. 補語

5.5.2.1. 主格補語と対格補語

　主語と同様，ツツバ語の補語として現れうるのは，固有名詞，普通名詞，

数詞，数量詞，独立主語代名詞，指示代名詞を主要部とするすべての名詞句である．ツツバ語の代名詞の中には，主語としても補語としても生起しうるものと，補語としてのみ生起しうるものとがある．本書では主語としても補語としても現れうるものを主格補語と呼び，補語として現れる以外の機能を持たない代名詞を対格補語と呼ぶことにする[4]．主格補語は単独で現れうるが，対格補語は述語をホストとする接語である（6.1.5.1.「人称代名詞」参照）．

　他動詞が補語の主格と対格のどちらを支配するかは，動詞によって決まっている．例えば対格を支配する他動詞には boi「好む」, solati「担ぐ」, lsu「殺す」などがあり，これらの動詞は代名詞の主格を補語にとることはできない．また主格を支配する他動詞には viri「注ぐ」, tuan「助ける」, tavun「埋める」などがあり，これらの動詞は代名詞の対格を補語にとることはできない．ただし副詞が他動詞を修飾するときには，他動詞ではなく副詞が補語の格を支配する．

対格を支配

(36)　　nno=boi=o
　　　　1SG.R=好む=2SG.OBJ
　　　　「私はあなたのことが好きです」

(37)　　me=isi=a
　　　　3SG.R=つかむ=3SG.OBJ
　　　　「彼はその件について納得している」

(38)　　*me=isi　　　nna
　　　　3SG.R=つかむ　3SG

---

4)　一人称と二人称の複数形は主格でも対格でも現れる．

主格を支配

(39) nno=an　　nna　　me=ev
　　　1SG.R=食べる　3SG　3SG.R=終わる
　　　「私はそれを食べ終えた」

(40) me=bibi　　nna
　　　3SG.R=包む　3SG
　　　「彼はそれを包んだ」

(41) *me=bibi=a
　　　　3SG.R=包む=3SG.OBJ

5.5.2.2. 斜格補語

他動詞の中には sobe-sobe-leo「批判する」のように前置詞句を補語とするものもある．本書ではこのような他動詞を，斜格を支配する他動詞と呼び，他動詞の項になる前置詞句を斜格補語と呼ぶ[5]．

(42) nno=sobe-sobe-leo　　tel　　vatarumol
　　　1SG.R=RED-首長-言葉　PP　　V
　　　「私はヴァタルモルを批判した」

(43) nno=sobe-sobe-leo　　tel-ei=a
　　　1SG.R=RED-首長-言葉　PP-OBJ=3SG.OBJ
　　　「私は彼を批判した」

---

[5] この語は sobe「首長」の重複と leo「言葉」からなり，名詞句が語彙化し，さらに動詞として用いられるようになったものであると考えられる．

5.6. 付加詞

文には主語，述語，補語以外に，頻度や場所，時，様態などをあらわす語句が加えられることがある．ツツバ語では名詞句，副詞句，前置詞句，そして接続詞に導かれる副詞の節などが，付加詞として節や文の始まり，または終わりに置かれる．

5.6.1. 頻度をあらわす付加詞

頻度をあらわす付加詞には副詞 turuvatea「いつも」や名詞句 te taro「たびたび」，te boŋ「たまに」がある．te taro, te boŋ の te は不定冠詞で，taro は「時間」，boŋ は「日」を意味する名詞である．

(44) lo=ovovo turuvatea
 PROG=罵る いつも
 「彼女はいつも罵ってばかりだった」

(45) nno=sa olotu te taro
 1SG.R=上る サント島 ART 時間
 「私はたびたびサント島に行く」

(46) te boŋ nna ma=va ma=damdam na sios
 ART 日 3SG 3SG.R=行く 3SG.R=祈る ART 教会
 「たまに彼女は教会に行って祈っている」

5.6.2. 場所をあらわす付加詞

場所をあらわす付加詞として生起しうるのは名詞句，副詞句，そして前置詞句である．このとき名詞句の主要部は，固有名詞や普通名詞，指示代名詞である．

● 名詞句

固有名詞

(47) erua-ku merei ro=lo=to vila
友人-1SG.POSS いくつか 3PL.R=PROG=居る V
「私の何人かの友人は今ヴィラに居ます」

(48) ima-i tarina ro=to olotu
家-REF たくさん 3PL.R=居る サント島
「多くの家がサント島にあるね」

普通名詞

自由名詞

(49) ro=turu varea
3PL.R=立つ 外
「彼らは外に立っていた」

指示代名詞

(50) ka=va tivan
1SG.IR=行く 横の方
「私は横の方に行きます」

● 副詞句

(51) nna　　lo=to　　　　a-ima
　　 3SG　 PROG=居る　 ADV-家
　　「彼女は家に居る」

● 前置詞句

(52) nna　　asao　　　na　　ha-nede
　　 3SG　 離れて　　 PP　　場所-DX
　　「それはここからだいぶ距離があります」

(53) tamoloi-de　ma=va　　na　　biti　　ima
　　 人-REF　　 3SG.R=行く　PP　 小ささ　家
　　「その男はトイレに行った」

5.6.3. 時をあらわす付加詞

　時をあらわす付加詞として機能しうるのは主に名詞句や副詞句であるが，時や条件をあらわす接続詞に導かれる副詞節もこの機能を担う．

● 名詞句

(54) boŋ　　　e-tea,　　　e-tea　　　ma=ate
　　 日　　　 CDN-1　　　CDN-1　　　3SG.R=座る
　　 na　　　vaba-n　　　maradi　　e-tea
　　 ART　　 穴-LINK　　 石　　　　CDN-1
　　「ある日，とある者がある岩の穴に座っていた」

- 副詞句

(55) o=maturu   mo=dui   nanov?
    2SG.R=眠る   3SG.R=良い   昨日
    「昨日あなたは良く眠れましたか？」

(56) ka=sa   olotu   avvo
    1SG.IR=上る サント島   明日
    「私は明日サント島に行くつもりだ」

- 副詞節

(57) aero   laŋ   a=sere,   ra-ruru-de   ra=masa
    CONJ   風   3SG.IR=吹く   PL-服-REF   3PL.IR=乾く
    「いずれ風が吹いたときにでも服は乾くだろう」

(58) ar   e=sa   na   hospital,   ra=1   na
    CONJ   2SG.IR=上る   PP   病院   3PL.IR=取る   ART
    dae-m
    血-2SG.POSS
    「もしあなたが病院に行けば，彼らは採血するだろう」

5.6.4. 様態をあらわす付加詞

　様態をあらわす付加詞には，発話者の心的態度をあらわす副詞 balva「多分，おそらく」や様態をあらわす副詞 bal「このように」がある．

● 副詞

(59)　balva　　　nno=te=sor-i=a
　　　多分　　　1SG.R=NEG=見る-OBJ=3SG.OBJ
　　　「多分私はそれを見ていない」

(60)　nna　　me=reti-reti　　　bal
　　　3SG　　3SG.R=RED-言う　　このように
　　　「彼女はこのように言った」

5.6.5. 道具および手段，その他の付加詞

　道具をあらわす付加詞として生起しうるのは名詞句であり，手段，話題，理由・目的，方向，随伴などその他の付加詞として生起しうるのは前置詞句である．

● 名詞句

(61)　ma=sabuti=a　　　　bue
　　　3SG.R=開ける=3SG.OBJ　ナイフ
　　　「彼はそれをナイフで開けた」

● 前置詞句

(62)　o=ma　　na　aka,　　te　　o=ma　　na　plen ?
　　　2SG.R=来る　PP　カヌー　CONJN　2SG.R=来る　PP　飛行機
　　　「あなたはカヌーで来ましたか，それとも飛行機で来ましたか？」

(63)　ae　　　　　ka=reti　　　matan　　tanume-i
　　　するつもり　1SG.IR=話す　　PP　　　悪魔-REF
　　　「これから悪魔についてお話します」

(64) a=te=vano　　　lavi　　matan　reti-reti-a-i　　　　nabar
　　 3SG.IR=NEG=行く　許す　 PP 　　RED-言う-NMLZ-REF　　今日
　　「今日は寄合があるので彼は出かけることができない」

(65) ro=lsu　　　toa　　 e-v̠ati　　sur　annanna-i
　　 3PL.R=殺す　鶏　　CDN-4　　 PP　宴-REF
　　「彼らは宴のために鶏を4羽殺した」

(66) moris　　 me=reti　　　　tel　　meli
　　 M　　　 3SG.R=言う　　　PP　　M
　　「モリスはメリに話しかけた」

(67) ae　　　　　ka=si　　　　tutuba　tuan　kamiu
　　 するつもり　1SG.IR=下る　 T　　　PP　　2PL
　　「私はあなたたちと一緒にツツバ島へ行くつもりです」

5.7. 焦点化

　ツツバ語において焦点化を受ける要素は，他動詞の補語である．他動詞の補語は通常，動詞の後ろに置かれるが (68)，焦点化されるときはこれが前方に移動する (69)．そして補語の人称・数に呼応した対格補語が，痕跡としてもとの位置に残る．他動詞の補語が代名詞のときは，補語は焦点化されない．

(68) nno=isi　　　　sao-a　　　　　　siati
　　 1SG.R=つかむ　 病気である-NMLZ　悪い
　　「私は治療の難しい病気にかかりました」

(69)　sao-a　　　　　　siati^i　　nno=isi=a^i
　　　病気である-NMLZ　悪い　　1SG.R=つかむ=3SG.OBJ
　　　「治療の難しい病気に私はかかりました」

5.8. 法

述語をホストとする主語代名詞は主語の人称・数・法を示す．主語代名詞の一覧は 6.1.5.1. で示している．

未然法

一人称・単数

(70)　ka=va　　　　ka=l　　　　　te　　　noannan
　　　1SG.IR=行く　1SG.IR=取る　ART　食べ物
　　　「私は食べ物を取りに行ってきます」

三人称・複数

(71)　veasi　　　　ra=le　　　　avera-i
　　　灌木の精　　3PL.IR=取る　キャベツ-REF
　　　「灌木の精がキャベツを持って来るだろう」

既然法

三人称・単数

(72)　tina-na　　　　　me=vidi　　　ma=ma　　　　me=r　　　　"prrrrr"
　　　母-3SG.POSS　　3SG.R=飛ぶ　3SG.R=来る　3SG.R=言う　プルルル
　　　「彼の母親がプルルルと言いながら飛んできた」

一人称・複数・包括形

(73) do=vatu　　　　　vibue
　　 1PL.INC.R=編む　　竹
　　 「私たちは（家を建てるため）竹を編んだね」

命令法
二人称・単数

(74) e=kuro　　　　malum　　　　nao!
　　 2SG.IMP=放す　　ゆっくり　　　1SG
　　 「ゆっくりと私を放しなさい！」

二人称・複数

(75) me=te=teri　　　　　bi-bibi!
　　 2PL.IMP=NEG=開ける　　RED-包む
　　 「包みを開けてはだめ！」

5.9. 否定・義務

　否定は te=が，義務は ria=が主語代名詞と述語のあいだに置かれてあらわされる．義務の否定「〜してはならない」の意味は，否定 te=に義務 ria=が後続するか，または先の「命令法」の例 (75) のように命令文の否定形であらわされる．

否定

(76) me=te=ŋara
　　 3SG.R=NEG=泣く
　　 「彼は泣かなかった」

136

義務

(77)　　ka=ria=sor　　　　tamol　　maso-i
　　　　1SG.IR=OBLG=見る　人　　　まっすぐな-REF
　　　　「私は（この条件に）適した人を探さねばならない」

義務の否定

(78)　　me=te=ria=inu　　　　te　　　hae
　　　　3SG.R=NEG=OBLG=飲む　ART　　カヴァ
　　　　「彼はカヴァを飲むべきではない」

義務の否定では否定 te= と義務 ria= が入れ替わることはできない．

(79)　　*nno=ria=te=inu　　　　te　　　hae
　　　　1SG.R=OBLG=NEG=飲む　　ART　　カヴァ

5.10.　相（アスペクト）

　反復，進行，未完了をあらわす接語がある．これらは否定や義務の接語同様，主語代名詞と述語のあいだに置かれる．

> 相をあらわす接語
> 　　　　反復　le=　　進行　lo=　　未完了　telo=

　相をあらわす三つの接語のうち，進行 lo= や未完了 telo= は，主語代名詞の既然法と共起できるが，未然法とは共起できない．また例文 (82) のように，進行相の文では特に強調されない限り，三人称・単数の主語代名詞は省略される．

反復

(80) tamol　　　dui　　　me=le=solati=a　　　ro
　　 人　　　　良い　　 3SG.R=REP=担ぐ=3SG.OBJ　　CONJN
　　 me=tidove　　nna
　　 3SG.R=投げる　3SG
　　「その善良な人はまた彼女を担ぎ，そして投げた」

進行

(81) kamam　　ko=lo=an　　　　　orota
　　 1PL.EXC　1PL.EXC.R=PROG=食べる　木の実
　　「私たちは木の実を食べていた」

(82) lo=maturu
　　 PROG=眠る
　　「彼は眠っている」

未完了

(83) a-na　　　　　vamol　　e-rua　　ro=telo=mena
　　 CLASS-3SG.POSS　オレンジ　CDN-2　　3PL.R=未完了=熟した
　　「彼女が食べる二つのオレンジはまだ熟していない」

完了は述部連結によりあらわされるため，7.6.2.3. H で記述する．

[上] 夕食
白い砂浜の美しいホワイトサンド（ツツバ島の最西端の村名）は絶好の漁場．漁場と家とは離れているため，投網で獲れた魚は大きな葉に包んで持ち帰る．持ち帰った魚を竹串に次々と刺し，火をつけたココナツの殻の周りでしばらくあぶる．家族全員で火を囲み，今日の漁や一日の出来事についておしゃべりしながら，今や遅しと魚が焼けるのを待つ．食後は波音の中でそのままうたた寝してしまう．

[下] 伝統料理ラプラプ
ラプラプ作りに奮闘するエレス．放射状に幾重にも敷いたバナナの葉の上に，ラプラプの原料である摩り下ろしたイモを平たくのせて包み込んでゆく．このあと熱した石で蒸すと，みんなの大好物ができあがる．

COLUMN

記述言語学の現場から

数の数え方

　ツツバ島で言語調査を始めたばかりのころ．夜空に輝く大きな星を指差して子供たちが口々に「vituvovora!（星！）」と叫んだ．私は子供たちにならって星を指さし，「vituvovora etea!（星　ひとつ！）」と覚えたての数字をつけたして叫んだ．私がツツバ語を覚えようとしていることを知っている子供たちは，それに続けて別の星を指さし「vituvovora erua!（星　ふたつ！）」，「vituvovora etol!（星　みっつ！）」と教えるように数え始めた．暗闇の中でノートを取ることもできず，必死に数字を頭に叩き込んだ．「vituvovora esua!（星　ここのつ！）」，「vituvovora saŋavul!（星　と

子供たちは毎日私の住む小屋に来て，ツツバ語で話しかけてくれる．調査を始めたころ，子供たちは私のツツバ語の先生だった．

お！）」．10まで声を張り上げて，子供たちは静かになった．「11 は？」私の問いに子供たちは互いに何か言葉を交わし，「nnotedavsaia（知らない）」と答えた．

働き者で物知り．

もしやこの言語の数は 10 までなのでは？ 疑問を抱きながら眠りについた．翌朝すぐに 50 代の調査協力者バナンバスのところに向かった．バナンバスは 10 から 20 までをすらすらと口にした．「saŋavul doman etea（11（直訳．10 加算 1））」，「saŋavul doman erua（12（直訳．10 加算 2））」……．20 まで数えると，彼は考え込むように口を閉じた．「その先は，うーん，分からない……．お年寄りに聞きに行こう」．

豚や鶏に餌を与えていた 80 代の老人はよどみなく数え始めた．「ŋavulerua ŋavuletolna etea（21（直訳．20 30 番目 1））」，「ŋavulerua ŋavuletolna erua（22（直訳．20 30 番目 2））」……．21 以降の数は基数と序数の組み合わせによりあらわされ，延々と数は続いた．

それでは人々は実生活において大きな数を数えなくてはならない場面ではどうしてきたのだろうか．例えば儀式に何人が来たかを数える場合．左手に大きな葉を持ち，参列者が目の前を通るたびに 1，2，3……と数えてゆく．そして 10 まで数えたところで葉のふちに右手親指の爪をあて，爪の半円形ができるように切り取る．その後また 1 から数えなおし，10 まで数えたところで先に切り取ったところとは別のふちを同じようにして切り取る．こうして 10 を数えるごとに葉のふちを爪で切り取ってゆき，最終的に葉のふちにいくつ切り取った跡があるかで人数を把握する．3 つの跡がある場合は 30 人以上が，5 つの跡がある場合は 50 人以上が来たということが分かる．このときの人数を記憶する必要があるときは，爪あとの残る葉を壁と屋根が接する部分にはさむか，または屋根の隙間に差し込んでおく．

また，例えば 20 個のイモを収穫して 4 家族で分けるような場合．地面の 4 箇所にイモを 1 個 1 個，置いてゆく．そしてさらにそれをもう一巡し，イモが手元になくなるまで繰り返す．こうして最終的に 20 個のイモを 4 家族で分けるときには 5 個ずつだと把握する．

世代が若くなればなるほどツツバ語で数を数えられなくなっている．ツツバ語が衰退しつつあることは，数にも表れている．

6章　名詞と名詞句

6.1．名詞の種類

6.2．名詞句の構造と機能

6.3．名詞句主要部を修飾する名詞以外の要素

6.4．前方照応の接尾辞が付加する要素

6.5．指示代名詞

6.6．所有表現

本章では名詞と名詞句について記述する．ツツバ語には特定の品詞を他の品詞から区別できるような形態的特徴が存在しないため，名詞は統語的，意味的な観点から動詞や形容詞，副詞などの他の品詞と区別される．名詞には，先に 4.1.「名詞」や 4.5.「名詞，動詞，形容詞，副詞の統語機能比較」で示したように，項になりうるという最も基本的な機能に加え，前置詞の補語になりうる，単独で述語として現れうるなどの機能がある．そして意味的には，名詞は人や動物，場所や物，抽象的な概念を示す．

本章では，初めに 6.1. で形態や修飾語との共起関係に基づいて名詞を 5 つのグループに下位分類する．そして 6.2. では名詞句の構造を示し，それぞれのグループの名詞を主要部とする句が，文中でどのような統語的な機能を果たすかについて記述する．続く 6.3. では，冠詞や形容詞など，名詞句主要部を修飾する名詞以外の要素について記し，6.4. で前方照応の接尾辞 -i/-de が名詞句のどの要素に付加するかについて説明する．そして最後に 6.5. で指示代名詞について記し，6.6. で所有表現について詳述する．

6.1. 名詞の種類

名詞は形態的な変化が生じるか，名詞句を構成する要素のいずれと共起しうるかなど，次に挙げる 9 つの項目により普通名詞，固有名詞，数詞，数量詞，代名詞類のいずれかに下位分類できる．

形態的特徴
 1. 単数・複数の違いにより形態が変化するか
 2. 前方照応の接尾辞を伴うことができるか

他の名詞句構成要素との関係
 3. 冠詞に先行されるか

4. 普通名詞，固有名詞に修飾されるか
   5. 形容詞に修飾されるか
   6. 指示代名詞に修飾されるか
   7. 数詞，数量詞に修飾されるか
   8. 所有表現の所有物になりうるか
   9. 所有表現の所有者になりうるか

名詞の下位範疇である普通名詞，固有名詞，数詞，数量詞，代名詞類のうち，普通名詞はさらに単独で現れる自由名詞と現れることのできない拘束名詞に分類でき，代名詞類はさらにその意味と機能，形態に応じて人称代名詞，指示代名詞，疑問代名詞に下位分類できる．名詞の下位範疇について，以下にそれぞれの特徴を記述する．

6.1.1. 普通名詞

普通名詞は上記の形態的項目と，他の名詞句構成要素との関係をすべて満たすものとする．以下に普通名詞の特徴を示す．

普通名詞は
- 複数をあらわす接頭辞 na- や ra- を伴うことができる

普通名詞は名詞句主要部のとき
- 冠詞に先行されうる
- 形容詞，指示代名詞，数詞，数量詞に修飾されうる
- 所有表現の所有物，所有者になりうる

自由名詞と拘束名詞

3.1.「自由語基と拘束語基，接辞と接語」でも述べたように，普通名詞は

単独で現れることのできる自由名詞と，単独では現れることのできない拘束名詞に下位分類できる．自由名詞には，前方照応の接尾辞 -i/-de が付加されうるという拘束名詞にはない特徴がある．以下に自由名詞と拘束名詞，そして自由名詞としても拘束名詞としても機能するいくつかの名詞について記す．

自由名詞

ツツバ語の名詞の多くは自由名詞である．

alo	「太陽」	duvuduv	「草」
viriu	「犬」	masi	「魚」
niu	「ココナツ」	toa	「鶏」
ae	「水」	maradi	「石」
tamoloi	「人」	boŋ	「日」
aka	「カヌー」	amali	「寄合所」
vituvovora	「星」	sube	「首長」
tasi	「海」	levete	「歌」

拘束名詞

拘束名詞は単独で現れることができず，常に所有者をあらわす接辞が付加されるか (1)，または所有者が名詞句の場合には連結辞 -n が付加されて現れる (2)．

親族名称				
	tama-	「父」	tina-	「母」
	tasi-	「兄弟」	natu-	「子供」

6章　名詞と名詞句

身体部位名称
- lima-　　「腕」　　　　b̠atu-　「頭」
- uri-　　　「肌」　　　　karu-　「足」
- susu-　　「胸」　　　　siŋo-　「口」
- bero-　　「耳」　　　　bebe-　「肝臓」

身体から排出されるもの
- saneta-　「咳」　　　　mera-　「尿」

属性
- isa-　　　「名前」　　　sia-　　「年齢」
- leo-　　　「声，言葉，発話」

全体との位置関係
- lolo-　　「内側，中」　ruirui-　「下」
- matua-　「右側，右」　suasua-　「かど」

病気
- sao-　　「病気」　　　vano-　「皮膚糸状菌症」
- vokevoke-　「水虫」

(1)　sao-ku
　　　病気-1SG.POSS
　　　「私の（かかっている）病気」

(2)　sao-n　　　tom
　　　病気-LINK　T
　　　「トムの（かかっている）病気」

自由名詞と拘束名詞

普通名詞の中には，単独で現れることもでき，また所有者代名詞接辞が付

加されて現れることもできるという，自由名詞と拘束名詞の両方の性質を備えたものがある．このような名詞は，ツツバ語では家，ベッド，カヌー，火の四つである．アラキ語やロロヴォリ語といった近隣の言語では，これらの名詞が自由名詞として用いられるときと，拘束名詞として用いられるときとでは意味が異なり，意味と形式のあいだに相関関係があることが報告されている (François 2002, Hyslop 2001)．しかし，ツツバ語では意味と形式のあいだに明瞭な関連性は見られない．このような名詞については 6.6.3.2. で詳しく記述することにし，ここでは「家」が拘束名詞として用いられる例と (3)，自由名詞として用いられる例をそれぞれ示す (4)．

(3) ima-ku
家-1SG.POSS
「私の家」

(4) ima no-ku
家 CLASS-1SG.POSS
「私の家」

6.1.2. 固有名詞

固有名詞は普通名詞とは異なり，名詞句主要部として生起するときも形容詞以外の名詞句構成要素から修飾されない．以下に固有名詞の特徴を示す．

固有名詞は
● 複数をあらわす接頭辞や前方照応の接尾辞を伴わない

固有名詞は名詞句主要部のとき
● 冠詞に先行されない

6章　名詞と名詞句

- 形容詞に修飾されうる．ただし人名が修飾されることは往々にしてあるが，国や島の名前，地名が形容詞に修飾されることはまれである
- 指示代名詞，数詞，数量詞には修飾されない
- 所有表現の所有物にはなりえないが，所有者にはなりうる

固有名詞の意味的分類

固有名詞は意味的に次の二つのグループに分けられる．
1. 人名
2. 国，島，村の名称

人名

ツツバ島の人々は，ツツバ語の伝統的な名前とクリスチャン・ネームの二つを持っており，ツツバ語の伝統的な男性名には mol または tar が含まれていることが多い．また女性名は ve か va で始まることが多く，親族名称に付加する接頭辞 ve- が女性を意味することからも，v はこの言語で女性をあらわす音であると考えられる．

男性名		女性名	
mol	moldorodoro	ve	vemol suri
	molvatolu		vemol ese
	molsulvuro		vemol vomalae
	molvalele		vataravimol
	moltamata		vatarasiŋoia
tar	taribilae	va	vatarumol
	tar varabebe		vatartamata
	tariasekoikoi		vatari
	tariala		

国，島，村の名称

以下にツツバ語で頻繁に用いられる国や島，村の名称を記す．

国の名称	vanuatu	「ヴァヌアツ」
島の名称	tamabo	「タマンボ（マロ島）」
	aule	「アウレ（アオレ島）」
	olotu	「オロツ（サント島）」
	vuisa	「ヴイサ（ボキサ島）」
	tavanav	「タヴァナヴ（マラクラ島）」
	tutuba/tatuba	「ツツバ／タツバ（ツツバ島）」
村の名称	vatubuma	「ヴァツンブマ」
	tabunamalao	「タンブナマラオ」
	tabunbatu	「タンブンバツ」
	vunasori	「ヴナソリ」
	veoa	「ヴェオア」

6.1.3. 数詞

数詞の特徴を以下に示す．

- 数詞には，前方照応の接尾辞や複数をあらわす接頭辞は付加しないが，基数や倍数，分配数を派生させる接頭辞や接尾辞は付加しうる[1]

数詞は名詞句主要部のとき
- 不定冠詞に先行されうる

---

[1] 基数や倍数，そして二桁，三桁の数を派生させる接頭辞については 3.2.1.1. で，分配数と序数を派生させる接尾辞については 3.2.2.1. で記述している．

- 普通名詞や固有名詞，指示代名詞，数詞，数量詞には修飾されない
- 所有表現の所有物，所有者になりうる

　ツツバ語の数は10進法で，1から10の数を示す語基に一つ以上の接頭辞や接尾辞が付加して基数，序数，倍数，分配数があらわされる．以下にこれらの数を派生させる接辞と，数の表現方法について示す．

基数

　基数は1から7の数，そして9を示す語基に基数の接頭辞 e- が付加してあらわされる．さらに基数に接頭辞 ŋavul-「10倍」が付加すると10, 20, 30, 40, …90のように下一桁がゼロである二桁の数があらわされる．また接頭辞 vaa-「100倍」が1から9の数の語基に付加すると100, 200, 300, …900のように下二桁がゼロである三桁の数があらわされる．

例	基数	1から3		10, 20, 30		100, 200, 300
		1	e-tea	10	ŋavul-e-tea	100	vaa-tea
		2	e-rua	20	ŋavul-e-rua	200	vaa-rua
		3	e-tol	30	ŋavul-e-tol	300	vaa-tol

　基数の1から10まではこれに対応する特別な語が存在しているが，11から19までの数は「10＋1」，「10＋9」のように，saŋavul「10」と一桁の数が doman「加算」を介してあらわされる．

(5)　　12　　saŋavul　　doman　　e-rua
　　　　　　　10　　　　加算　　　CDN-2
　　　「12」(直訳．10に2を加えたもの，2を加えた10)

(6) 17　　saŋavul　　doman　　e-b̪itu
　　　　　　10　　　　加算　　CDN-7
　　　　「17」（直訳．10 に 7 を加えたもの，7 を加えた 10）

10 の倍数は saŋavul「10」，ŋavul-e-rua「20」，ŋavul-e-tol「30」のように一語であらわされるが，21 以降の数で一の位がゼロでないものは，基数と序数の組み合わせであらわされる．例えば 123 は「100　20　3」ではなく，vaa-tea vaa-rua-na ŋavul-e-rua ŋavul-e-tol-na e-tol「100　200番目　20　30番目　3」のように下一桁の数を除くすべての桁で，基数の後ろに，基数と同じ桁でひとつ数の大きい序数が置かれて示される．

(7) 26　　ŋavul-e-rua　　　ŋavul-e-tol-na　　　　e-ono
　　　　　　10倍-CDN-2　　　10倍-CDN-3-3SG.POSS　　CDN-6
　　　　「26」（直訳．20　30番目　6）

(8) 94　　ŋavul-e-sua　　　ŋalsaŋavul-na　　　e-v̪ati
　　　　　　10倍-CDN-9　　　100-3SG.POSS　　　　CDN-4
　　　　「94」（直訳．90　100番目　4）

(9) 107　ŋalsaŋavul　　　vaa-rua-na　　　　e-b̪itu
　　　　　　100　　　　　　100倍-2-3SG.POSS　　CDN-7
　　　　「107」（直訳．100　200番目　7）

(10) 535　vaa-lima　vaa-ono-na　　　　　ŋavul-e-tol
　　　　　　100倍-5　　100倍-6-3SG.POSS　　10倍-CDN-3
　　　　　ŋavul-e-v̪ati-na　　　　e-lima
　　　　　10倍-CDN-4-3SG.POSS　　CDN-5
　　　　「535」（直訳．500　600番目　30　40番目　5）

これらの数には短縮形があり，短縮形は一の位が基数でそれ以外の位はすべて序数である．以下に上の (7) から (10) の例に対応する短縮形を示す．

(7')　　26　　ŋavul-e-tol-na　　　　　　e-ono
　　　　　　　10倍-CDN-3-3SG.POSS　　　CDN-6
　　　　　　　「26」（直訳．30番目　6）

(8')　　94　　ŋalsaŋavul-na　　　　　e-v̱ati
　　　　　　　100-3SG.POSS　　　　　CDN-4
　　　　　　　「94」（直訳．100番目　4）

(9')　　107　vaa-rua-na　　　　　　　e-ḇitu
　　　　　　　100倍-2-3SG.POSS　　　CDN-7
　　　　　　　「107」（直訳．200番目　7）

(10')　535　vaa-ono-na　　　　　ŋavul-e-v̱ati-na　　　　　e-lima
　　　　　　　100倍-6-3SG.POSS　　10倍-CDN-4-3SG.POSS　　CDN-5
　　　　　　　「535」（直訳．600番目　40番目　5）

序数

基数に三人称・単数の接尾辞 -na が付加されると序数が派生する．

(11)　　e-rua-na
　　　　CDN-2-3SG.POSS
　　　　「2番目」

(12)　　ŋavul-e-rua-na
　　　　10倍-CDN-2-3SG.POSS
　　　　「20番目」

(13) vaa-rua-na
100倍-2-3SG.POSS
「200番目」

倍数

数1から9の語基にオセアニア祖語の使役の接頭辞*paka-に由来する接頭辞va-が付加すると倍数があらわされる．10以降の数にはこの接頭辞は付加されない．接頭辞va-が付加された数は(17)や(18)のように述語を修飾し，副詞的な働きをする．

(14) va-tea
CAUS-1
「1倍」

(15) va-rua
CAUS-2
「2倍」

(16) va-tol
CAUS-3
「3倍」

(17) ka=si   tutuba va-tea   boŋ   e-bitu
1SG.IR=下る T   CAUS-1   日   CDN-7
「私は週に一度，ツツバ島に行く」

(18) nno=ulo　　　va-rua
　　 1SG.R=叫ぶ　　CAUS-2
　　 「私は二度叫んだ」

分配数

　8を除く1から9までの数において，語基の第一音節が重複し，それに基数の接頭辞 e-, 分配数の接尾辞 -i が付加されると，一つずつ，二つずつ，三つずつ…という分配数があらわされる．8の分配数は，基数の接頭辞 e- が付加されず，語基の第一音節が重複した形に分配数の接尾辞 -i が付加して示される．

(19) e-te-tea-i
　　 CDN-RED-1-DTB
　　 「1つずつ」

(20) e-ru-rua-i
　　 CDN-RED-2-DTB
　　 「2つずつ」

(21) e-to-tol-i
　　 CDN-RED-3-DTB
　　 「3つずつ」

(22) o-oal-i
　　 RED-8-DTB
　　 「8つずつ」

　10, 20, 30, …90, のように，10から90までの下一桁が0である数の分

配数は，接尾辞 -i が付加してあらわされる．

(23)　　saŋavul-i
　　　　10-DTB
　　　　「10 ずつ」

表 1 はツツバ語の数詞を一覧にしたものである．

表1　数　詞

	語基	基数 (e-)	序数 (-na)	倍数 (va-)	分配数 (e-RED- 語基 -i)
1	tea	e-tea	e-tea-na	va-tea	e-te-tea-i
2	rua	e-rua	e-rua-na	va-rua	e-ru-rua-i
3	tol	e-tol	e-tol-na	va-tol	e-to-tol-i
4	v̱ati	e-v̱ati	e-v̱ati-na	va-v̱ati	e-v̱a-v̱ati-i
5	lima	e-lima	e-lima-na	va-lima	e-li-lima-i
6	ono	e-ono	e-ono-na	va-ono	e-o-ono-i
7	ḇitu	e-ḇitu	e-ḇitu-na	va-ḇitu	e-ḇi-ḇitu-i
8	oalu	oalu	oalu-na	va-oalu	o-oal-i
9	sua	e-sua	e-sua-na	va-sua	e-su-sua-i
10	saŋavul	saŋavul	saŋavul-na	va-saŋavul	saŋavul-i
11		saŋavul 　doman e-tea			
20		ŋavul-e-rua	ŋavul-e-rua-na		
21		ŋavul-e-rua 　ŋavul-e-tol-na 　e-tea			
30		ŋavul-e-tol	ŋavul-e-tol-na		
31		ŋavul-e-tol 　ŋavul-e-v̱ati-na 　e-tea			
100		ŋalsaŋavul	ŋalsaŋavul-na		
200		vaa-rua	vaa-rua-na		
1000		vaa-saŋavul/ tari e-tea	vaa-saŋavul-na		

6.1.4. 数量詞

数量詞の特徴を以下に示す.

- 数量詞には前方照応や複数をあらわす接辞は付加されない

数量詞は名詞句主要部のとき
- 冠詞,普通名詞,固有名詞,指示代名詞,数詞,数量詞のいずれからも修飾されない
- 形容詞から修飾される
- 所有表現の所有物,所有者になりうる

数量詞には次の四語がある.

tarina/tari	「たくさん」
evui	「すべて」
merei	「いくつか」
evisasi	「少し」

6.1.5. 代名詞類

ツツバ語の代名詞類は人称代名詞,指示代名詞,疑問代名詞に分類できる.これらの代名詞には前方照応や複数をあらわす接尾辞は付加しない.またどの代名詞にも冠詞は先行しない.

代名詞類のうち,人称代名詞と指示代名詞は形容詞や数詞,数量詞のtarinaとevuiから修飾されうる.またこの二種類の代名詞は,所有表現の所

有物や所有者として現れることも可能である[2]．一方，疑問代名詞は名詞句の他の要素から修飾されず，所有物や所有者として現れることもできない．

6.1.5.1. 人称代名詞

多くのオセアニアの言語と同様，ツツバ語の人称代名詞は一人称，二人称，三人称が区別されており，さらに一人称の複数には聞き手を含む包括形と含まない排他形がある．またオセアニアの言語には，単数や複数だけでなく双数，三数／小数の区別もあり，近隣のアラキ語やタマンボ語のようにこれが既に失われている言語もあるが (François 2002)，ツツバ語にはこの区別を含む計15の人称が存在する．

ツツバ語の人称代名詞には次に示す四種類があり，このうち名詞句の主要部となりうるのは，単独で現れることのできる独立主語代名詞だけである．残る主語代名詞と補語代名詞は述語をホストとする接語であり，拘束名詞や類別詞，連結辞に付加する所有者代名詞は接辞であるため，名詞句の主要部にはなりえない[3]．

1) 独立主語代名詞
2) 主語代名詞（接語）
3) 補語代名詞（接語）
4) 所有者代名詞接辞

この四種類の人称代名詞は他の名詞の下位グループとは違い，生起する位置と機能がそれぞれ次のように異なる．

---

[2] 人称代名詞のうち，人だけでなく物や動物を総称した三人称・複数の nira「彼ら，彼女ら，それら」だけが所有表現の所有物となりうる．それ以外の人称代名詞は人を指すので所有物にはならない．

[3] 所有者代名詞接辞は語ではないが，他の代名詞と同様に人称・数に応じて変化をするためここに記している．

独立主語代名詞（主格補語）

独立主語代名詞は単独で現れることができ，統語的には述部の前に文の主語として，または他動詞の後ろに補語として現れる．本書では補語として現れる独立主語代名詞を主格補語と呼び，主語や対格補語と区別する．

表2　独立主語代名詞

	単数	複数	双数	三数
一人称 包括形		ida	dao	ida-tol
一人称 排他形	nao	kamam	kame-rua	kame-tol
二人称	nno	kamiu	kamiruo	kami-tol
三人称	nna	nira	ra-rua/raoa	ra-tol

独立主語代名詞の双数と三数は，それぞれ複数をあらわす語の一部に，基数 e-rua「2」の語基 rua または e-tol「3」の語基 tol が付加して示される．ただし双数の一人称・包括形と二人称はこれに該当しない．

主語代名詞

主語代名詞は主語の人称・数・法をあらわし常に動詞に先行する．これは人称標識として機能する後接語であり，動詞とともに動詞句の必須要素である[4]．

表2で見たように，独立主語代名詞は，単数，双数，三数，複数が区別されるが，主語代名詞は単数と非単数だけが区別される．主語代名詞の法は既然，未然，命令が区別されるが，二人称の未然法と命令法は同じ形態であるため，どちらであるかはイントネーション（2.6. 参照）で判断される．

---

[4] ホストの前に生起する接語を前接語と定義する言語もあるが，本書では言語学大辞典（亀井孝ほか 1996）の定義に倣い，これを後接語と呼ぶことにする．

表3 主語代名詞

〈既然法〉

	単数	複数（双数，三数を含む）
一人称　包括形		do=
一人称　排他形	nno=	ko=
二人称	o=	mo=
三人称	mV=	ro=

(V=母音)

〈未然法〉

	単数	複数（双数，三数を含む）
一人称　包括形		da=
一人称　排他形	ka=	ka=
二人称	o=/e=	me=
三人称	a=	ra=

〈命令法〉

	単数	複数（双数，三数を含む）
二人称	e=	me=

補語代名詞（対格補語）

　補語代名詞は対格を支配する他動詞や前置詞の補語として現れる．本書では，補語になる以外の機能を持たないことからこの代名詞を対格補語と呼び，先述した主語として機能する独立主語代名詞が他動詞や前置詞の補語として生起するとき，これを主格補語と呼ぶ．補語代名詞は一人称・単数，二人称・単数，三人称・単数，そして三人称・複数が区別され，それ以外の人称・数つまり三人称・複数以外の複数は独立主語代名詞と同形である．表4では独立主語代名詞を太線で囲んで示している．

6章 名詞と名詞句

表4 補語代名詞

		単数	複数	双数	三数
一人称	包括形		ida	dao	ida-tol
一人称	排他形	=ao	kamam	kame-rua	kame-tol
二人称		=o	kamiu	kamiruo	kami-tol
三人称		=a	=ra	ra-rua/raoa	ra-tol

所有者代名詞接辞

　所有者代名詞接辞は，直接所有の構造において名詞句の主要部に直接付加するか，または間接所有の構造において，所有物と所有者の関係を示唆する類別詞に付加する接辞である．直接所有，間接所有などの所有表現については本章の6.6.「所有表現」で記述する．

表5 所有者代名詞接辞

		単数	複数（双数，三数を含む）
一人称	包括形		-da
一人称	排他形	-ku	-mam
二人称		-m	-miu
三人称		-na	-ra

6.1.5.2. 指示代名詞

　指示代名詞は話し手からの距離を基準とし，日本語の「ここ，そこ，あそこ」のように，話し手に近い，聞き手に近い，両者から遠い，という三つの区分を持つ．指示代名詞は意味的，形態的な観点から次の四つに分類できる．

(1) 日本語の「この，その，あの」にあたる指定の指示代名詞
(2) 日本語の「これ，それ，あれ」にあたる物をあらわす指示代名詞
(3) 日本語の「ここ，そこ，あそこ，この辺り，その辺り，あそこの辺り」

にあたる場所をあらわす指示代名詞(具体的指示と抽象的指示)
(4) 日本語の「上の方,下の方,横の方」にあたる方向をあらわす指示代名詞

　指示代名詞のうち,名詞句の主要部となりうるのは,物をあらわす指示代名詞と場所をあらわす指示代名詞,方向をあらわす指示代名詞である.それ以外の指示代名詞,つまり指定の指示代名詞は,名詞句の主要部として現れることができず,前者は名詞句内で主要部を修飾し,後者は副詞的に文を修飾する.

　以下にそれぞれの指示代名詞を示す.いずれも複数の異形態を持つが,ここでは最もよく用いられる形態を示し,指示代名詞の機能や異形態,指示代名詞と移動動詞の関係については本章の 6.5.「指示代名詞」や 7.4「移動動詞」で詳述する.

表 6　指示代名詞

	近称	中称	遠称
語基	nede	nei	leŋ
指定	nede	nei	leŋ
物	me-nede	me-nei	me-leŋ
場所(具体的)	ha-nede	ha-nei	ha-leŋ
(抽象的)	ne-nede	ne-nei	ne-natu

	上側	下側	横側
方向	tisan	tisin	tivan

6.1.5.3. 疑問詞

　疑問の代名詞には次の 9 つがある.このうち理由や手段を問う matan「どうして」は前置詞の matan「～なので,～のために,～について」や接続詞 matan「～なので,～のために」と同形である.疑問の代名詞は他の名詞句構成要素から修飾されない.

sai/saina	「何」	
abe	「どこ」	
savae	「いつ」	
tovonasa	「いつ」	
evisa	「いくつ」	
matan/matansa	「どうして」	
ise/se	「誰，(名前は)何」	
semer	「どれ」	
tamanna	「どうやって」	

6.1.6. 名詞の種類まとめ

表7は，下位分類した名詞の形態的特徴と，これらが名詞句主要部として生起するときに，どの名詞句構成要素から修飾されるかを一覧にしたものである．

表7 名詞の形態的特徴と修飾関係

		普通名詞	固有名詞	数詞	数量詞	代名詞
1	単複の違いにより形態が変化するか	○	—	—	—	△
2	前方照応の接尾辞が付加しうるか	○	—	—	—	—
3	冠詞に先行されるか	○	—	○	—	—
4	普通名詞，固有名詞に修飾されるか	○	—	—	—	—
5	形容詞に修飾されるか	○	○	○	○	△
6	指示代名詞に修飾されるか	○	—	—	—	—
7	数詞，数量詞に修飾されるか	○	—	—	—	△
8	所有表現の所有物になりうるか	○	—	○	○	△
9	所有表現の所有者になりうるか	○	○	○	○	△

○…可能
△…一部可能
—…不可能

6.2. 名詞句の構造と機能

6.1.では形態的な変化が生じるか，名詞句のどの要素から修飾されるかという二つの観点から，名詞を普通名詞，固有名詞，数詞，数量詞，代名詞類に下位分類し，それぞれの特徴を述べた．続くこの節では，初めに名詞句の構造を示し，その後，それぞれの下位グループの名詞が主要部であるとき，文中でその名詞句がどのような機能を担うかについて記述する．また冠詞や類別詞，関係節を導く語など，名詞句内の主要部を修飾する名詞以外の要素についても述べる．

6.2.1. 名詞句の構造

名詞句の構造は，名詞句主要部が自由名詞であるか，それとも拘束名詞であるかにより異なる．初めに6.2.1.1.で名詞句主要部が自由名詞であるときの名詞句の構造を示し，続いて拘束名詞が主要部であるときの構造を示す．

6.2.1.1. 主要部が自由名詞

名詞句の主要部が自由名詞であるとき，名詞句主要部とそれを修飾する語句が生起する順番は次のようになる．

1. 冠詞
2. **主要部**（自由名詞）
3. 普通名詞または固有名詞
4. 形容詞
5. 指示代名詞
6. 数詞または数量詞

> 7. 類別詞＋所有者代名詞接辞　または　類別詞＋連結辞＋名詞句
> 8. 関係節

　名詞句を構成する上記の8要素のうち，必須なのは主要部だけである．それ以外の冠詞や形容詞，数詞など，主要部を除く1から8の要素は，単独または複数で主要部を修飾する．このうち要素7「類別詞＋所有者代名詞接辞　または　類別詞＋連結辞＋名詞句」が主要部を修飾する場合，この名詞句は主要部を所有物とする所有表現であると解釈される．
　以下に名詞句が主要部だけから構成される例と，主要部と主要部を修飾する要素から構成される例を示す．

【主要部】NP

(24)　nno=an　　　　[toa]
　　　1SG.R=食べる　　鶏
　　　「私は鶏を食べた」

【冠詞　主要部】NP

(25)　ka=an　　　　　[te　toa]
　　　1SG.IR=食べる　　ART　鶏
　　　「私は鶏を食べる」

【冠詞　主要部　主要部を修飾する普通名詞】NP

(26)　ka=an　　　　[te　toa　vavine]
　　　1SG.IR=食べる　ART　鶏　女性
　　　「私は雌鶏を食べる」

【冠詞　主要部　主要部を修飾する普通名詞　形容詞】NP
(27)　　ka=an　　　　[te　　toa　　vavine　　lavoa]
　　　　1SG.IR=食べる　　ART　鶏　　女性　　　大きい
　　　「私は大きな雌鶏を食べる」

【冠詞　主要部　主要部を修飾する普通名詞　形容詞　指示代名詞】NP
(28)　　ka=an　　　　　[te　　toa　　vavine　　lavoa　　l]
　　　　1SG.IR=食べる　　ART　鶏　　女性　　　大きい　　DX
　　　「私はあの大きな雌鶏を食べる」

【冠詞　主要部　主要部を修飾する普通名詞　形容詞　指示代名詞　数詞】NP
(29)　　ka=an　　　　[te　　toa　　vavine　　lavoa　　l　　e-tea]
　　　　1SG.IR=食べる　　ART　鶏　　女性　　　大きい　　DX　CDN-1
　　　「私はあの大きな雌鶏を一羽食べたい」

【冠詞　主要部　主要部を修飾する普通名詞　形容詞　指示代名詞　数量詞】NP
(30)　　ka=an　　　　[te　　toa　　vavine　　lavoa　　l　　tarina]
　　　　1SG.IR=食べる　　ART　鶏　　女性　　　大きい　　DX　たくさん
　　　「私はあれらの大きな雌鶏をたくさん食べたい」

【冠詞　主要部　主要部を修飾する普通名詞　形容詞　指示代名詞　数量詞　類別詞＋所有者代名詞接辞】NP
(31)　　ka=an　　　　[te　　toa　　vavine　　lavoa　　l　　tarina
　　　　1SG.IR=食べる　　ART　鶏　　女性　　　大きい　　DX　たくさん
　　　　bula-m]
　　　　CLASS-2SG.POSS
　　　「私はあなたが飼っているあれらの大きな雌鶏をたくさん食べたい」

6章 名詞と名詞句

【冠詞　主要部　主要部を修飾する普通名詞　形容詞　指示代名詞　数量詞　類別詞＋連結辞＋名詞句】NP

(32)　ka=an　　　　　[te　toa　vavine　lavoa　l　tarina
　　　1SG.IR=食べる　　ART　鶏　女性　　大きい　DX　たくさん
　　　bula-n　　　　elles]
　　　CLASS-LINK　　　E
　　「私はエレスが飼っているあれらの大きな雌鶏をたくさん食べたい」

6.2.1.2. 主要部が拘束名詞

　続いて主要部が拘束名詞であるときの名詞句の構造を示す．拘束名詞が主要部のとき，拘束名詞には義務的に所有者代名詞接辞が付加するか，または拘束名詞に連結辞が付加し，さらにこれに名詞句が後続する．

　主要部を修飾できるのは冠詞 na，数詞，数量詞だけであり，このうち冠詞 na は，他動詞の補語として生起する拘束名詞の前に義務的に置かれる．

> 1. 冠詞
> 2. **主要部**　（拘束名詞-所有者代名詞接辞　または
> 　　　　　　　　拘束名詞-連結辞＋名詞句）
> 3. 数詞または数量詞

以下に拘束名詞を主要部とする名詞句の例を示す．

【冠詞　主要部（拘束名詞-所有者代名詞接辞）】NP

(33)　ma=davsai　　[na　　leo-na]
　　　3SG.R=知る　　　ART　言葉-3SG.POSS
　　「彼はその言葉を知っている」

【冠詞　主要部（拘束名詞-連結辞＋名詞句）】NP

(34)　ma=davsai　　[na　　leo-n　　　　tatuba]
　　　3SG.R=知る　　　ART　言葉-LINK　　　T
　　　「彼はツツバ島の言葉を知っている」

【冠詞　主要部（拘束名詞-所有者代名詞接辞）数詞】NP

(35)　ma=davsai　　　[na　　leo-na　　　　e-tea]
　　　3SG.R=知る　　　　ART　言葉-3SG.POSS　　CDN-1
　　　「彼はその言葉を一つ知っている」

【冠詞　主要部（拘束名詞-連結辞＋名詞句）数詞】NP

(36)　ma=davsai　　　[na　　leo-n　　　　tatuba　e-tea]
　　　3SG.R=知る　　　　ART　言葉-LINK　　　T　　　CDN-1
　　　「彼はツツバ島の言葉を一つ知っている」

【冠詞　主要部（拘束名詞-所有者代名詞接辞）数量詞】NP

(37)　ma=davsai　　[na　　leo-na　　　　tarina]
　　　3SG.R=知る　　　ART　言葉-3SG.POSS　　たくさん
　　　「彼はその言葉をたくさん知っている」

【冠詞　主要部（拘束名詞-連結辞＋名詞句）数量詞】NP

(38)　ma=davsai　　[na　　leo-n　　　　tatuba　　tarina]
　　　3SG.R=知る　　　ART　言葉-3SG.POSS　T　　　　たくさん
　　　「彼はツツバ島の言葉をたくさん知っている」

6.2.2. 名詞句の機能

　6.1. で示したように代名詞の一部を除いたすべての名詞は，名詞句の主要

部となりうる．そしてこれらを主要部とする名詞句には，次の統語的機能がある．

1. 主語になる
2. 他動詞の補語になる
3. 前置詞の補語になる
4. 付加詞になる
5. 名詞述語文の述語になる
6. 他の名詞を修飾する

この1から6は，名詞句が果たしうる機能をすべて記したものであり，主要部に関わらず，すべての名詞句が上記の機能を果たしうるというわけではない．

名詞句の統語的機能は，名詞句の主要部にどの下位グループの名詞が生起するかにより異なる．表8は，名詞句の主要部とその名詞句が果たす機能をまとめたものである．

表8　名詞句の主要部と名詞句の統語的機能

	普通名詞	固有名詞	数詞	数量詞	代名詞		
					独立主語	指示	疑問
1. 主語になる	○	○	○	△	○	△	○
2. 他動詞の補語になる	○	○	○	△	○	△	○
3. 前置詞の補語になる	○	○	○	△	○	△	○
4. 付加詞になる	△	○	△	—	—	△	○
5. 名詞述語文の述語になる	○	○	○	—	—	—	○
6. 他の名詞を修飾する	○	○	○	○	—	△	—

○…可能　　△…一部可能　　—…不可能

続いてそれぞれの例を示す[5].

6.2.2.1. 主要部が普通名詞の名詞句

　普通名詞には自由名詞と拘束名詞があり，自由名詞を主要部とする名詞句は名詞句のすべての機能を持つが，拘束名詞を主要部とする名詞句は付加詞としての機能を持たない．

● 主語になる

自由名詞

(39)　viriu　　e-tea　　　lo=ma
　　　犬　　　CDN-1　　PROG=来る
　　　「一匹の犬がやって来た」

拘束名詞

(40)　m̠ata-ku　　　me=siati
　　　目-1SG.POSS　3SG.R=悪い
　　　「私の視力は弱い」（直訳．私の目は悪い）

● 他動詞の補語になる

自由名詞

(41)　sube　　mo=losu　　　boe
　　　首長　　3SG.R=豚を殺す　豚
　　　「首長は豚を殺した」

---

5)　6.「他の名詞を修飾する」に関しては6.2.1.の例で示しているためここでは省略する．

6章　名詞と名詞句

拘束名詞

(42)　　sube　　　ma=bai　　　　na　　　　karu-na
　　　　首長　　　3SG.R=蹴る　　ART　　　足-3SG.POSS
　　　「首長はその足を蹴った」

● **前置詞の補語になる**

自由名詞

(43)　　mo=sobe-sobe-leo　　　　tel　　　　tamoloi　tarina
　　　　3SG.R=RED-首長-言葉　　　PP　　　　人　　　　たくさん
　　　「彼はたくさんの人を批判する」

(44)　　ka=va　　　　　na　　　　tasi
　　　　1SG.IR=行く　　PP　　　　海
　　　「私は海に行く」

拘束名詞

(45)　　nno=reti　　　　nna　　　tel　　　tamanatu-na
　　　　1SG.R=言う　　　3SG　　　PP　　　夫-3SG.POSS
　　　「私はそれを彼女の夫に告げた」

● **付加詞になる**

自由名詞

(46)　　mo=salo　　　　beta　　　　　　bue
　　　　3SG.R=切る　　　タロイモ　　　　ナイフ
　　　「彼はナイフでタロイモを切った」

171

- 名詞述語文の述語になる

自由名詞

(47) nna　　sube
　　 3SG　　首長
　　 「彼は首長だ」

拘束名詞

(48) me-leŋ　　ima-ku
　　 物-DX　　 家-1SG.POSS
　　 「あれは私の家だ」

さらに 5.4.2.「名詞述語文」でも述べたように，自由名詞は述語として現れるとき，動詞のように主語代名詞に先行されることがある．この場合 (47) のように「N_1 は N_2 だ／だった」ではなく，主語代名詞が既然法であれば次の (49) のように「N_1 は N_2 になった」，未然法であれば「N_1 は N_2 になる」という意味に解釈される．

(49) nna　　mo=sube
　　 3SG　　3SG.R=首長
　　 「彼は首長になった」

6.2.2.2. 主要部が固有名詞の名詞句

固有名詞を主要部とする名詞句には，169 頁の表 8 に示した 1 から 5 のすべての機能がある．以下にそれぞれの例を示す．

6章 名詞と名詞句

- **主語になる**

  (50) <u>veoa</u>　　　lo=to　　　　　ha-ne
  　　 V　　　　　PROG=居る　　場所-DX
  　　「ヴェオア（村）はここにあるのです」

- **他動詞の補語になる**

  (51) nno=boi　　　　<u>tutuba</u>　　me=seu　　　<u>vila</u>
  　　 1SG.R=好む　　T　　　　　 3SG.R=勝る　　V
  　　「私はヴィラよりもツツバ島のほうが好きです」

- **前置詞の補語になる**

  固有名詞を主要部とする名詞句は，起点をあらわす tiu や方向をあらわす前置詞 tel/tel-ei の補語になりうるが，場所や時をあらわす前置詞 na の補語にはならない．

  (52) e=va　　　　　　e=sile　　　　　noannan　　tel　　<u>mosua</u>!
  　　 2SG.IMP=行く　2SG.IMP=与える　食べ物　　　PP　　 m
  　　「モスアに食べ物を届けておいで！」

- **付加詞になる**

  6.2.2.1.「普通名詞」の (44) のように tasi「海」などの普通名詞は場所をあらわす前置詞 na の補語として文を副詞的に修飾するが，固有名詞を主要部とする名詞句は単独で文を修飾することができる．

  (53) ka=va　　　　　<u>vila</u>
  　　 1SG.IR=行く　　V
  　　「私はヴィラに行く」

(54) ka=si   veoa
　　 1SG.IR=下る　v
　　 「ヴェオア（村）まで下る」

(55) vuisa   tamoloi   me=rei
　　 ボキサ島　 人　　　　 3SG.R=存在する
　　 「ボキサ島にも人が住んでいる」

● 名詞述語文の述語になる
(56) me-leŋ   vuisa
　　 物-DX　　 ボキサ島
　　 「あれはボキサ島です」

6.2.2.3. 主要部が数詞の名詞句

　数詞は名詞の修飾に用いられることが多いが，数詞自体も名詞句の主要部になりうる．数詞のうち基数と序数を主要部とする名詞句は，主語や補語として機能するが，分配数と倍数を主要部とする名詞句には付加詞としての機能しかない．

● 主語になる
基数
(57) e-tea   mo=tovtov   nao
　　 CDN-1　　 3SG.R=不運をもたらす　 1SG
　　 「誰かが私に不運をもたらした」

序数

(58) e-rua-na   me=mena   mo=dui   da=annan
    CDN-2-3SG.POSS   3SG.R=熟す   3SG.R=良い   1PL.INC.IR=食べる
    「二つ目はよく熟していて食べごろだ」

● 他動詞の補語になる

基数

(59) ka=an   e-tea
    1SG.IR=食べる   CDN-1
    「私は一つ食べたい」

序数

(60) ka=an   e-rua-na
    1SG.IR=食べる   CDN-2-3SG.POSS
    「私は二つ目のを食べたい」

● 前置詞の補語になる

基数

(61) o=reti   nna   tel   e-tea   te   e-rua?
    2SG.R=言う   3SG   PP   CDN-1   CONJN   CDN-2
    「あなたはそれを誰かに告げましたか？」
    （直訳．あなたはそれを一人か二人に告げましたか？）

序数

(62) nna   mo=vora   na   e-ono-n   boŋ-de
    3SG   3SG.R=産まれる   PP   CDN-6-LINK   日-REF
    「彼は土曜日に産まれた」

- 付加詞になる

基数

(63) o=an　　　te　　mako　　e-tea　　te　　e-rua?
　　 2SG.R=食べる　ART　マンゴー　CDN-1　CONJN　CDN-2
　　 「あなたはマンゴーを一つ食べましたか，それとも二つ食べましたか？」

序数

(64) ma=ma　　ha-nede　　e-rua-na
　　 3SG.R=来る　場所-DX　CDN-2-3SG.POSS
　　 「彼はここに二番目にやって来た」

倍数

(65) nno=ma　　ha-nede　　va-tol　　me=ev
　　 1SG.R=来る　場所-DX　CAUS-3　3SG.R=終わる
　　 「私はここに来るのは三回目です」

分配数

(66) kamam　　ko=ate　　　　na　　sikul　　e-ru-rua-i
　　 1PL.EXC　1PL.EXC.R=座る　PP　学校　CDN-RED-2-DTB
　　 「私たちは学校で二人ずつ座っています」

- 名詞述語文の述語になる

基数

(67) a-ku　　　　　　e-rua
　　 CLASS-1SG.POSS　CDN-2
　　 「私の（食べ物）は二つです」

序数

(68) nna　　　e-rua-na
　　　3SG　　　CDN-2-3SG.POSS
　　「彼は二番目でした」

6.2.2.4. 主要部が数量詞の名詞句

　数量詞は名詞句内で主要部を修飾する要素として用いられることが多いが，主要部にもなりうる．数量詞を主要部とする名詞句は，主語になる以外にも他動詞や前置詞の補語になりうる．

- **主語になる**

(69) na　　　evisasi　　ro=vetaui　　　matan　lai-a-i
　　　CONJN　少し　　　3PL.R=準備する　PP　　　結婚する-NMLZ-REF
　　「しかし幾人かは結婚式の準備をしていた」

- **他動詞の補語になる**

(70) nno=telo=riv　　　　evui
　　　1SG.R=IMPF=植える　すべて
　　　me=lo=turamma!
　　　2PL.IMP=PROG=先陣を切る
　　「私はまだすべてを植え終えていないので，あなたたちは早く戻ってきなさい！」

- **前置詞の補語になる**

(71) me=reti　　　　e-tea　　tel　　evui
　　　1SG.R=言う　　CDN-1　　PP　　すべて
　　「彼は全員にひとこと物申した」

6.2.2.5. 主要部が代名詞の名詞句
① 人称代名詞

先に本章の 6.1.5.1. で記したように，人称代名詞には単独で現れうる独立主語代名詞と，述語をホストとし人称標識の役割をする主語代名詞，同じく他動詞をホストとする補語代名詞，そして拘束名詞や類別詞に付加して所有者をあらわす所有者代名詞接辞がある．ここでは独立主語代名詞を主要部とする名詞句の機能について記す．

独立主語代名詞

独立主語代名詞を主要部とする名詞句は，主語や補語として機能する．動詞や動詞的用法の形容詞の前には，主語の人称・数をあらわす主語代名詞が義務的に現れるため，主語として機能する独立主語代名詞は省略されることが多い．しかし数量詞などにより主語が強調されるときには，独立主語代名詞は省略されない．

- **主語になる**

  (72) nira   ro=lo=levete   ro=lo=ma
       3PL   3PL.R=PROG=歌う   3PL.R=PROG=来る
       「彼らは歌を歌いながら来た」

  (73) nira   evui   ro=lo=levete   ro=lo=ma
       3PL   すべて   3PL.R=PROG=歌う   3PL.R=PROG=来る
       「彼ら全員は歌を歌いながら来た」

- **他動詞の補語になる**

  (74) vemol   mo=vusaŋ   nao   araki
       V   3SG.R=教える   1SG   A
       「ヴェモルが私にアラキ語を教えてくれた」

6章 名詞と名詞句

- **前置詞の補語になる**

(75) ae　　　　　　ka=si　　　　　tutuba　　tuan　　kamiu
　　 するつもり　　1SG.IR=下る　　 T　　　　 PP　　　2PL
　　「私はあなたたちとツツバ島に行くつもりだ」

② 指示代名詞

　6.1.5.2. で述べたように，ツツバ語の指示代名詞のうち名詞句の主要部として生起しうるのは，「これ，それ，あれ」にあたる物をあらわす指示代名詞と，「ここ・そこ・あそこ，この辺り・その辺り・あそこの辺り」にあたる場所をあらわす指示代名詞，そして「上の方，下の方，横の方」にあたる方向をあらわす指示代名詞である．物をあらわす指示代名詞を主要部とする名詞句には，文の主語や他動詞の補語になる，名詞述語文の述語になるといった機能があり，場所をあらわす指示代名詞を主要部とする名詞句には，前置詞の補語になる，名詞述語文の述語になるといった機能がある．

　主要部として生起できない指定の指示代名詞は名詞句内で主要部を修飾する働きをし，後者は副詞的に文を修飾する働きをする．

- **主語になる**

物をあらわす

(76)　me-nei　　　 mo=tuae
　　　物-DX　　　　3SG.R=古い
　　「それは古い」

- 他動詞の補語になる

物をあらわす

(77) bativanua　no-da　　　　ma=lavoa　　me=seu　　<u>me-leŋ</u>
　　　村　　　CLASS-1PL.INC.POSS　3SG.R=大きい　3SG.R=勝る　物-DX
　　　「私たちの村はあれよりも大きい」
　　　（直訳．私たちの村は大きく，あれに勝っている）

- 前置詞の補語になる

場所をあらわす

(78) nentovon　　lo=ate　　　na　　<u>ha-nede</u>
　　　今　　　　PROG=座る　　PP　　場所-DX
　　　「彼は今，ここに居ますよ」

- 付加詞になる

方向をあらわす

(79) ka=va　　　　<u>tivan</u>
　　　1SG.IR=行く　　横の方
　　　「私は横の方に行きます」

- 名詞述語文の述語になる

物をあらわす

(80) taŋa-i　　　no-ku　　　　　<u>me-leŋ</u>
　　　鞄-REF　　　CLASS-1SG.POSS　物-DX
　　　「私の鞄はあれです」

場所をあらわす

(81) taŋa-i no-ku <u>tivan</u>
鞄-REF CLASS-1SG.POSS 横の方
「私の鞄は横の方にあります」

③ 疑問代名詞

疑問の代名詞は主語や補語になるほか，付加詞や名詞述語文の述語になりうる．

● **主語になる**

(82) <u>ise</u> me=ve vemol ma=taŋ?
誰 3SG.R=作る v 3SG.R=泣く
「誰がヴェモルを泣かせたのか？」

● **他動詞の補語になる**

(83) o=boi <u>semer</u>?
2SG.R=好む 何
「あなたは何を好むのですか？」

補語として現れる疑問詞は頻繁に焦点化されて文頭に移動し，もとの位置には三人称・単数の対格補語が残る．

(84) <u>semer^j</u> o=boi=a^i?
どれ 2SG.R=好む=3SG.POSS
「どれをあなたは好みますか？」

- 前置詞の補語になる

　(85)　o=an　　　　　　tolu-adi　tuan　saina?
　　　　2SG.R=食べる　　卵-蟻　　　PP　　何
　　　　「あなたは米と一緒に何を食べたのですか？」

- 付加詞になる

　(86)　o=te=maturu　　　　mausi　　matansa?
　　　　2SG.R=NEG=眠る　　良い　　どうして
　　　　「どうして良く眠れないのですか？」

- 名詞述語文の述語になる

　(87)　me-nei　　evisa?
　　　　物-DX　　　いくつ
　　　　「それはいくらですか？」

6.2.2.6. 主要部が派生した名詞の名詞句

　ツツバ語では動詞や形容詞に接辞 -a や no- が付加すると名詞が派生する．この派生した名詞も名詞句の主要部として主語になるほか，動詞や前置詞の補語になる，名詞述語文の述語になるなど，普通名詞と似た働きをする．動詞や形容詞に付加して名詞を派生させる接尾辞や接頭辞については3章「形態論」で既に記述しているので，ここでは一例を示すにとどめる．

動詞から派生した名詞

lai「結婚する」→　lai-a「結婚」

　(88)　nno=roŋo　　　lai-a-i　　　　　　　no-m
　　　　1SG.R=聞く　　結婚する-NMLZ-REF　CLASS-2SG.POSS
　　　　「私はあなたの結婚の話を聞いた」

形容詞から派生した名詞
vorvor「小さい」→ no-vorvor「小さい人，小さいもの」

(89) no-vorvor　　　　ma=ŋara
　　 NMLZ-小さい　　 3SG.R=泣く
　　「小さい子は泣いた」

6.2.2.7. 主要部が形容詞の名詞句

ごくまれに，名詞に付加する前方照応の接尾辞が形容詞に直接付加し，形容詞が名詞的に用いられることがある．この名詞的用法の形容詞を主要部とする名詞句は，これまでに得られた文の中ではいずれも主語として機能している．

(90) lavoa-i　　　　ma=ntau
　　 大きい-REF　　 3SG.R=怖がる
　　「大きい子は怖がっていた」

(91) tinabua-i　　　ro=va
　　 異なった-REF　 3PL.R=行く
　　「他の人たちが行ったよ」

6.2.2.8. 主要部がゼロ形態の名詞句

名詞句の主要部である自由名詞が，類別詞と所有者代名詞接辞から修飾されると，主要部を所有物とする所有があらわされる．この名詞句の主要部は，時にゼロ形態で現れることがある．例えば次の文 (92) では，名詞句の主要部は vamol「オレンジ」であるが，この主要部がゼロ形態で現れると次の例文 (93) のようになる．

(92) vamol a-ku mo=dui
オレンジ CLASS-1SG.POSS 3SG.R=良い
「私のオレンジはおいしい」

(93) ø a-ku mo=dui
ゼロ形態 CLASS-1SG.POSS 3SG.R=良い
「私のはおいしい」

　このように所有物がゼロ形態で，何が所有物なのかが明示されない場合，聞き手はコンテクストと類別詞から所有物を特定する．例えば (94) の場合，主語である名詞句の主要部はゼロ形態であるが，それを修飾する類別詞はma-「飲み物」である．ゆえに，聞き手は明示されていない主要部が飲み物であると分かる[6]．続く (95) も同様である．これはツツバ島のココナツについて話していたときの一文であり，類別詞がa-「食べ物」であることから，この文の聞き手は，話し手が自分に食べさせるためにココナツを持って来るのだと分かる．一方，(96) のように，この文の類別詞がa-「食べ物」ではなく，ma-「飲み物」に置き換えられた場合，聞き手は，自分に飲ませることを目的として話し手がココナツを持って来るのだと推測する．このように，状況や類別詞を手がかりとして，聞き手は明示されていない主要部をある程度特定することができる．

　主要部がゼロ形態の名詞句には，主要部が明示される名詞句と同様，少なくとも次の三つの統語的機能がある．一つは (94) に示すように主語としての機能，また一つは (95)，(96) のように補語としての機能，そして残る一つは (97) のように名詞述語文の述語としての機能である．

---

[6] ツツバ語の類別詞には a-「食べ物」ma-「飲み物」no-「一般の物」，bula-「植物，動物」の四つがある．

(94) ø   ma-m   mo=dui?
    ゼロ形態   CLASS-2SG.POSS   3SG.R=良い
    「あなたの（飲むもの）はおいしいですか？」
    （直訳．あなたの飲むものは良いですか？）

(95) ae   ka=l   te   ø   a-m
    するつもり 1SG.IR=取る ART ゼロ形態   CLASS-2SG.POSS
    「私はあなたの（食べるもの）を持って来るつもりです」

(96) ae   ka=l   te   ø   ma-m
    するつもり 1SG.IR=取る ART ゼロ形態   CLASS-2SG.POSS
    「私はあなたの（飲むもの）を持って来るつもりです」

(97) me-nede   ø   no-ku
    物-DX   ゼロ形態   CLASS-1SG.POSS
    「これは私のものです」

6.3. 名詞句主要部を修飾する名詞以外の要素

　名詞句の主要部は，数詞や数量詞からだけでなく，冠詞や形容詞，類別詞などの名詞以外の品詞からも修飾されうる．複数の形容詞が主要部を修飾するときの形容詞の語順については 8.4.3. で記述し，ここでは名詞句主要部を修飾する冠詞，類別詞，そして関係節を導く語について記述する．

6.3.1. 冠詞

　ツツバ語には na と te という二つの冠詞を認めることができる．前者は定

を，後者は不定をあらわす．冠詞は名詞に先行し，名詞句の始まりの要素となる．

6.3.1.1. 定冠詞 na の定義

Crowley (1985) や Ross (1988) はオセアニア祖語の冠詞に *na/*a を再建している．ツツバ語にも名詞に先行する na が存在し，この語から始まる名詞句は他動詞の補語または付加詞として現れる (98)，(99)．

(98) vir-de   lo=an   na   tolu-n   toa-i
     犬-REF   PROG=食べる   NA   卵-LINK   鶏-REF
     「その犬は卵を食べていた」

(99) tamoloi-de   ro=vere   na   vereone-i
     人-REF   3PLR=たくさん居る   NA   海岸-REF
     「人がたくさん海岸に居た」

マロ島のタマンボ語やアンバエ島のロロヴォリ方言など，ツツバ語と同じ北・中央ヴァヌアツグループに分類される言語では，祖語の *na/*a に由来する冠詞 na が補語として生起する名詞の前に現れることから，これは対格の標識としても機能すると考えられている (Jauncey 1997: 114, Hyslop 2001: 116)．これらの先行研究を参考に，ツツバ語では他動詞の補語として生起する普通名詞の前の na を定冠詞，そして付加部に現れる na を前置詞とする．

6.3.1.2. 定冠詞の生起する条件

ツツバ語の定冠詞 na は補語として現れる普通名詞に先行する．定冠詞 na と文の補語，類型，法の間には次の関係が見られる．

1) 定冠詞 na は既然法の肯定文において，補語として現れる自由名詞に先行する．このとき定冠詞 na の生起は義務的ではない (100)，(101)．
2) 定冠詞 na は文の類型，肯定，否定，法を問わず，文の補語として現れる拘束名詞に先行する．このときの定冠詞 na の生起は義務的である (102)，(103)，(104)[7]．ただし拘束名詞の中でも，親族名称には定冠詞は先行しえない．これは，ツツバ語の親族名称は拘束名詞の中でも最も所有者との緊密度が高く，固有名詞のように名称化してしまっているからであると考えられる (105)．

● **補語が自由名詞**

定冠詞が置かれる

(100) nno=ma   nno=sor   na   viriu   e-tea
      1SG.R=来る 1SG.R=見る ART   犬   CDN-1
      「私はここに来る途中，一匹の犬を見た」

定冠詞が置かれない

(101) nno=vaŋara   toa-i
      1SG.R=餌をやる 鶏-REF
      「私は鶏に餌をやった」

● **補語が拘束名詞**

(102) ka=reti   na   leo-n   meli   tel   tomas
      1SG.IR=言う ART   言葉-LINK M   PP   T
      「私はメリの言葉をトーマスに伝えたい」

---

7) ここで言う文の類型は，叙述文，疑問文，命令文のことである．

(103) e=te=bai <u>na karu-na</u>!
2SG.IMP=NEG=蹴る ART 足-3SG.POSS
「彼の足を蹴ってはいけない！」

(104) *e=te=bai <u>karu-na</u>
IMP=NEG=蹴る 足-3SG.POSS

(105) ro=taŋsi <u>sobe-ra</u>
3PL.R=死を悼んで泣く 叔父-3PL.POSS
「彼らは（彼らの）叔父の死を悼んで泣いた」

次の例のように普通名詞が主語として現れるとき，つまり補語としてではないとき，普通名詞には冠詞が先行しない．この例からツツバ語の定冠詞 na は，非常に限られた範囲でしか用いられないということが分かる．

(106) <u>vulu-na</u> ma=makel
髪-3SG.POSS 3SG.R＝長い
「彼女の髪は長い」

次の二文は，定冠詞 na の生起に動詞が関係していないことを示す例である．いずれの文も他動詞 vekalai「損害を与える」が述語であるが，（107）では補語の前に定冠詞が置かれず，（108）では定冠詞が置かれる．これらの例から定冠詞が置かれるか否かは，動詞によって決定されるわけではないことが分かる．

(107) usa lavoa me=vekalai <u>ima-i</u>
雨 大きい 3SG.R＝損害を与える 家-REF
「大雨のせいでその家はだめになった」

(108) e=te=vekalai na vulu-na!
2SG.IMP=NEG=損害を与える ART 髪-3SG.POSS
「彼女の髪をいじるな！」

6.3.1.3. 不定冠詞 te

ツツバ語の te は Ross (1988: 357-360) が再建した不定冠詞 *ta に由来する[8]．この冠詞は否定文，命令文，疑問文，そして未然法の肯定文における自由名詞に先行する．

自由名詞の前

(109) ka=ve te urede
1SG.IR=作る ART ラプラプ
「ラプラプを作りたい」

(110) e=l te vatal!
2SG.IMP=取る ART バナナ
「バナナを取って！」

te を不定の冠詞とみなす理由として，普通名詞が前方照応の接尾辞 -i/-de を伴うときや数詞に修飾されるときには，この名詞の前に te が置かれないことが挙げられる．つまり te が置かれるのは常に特定できない名詞の前であるといえる．

(111) *nno=sor te viriu e-tea
1SG.R=見る ART 犬 CDN-1

---

8) 音韻的には *tai「1」の可能性が高いとの説もある (Jauncey 1997)．

次の二文を比較すると分かるように，不定冠詞 te は不定を意味する状況下で義務的に現れるわけではない (112)[9]．また定冠詞 na とは異なり，不定冠詞 te は主語として現れる自由名詞に先行しうる (113)．このことから定冠詞 na は限られた範囲で対格標識としての機能を担っているが，不定冠詞 te は格表示の機能を担っていないということが分かる．

(112)　ka=ve　　　　　ima
　　　1SG.IR=作る　　　家
　　　「私は家を建てたい」

(113)　te　　　vusa　　　　　lo=to?
　　　ART　　ココナツ　　　PROG=ある
　　　「ココナツはありますか？」

6.3.2. 類別詞と所有表現

　ツツバ語にはオセアニアの多くの言語同様，所有をあらわす二つの構造があり，一つは直接所有の構造，もう一つは間接所有の構造である．直接所有の構造とは，所有物に所有者の人称・数をあらわす接辞が直接付加する形式をいい，間接所有の構造とは，所有物と所有者が類別詞を介する形式をいう．

直接所有の構造

(114)　nno=bai　　　　na　　　karu-na
　　　1SG.R=蹴る　　　ART　　足-3SG.POSS
　　　「私は彼の足を蹴った」

---

9) 特に若い世代の発話では不定冠詞 te が脱落する傾向にある．

間接所有の構造

(115)　nno=bai　　　viriu　　　bula-m
　　　1SG.R=蹴る　　犬　　　　CLASS-2SG.POSS
　　　「私はあなたの犬を蹴った」

　上の二つは所有者が所有者代名詞接辞であらわされる例であるが，所有者が代名詞ではなく名詞句であらわされる場合，直接所有の構造では所有物に連結辞 -n が直接付加し，これに所有者である名詞句が後続する．そして間接所有の構造では類別詞に連結辞が付加し，それに所有者である名詞句が後続する．

直接所有の構造

(116)　nno=bai　　　na　　　karu-n　　　tomas
　　　1SG.R=蹴る　　ART　　足-LINK　　　T
　　　「私はトーマスの足を蹴った」

間接所有の構造

(117)　nno=bai　　　viriu　　　bula-n　　　tomas
　　　1SG.R=蹴る　　犬　　　　CLASS-LINK　T
　　　「私はトーマスの犬を蹴った」

6.3.3. 関係節

　関係節は名詞句の主要部を修飾する．関係節は先行詞として機能する指示代名詞 nen「この」や nei「その」に導かれ，名詞句末に埋め込まれる．指示代名詞には近称の nen 以外にも中称や遠称があるが，関係節を導くことができるのは近称 nen だけである．この関係節を導く nen は (120) や (121) のように，省略されることもある．関係代名詞と関係節については 12.2.1.

で記述する．

(118) nao   nno=roŋo   ka=reti-reti   tel   tamoloi   nen
      1SG   1SG.R=感じる   1SG.IR=RED-言う   PP   人   DX
      mo=to   vila
      3SG.R=居る   V
      「私はヴィラに住んでいた人と話がしたいと思った」

(119) nna   mo=to   ima   lavoa   l   nen   mo=dovo
      3SG   3SG.R=居る   家   大きい   DX   DX   3SG.R=朽ちる
      「彼はあの朽ちた大きな家に住んでいた」

(120) tamoloi   (nen)   o=reti-reti   nanov   lo=ma
      人   DX   2SG.R=RED-言う   昨日   PROG=来る
      「あなたが昨日話していた人がこっちに近づいてきた」

(121) tamoloi   e-tea   (nen)   isa-na   bototo   lo=ate   na
      人   CDN-1   DX   名前-3SG.POSS   B   PROG=座る   PP
      malmal-n   viae
      影-LINK   木
      「名をボトトという人が木陰に座っていた」

6.3.4. 名詞句に後置される名詞句

名詞句の構成要素や名詞句の機能についてこれまで記してきたが，最後に名詞句に後置される名詞句について記述する．

言い換えの名詞句

名詞句の後ろには，これと同格の名詞句が並置されることがある．この名詞句を言い換えの名詞句と呼ぶことにする．名詞句と言い換えの名詞句の間にはわずかに休止が置かれることもあるため，本書ではコンマを置いてこれを示す．以下の例文では，コンマの後ろの下線を引いた箇所が言い換えの名詞句である．

(122) natu-ku,　　kiki　ma=ŋara　　matan　o=va　　vila
　　　子供-1SG.POSS　K　　3SG.R=泣く　CONJN　2SG.R=行く　V
　　　「あなたがヴィラにいくと知って私の子供，キキは泣いた」

(123) tamanatu-ku,　moris　ma=davsai=a
　　　夫-1SG.POSS　　　M　　3SG.R=知る=3SG.OBJ
　　　「私の夫，モリスならそれを知っています」

6.4. 前方照応の接尾辞が付加する要素

名詞句の主要部が既出の普通名詞であるとき，この名詞には前方照応の接尾辞が随意的に付加する．ただし形容詞，数詞や数量詞などがこの既出名詞を修飾するときは，前方照応の接尾辞は既出名詞ではなく，それを修飾する要素のいずれか一つに付加する．本節では，主要部が既出名詞であるとき，どの名詞句構成要素に前方照応の接尾辞が付加するのかについて記す．

先に 6.2.1.1. で示したように，形容詞や指示代名詞，数詞，数量詞は，次の順で名詞句の主要部を修飾する．

【(冠詞) (主要部) (主要部を修飾する普通名詞または固有名詞) (形容詞) (指示代名詞) (数詞または数量詞) (類別詞-所有者代名詞接辞または類別詞-連結辞＋名詞

句）（関係節）】NP

本節ではまず 6.4.1. で，名詞句が冠詞と主要部から構成されるときに前方照応の接尾辞がどの要素に付加するかを記述し，続く 6.4.2. ではこの名詞句の主要部を普通名詞や固有名詞が修飾する場合について示す．そして 6.4.3. 以降は形容詞や数詞，数量詞など主要部修飾要素が増えるとき，前方照応の接尾辞がいずれの要素に付加するかを順に記す．

6.4.1. 名詞句末に主要部がある場合

　名詞句主要部に先行する冠詞には，前方照応の接尾辞は付加しない．名詞句を構成するのが主要部だけであるとき (124)，または冠詞と主要部のときには，前方照応の接尾辞が主要部である既出名詞に付加する．

【（冠詞）（主要部 -i/-de）】NP

(124)　nno=hor　　　　tamoloi-de
　　　 1SG.R=見る　　　人-REF
　　　「私はその人を見た」

【（冠詞）（主要部 -i/-de）】NP

(125)　nno=ev　　　　na　　　sasa-i
　　　 1SG.R=終える　　ART　　仕事-REF
　　　「私はもうその仕事を終えた」

6.4.2. 名詞句末が普通名詞や固有名詞の場合

　名詞句主要部を普通名詞が修飾し，これが名詞句末の要素であるとき，前方照応の接尾辞はこの普通名詞に付加する (126)．主要部を修飾する普通名

詞の位置には同じく主要部を修飾する固有名詞も現れうるが，前方照応の接尾辞は固有名詞には付加しない．従って主要部が既出であることは形式上示されない（127）．

【(冠詞)(主要部)(主要部修飾の普通名詞 -i/-de)】NP
(126)　nno=hor　　　　tamoloi　　　mera-i
　　　1SG.R=見る　　　人　　　　　男性-REF
　　　「私はその男の人を見た」

*【(冠詞)(主要部)(主要部修飾の固有名詞 -i/-de)】NP
(127)　*nno=roŋo　　　 levete　　　tutuba-i
　　　1SG.R=聞く　　　歌　　　　　ツツバ

6.4.3. 名詞句末が形容詞の場合

　主要部を修飾する形容詞が名詞句末に現れるとき，前方照応の接尾辞は形容詞に付加する．

【(冠詞)(主要部)(主要部修飾名詞)(形容詞 -i/-de)】NP
(128)　tamoloi　mera　dui-de　　me=reti-reti　　bal...
　　　人　　　男性　良い-REF　3SG.R=RED-言う　このように
　　　「その親切な男性は次のように話しました…」

(129)　tamol　dui-de　　　me=reti-reti　　bal...
　　　人　　良い-REF　　3SG.R=RED-言う　このように
　　　「その親切な人は次のように話しました…」

　二つ以上の形容詞が主要部を修飾するときには，次のように名詞句末に現

れる形容詞にのみ接辞が付加する．それ以外の語，すなわち名詞句の主要部や主要部に隣接する形容詞には，前方照応の接尾辞は付加しえない．

(130) ima vso lavoa-i
　　　家　　白い　　大きい-REF
　　　「大きな白い家」

(131) *ima-i vso lavoa
　　　家-REF　白い　大きい

(132) *ima vso-i lavoa
　　　家　　白い-REF　大きい

6.4.4. 名詞句末が指示代名詞の場合

　名詞句に指示代名詞が含まれているとき，前方照応の接尾辞は名詞句のどの要素にも付加しない．これは前方照応の接尾辞 -i/-de が指示代名詞 nei「その」や nede「この」から派生し，指示代名詞と同じ機能を担うからであると考えられる．以下に主要部を指示代名詞が修飾する例（133）と主要部修飾名詞，形容詞，指示代名詞が修飾する例を示す（136）．

【(冠詞)(主要部)(主要部修飾名詞)(形容詞)(指示代名詞)】NP

指示代名詞が主要部を修飾
(133) toa nede
　　　鶏　　DX
　　　「この鶏」

(134) *toa   nede-i
      鶏-REF   DX-REF

(135) *toa-i   nen
      鶏-REF   DX

主要部修飾名詞，形容詞，指示代名詞が主要部を修飾

(136) vir   nosea   tinabua   l
       犬   年長   異なった   DX
       「あの別の種類の老いた犬」

主要部に前方照応の接尾辞

(137) *vir-de   nosea   tinabua   l
       犬-REF   年長   異なった   DX

主要部修飾名詞に前方照応の接尾辞

(138) *vir   nosea-i   tinabua   l
       犬   年長-REF   異なった   DX

形容詞に前方照応の接尾辞

(139) *vir   nosea   tinabua-i   l
       犬   年長   異なった-REF   DX

主要部と主要部修飾名詞に前方照応の接尾辞

(140) *vir-de   nosea-i   tinabua   l
       犬-REF   年長-REF   異なった   DX

主要部修飾名詞と形容詞に前方照応の接尾辞

(141)   *vir   nosea-i   tinabua-i   l
      犬   年長   異なった-REF   DX

名詞句が指示代名詞を含むとき，名詞句を構成するどの要素にも前方照応の接尾辞は付加しない．従って次の例のように，指示代名詞が名詞句主要部に後続するにも関わらず，前方照応の接尾辞が主要部に付加するときは，この指示代名詞は名詞句の要素ではなく，名詞述語文の述語か，または関係節を導く関係代名詞として機能していると解釈できる．

名詞述語文の述語

(142)   toa-i   nen
      鶏-REF   DX
      「その鶏はここです」

関係節を導く

(143)   toa-i   nen   nno=reti   tel-ei=o   nanov
      鶏-REF   DX   1SG.R=言う   PP-OBJ=2SG.OBJ   昨日
      「私が昨日あなたに言ったあの鶏」

6.4.5. 名詞句末が数詞の場合

名詞句が指示代名詞を含まず名詞句末の要素が数詞であるとき，前方照応の接尾辞は主要部か，主要部を修飾する普通名詞 (144)，形容詞のうち，最も名詞句末に近いものに付加する．名詞句末に生起する数詞には前方照応の接尾辞は付加しない．

6章 名詞と名詞句

【(冠詞)(主要部)(主要部修飾名詞)(形容詞) -i/-de (数詞)】NP

(144) tamol　　mera-i　　e-lima
　　　人　　　男性-REF　　CDN-5
　　　「その五人の男性」

(145) nno=hor　　vir　mera　tinabua-i　　e-rua
　　　1SG.R=見る　犬　男性　異なった-REF　CDN-2
　　　「私はその二匹の違う種類の雄犬を見た」

ただし名詞句末が数詞 e-tea「1」であるときは，前方照応の接尾辞と数詞の間には次の共起制限が見られる．

● 数詞の e-tea「1」が「ひとつ，ひとり」という意味で用いられるとき，(144) や (145) のように 1 以外の数が主要部を修飾するときと同じく，前方照応の接尾辞は名詞句の主要部か，主要部を修飾する普通名詞，または形容詞のいずれか名詞句末に近い要素に付加する (146)．

● 数詞の e-tea「1」が「とある…」のように不定の意味で用いられるとき，前方照応の接尾辞は名詞句を構成するどの要素にも付加しえない (147)．これは不定の意味で用いられる数詞 e-tea「1」と，事物を特定する前方照応の接尾辞が，その意味において矛盾するからである．

(146) vir　　nosea-i　　e-tea
　　　犬　　年長-REF　　CDN-1
　　　「一匹のその年老いた犬」

(147) vir nosea e-tea
　　　犬　　年長　　CDN-1
　　「とある老いた犬」

6.4.6. 名詞句末が数量詞の場合

　名詞句が指示代名詞を含まず句末の要素が数量詞である場合，名詞句末が数詞のときと同様に，前方照応の接尾辞は主要部かそれを修飾する普通名詞，形容詞のいずれかに付加する．

(148) ima-i tarina mo=to na matua-da
　　　家-REF　たくさん　3SG.R=ある　PP　右-1PL.INC.POSS
　　「たくさんの家が私たちの右側にある」

6.4.7. 名詞句末が類別詞の場合

　名詞句が指示代名詞を含まず，句末の要素が類別詞であるとき，前方照応の接尾辞は主要部か，これを修飾する普通名詞または形容詞に付加する．以下はそれぞれ主要部(149)と形容詞(150)に，前方照応の接尾辞が付加する例である．

(149) abi-de no-n tura
　　　火-REF　CLASS-LINK　T
　　「ツラの火」（ツラがおこした火）

(150) dav-davsai siati-de no-ku
　　　RED-思う　悪い-REF　CLASS-1SG.POSS
　　「私の嫉妬」

6.4.8. 前方照応の接尾辞まとめ

前方照応の接尾辞は指示代名詞，数詞，数量詞，類別詞には付加せず，名詞句の主要部か主要部を修飾する普通名詞，形容詞のうち，最も名詞句末に近い語に付加する．ただし指示代名詞が名詞句の構成要素であるときには，その名詞句内のどの要素にも前方照応の接尾辞は付加しない．また名詞句の数詞 e-tea「1」が名詞句の構成要素であり，「とある」という不定の意味で用いられるとき，名詞句内のどの要素にも前方照応の接尾辞は付加しない．

6.5. 指示代名詞

これまで 6.1. から 6.4. で名詞の下位と名詞句の構造について記述してきたが，ここからは指示代名詞に焦点を当てて記述する．先に 6.1.5.1. で触れたように，ツツバ語には 15 の指示代名詞が存在している．このうちの 12 は「この，その，あの」，「これ，それ，あれ」，「ここ，そこ，あそこ」のような話し手からの距離を基準とする指定の指示代名詞や，物，場所の指示代名詞であり，残りは「上の方，下の方，横の方」のような方向をあらわす指示代名詞である．

本書ではまず指示代名詞のうち，指定，物，場所をあらわす指示代名詞の基準と機能について，具体例を示して説明する．続いて方向をあらわす指示代名詞について述べる．

6.5.1. 指定の指示代名詞

指定の指示代名詞とは，名詞句の主要部に後続し，主要部を修飾する代名詞のことを言う．この指示代名詞には日本語の「この，その，あの」にあた

る話し手からの距離を基準とした指示機能のほか，前方照応（文脈指示）の機能がある．指示であるか前方照応であるかは，文脈または指示のジェスチャーにより判断される．

　以下は指定の指示代名詞を表にしたものである．近称 nede「この」には三つの異形態 nen, ne, n があり，遠称 leŋ「あの」には二つの異形態 le, l がある．

表9　指定の指示代名詞

近称（この）	nede	nen	ne	n
中称（その）	nei			
遠称（あの）	leŋ	le	l	

　一音節から成る指示代名詞 ne や le が名詞句主要部に後続して主要部を修飾するとき，この指示代名詞のアクセントは失われ，代わりに主要部である名詞のアクセントの位置が一音節分後退する．ツツバ語は語末から数えて二音節目にアクセントが置かれる言語であるため，このアクセントの消失と後退により，音韻的には名詞と指示代名詞が一語であるかのようになる．なお場所や物をあらわす指示代名詞は最低二音節から成り，アクセントが失われることはない．

　指定の指示代名詞は，自由名詞を修飾することができるが，拘束名詞を修飾することはできない．拘束名詞は「父」，「母」といった親族名称や「頭」，「腕」といった身体部位名称のように，所有者との緊密度が高い語であることが多く，これらには常に所有者をあらわす接尾辞が付加する（151）．指定の指示代名詞は拘束名詞の後ろに現れることができないだけでなく（152），（153），接尾辞の後ろに現れることもできない（154）．

(151) lima-ku
腕-1SG.POSS
「私の腕」

(152) *lima   nen-ku
腕   DX-1SG.POSS

(153) *lima   nen
腕   DX

(154) *lima-ku   nen
腕-1SG.POSS   DX

以下に指定の指示代名詞の例を示す．

6.5.1.1. 近称 nede, nen, ne, n「この」

- nede

(155) tari   mo=vora   na   ureure   nede
T   3SG.R=生まれる   PP   島   DX
「タリはこの島で生まれた」

- nen

nede の異形態 nen には，nede と同じように名詞句の主要部を修飾する働きがある (156)．これ以外にも関係節を導く働き，補語節標識としての働きがある．これらの機能については 12.2.「関係節」で記す．

(156) mo=boi　　　noannan　　nen
　　　3SG.R=好き　　食べ物　　　DX
　　　「彼はこの食べ物が好きなのです」

続いて異形態 ne と n の例を示す．これらの語には上の nen で見た，関係節を導く，補語標識になる，前置詞として働くなどの機能はない．

● ne
(157)　vibue　　ne　　no-n　　　　tomas
　　　竹　　　DX　　CLASS-LINK　　T
　　　「この竹はトーマスのものだ」

● n
(158)　nna　　me=ve　　ima　　n
　　　3SG　　3SG.R=作る　家　　DX
　　　「彼がこの家を建てた」

6.5.1.2. 中称 nei「その」
中称の nei は，修飾の対象物が話し手よりも聞き手の近くにあるときや居るときに用いられる．

(159)　o=lo=roŋo,　　　　　tamoloi　nei　　tamol　siati
　　　2SG.R=PROG=感じる　　人　　　DX　　人　　　悪い
　　　「気をつけなさい，その男の人は悪い人よ」

(160)　bula-ku　　　　　vir　　nei
　　　CLASS-1SG.POSS　　犬　　DX
　　　「私が飼っているのは，あなたの近くに居るその犬です」

204

6.5.1.3. 遠称 leŋ, le, l 「あの」

遠称の leŋ や，この異形態である le と l は，修飾の対象物が話し手と聞き手の両方から遠いところにあるときや居るときに用いられる．

- leŋ

(161) tamoloi　leŋ　　no-da　　　　　　　sube
　　　 人　　　DX　　CLASS-1PL.INC.POSS　首長
　　　「あの人はわれわれの首長だ」

- le

(162) nno=an　　　　noannan　bi-bibi　le
　　　1SG.R=食べる　食べ物　　RED-包む　DX
　　　「私はあの包みの中身を食べた」

- l

(163) nna　me=ve　　　ima　l
　　　3SG　3SG.R=作る　家　　DX
　　　「彼はあの家を建てた」

指定の指示代名詞 leŋ, le, l 「あの」が sio 「年」を修飾するとき，名詞句 sio leŋ は「来年」の意味になる．これは話し手と聞き手の両方から距離があることを意味する leŋ が，時間に適用された例である．指定の指示代名詞には (165) に示すように前方照応の機能もあるが，この名詞句 sio leŋ は慣用句化しており，聞き手がこれを前方照応として解釈することはない[10]．

---

10)「去年」には指示代名詞が用いられず，話し手から横方向に遠ざかることをあらわす移動動詞 vano/va 「行く，横切る」が用いられる．
　　　　　nno=ma　　tutuba　na　sio　ma=va
　　　　　1SG.R=来る　T　　　PP　年　　3SG.R=行く
　　　　「私は去年もツツバ島に来ましたよ」

(164) ve-tasi-ku   e-tea   lo=to   vila   ae
      FEM-兄弟-1SG.POSS   CDN-1   PROG=居る   V   するつもり
      a=ma   tel-ei=ao   na   sio   leŋ
      3SG.IR=来る   PP-OBJ=1SG.OBJ   PP   年   DX
      「ヴィラに住む私の妹は，来年私に会いに来てくれる」

前方照応

(165) ino   leŋ   me=ev
      物   DX   3SG.R=終わる
      「あの件は終わった」

6.5.2. 物をあらわす指示代名詞

　先に見た指定の指示代名詞 nede「この」，nei「その」，leŋ「あの」に接頭辞 me- が付加すると，物をあらわす指示代名詞 me-nede「これ」，me-nei「それ」，me-leŋ「あれ」が派生する．この指示代名詞は単独で文の主語または補語になりうる．

　以下に物をあらわす指示代名詞をまとめた表を示す．話し手に近い me-nede「これ」と話し手と聞き手の両方から遠い me-leŋ「あれ」にはそれぞれ複数の異形態が存在するが，聞き手に近い me-nei「それ」には異形態が存在しない．

表 10　物をあらわす指示代名詞

近称（これ）	me-nede	me-n	
中称（それ）	me-nei		
遠称（あれ）	me-leŋ	me-le	me-l

　以下にそれぞれの例を示す．

6.5.2.1. 近称 me-nede, me-n「これ」

- me-nede

(166)   <u>me-nede</u>   mo=tuae
       物-DX   3SG.R=古い
       「これは古い」

- me-n

(167)   <u>me-n</u>   me=te=no-ku
       物-DX   3SG.R=NEG=CLASS-1SG.POSS
       「これは私のものではない」

(168)   ma=tarao   <u>me-n</u>!
       3SG.R=熱望する   物-DX
       「彼はこれを待っていたんだよ！」

6.5.2.2. 中称 me-nei「それ」

- me-nei

(169)   <u>me-nei</u>   boi   ila
       物-DX   豚   野生の
       「（あなたの近くに居る）それは野生の豚だ」

(170)   <u>me-nei</u>   mo=dui?
       物-DX   3SG.R=良い
       「それはおいしいですか？」

6.5.2.3. 遠称 me-leŋ, me-le, me-l「あれ」

- **me-leŋ**

(171) bativanua　　no-da　　　　　　ma=lavoa　　me=seu
　　　村　　　　　CLASS-1PL.INC.POSS　3SG.R=大きい　3SG.R=勝る
　　　<u>me-leŋ</u>
　　　物-DX
　　　「私たちの村はあれよりも大きい」

- **me-le**

(172) o=malei　　　　<u>me-le</u>?
　　　2SG.R=望まない　物-DX
　　　「あれはもういいの？」

- **me-l**

(173) me=dere,　　<u>me-l</u>　　　mo=dui
　　　3SG.R=違う　物-DX　　　3SG.R=良い
　　　「いや，あれは（もう）いい」

6.5.3. 場所をあらわす指示代名詞

　場所をあらわす指示代名詞にも，指定の指示代名詞や物をあらわす指示代名詞のように，話し手からの距離を基準とする「ここ，そこ，あそこ」という3つの区分がある．しかし「（今，私が立っている）ここ」や「（教会のある）あそこ」のように具体的な一地点を伝える場合と「この辺り」や「その辺り」のように，漠然と一定の範囲をさして場所を伝える場合とが区別されるため，計6通りの場所をあらわす指示代名詞が存在する．本書では前者の指示代名詞を具体的，後者の指示代名詞を抽象的と呼ぶことにする．具体的，

抽象的という意味の違いは接頭辞であらわされ，具体的な場所をあらわす語には，先に見た指定の指示代名詞に接頭辞 ha- が，抽象的な場所をあらわす語には接頭辞 ne- が付加する．ただし抽象的な遠称だけはこれにあてはまらず，接頭辞 ne- は遠称の語基 leŋ ではなく，natu に付加する[11]．

表11 場所をあらわす指示代名詞

近称（ここ）	具体的	ha-nede	ha-ne	ha-n
（この辺り）	抽象的	ne-nede	ne-ne	ne-n
中称（そこ）	具体的	ha-nei		
（その辺り）	抽象的	ne-nei		
遠称（あそこ）	具体的	ha-leŋ	ha-le	ha-l
（あそこの辺り）	抽象的	ne-na	ne-natu	

以下にそれぞれの例を示す．

6.5.3.1. 近称

具体的近称　ha-nede, ha-ne, ha-n「ここ」

- ha-nede

(174)　nno=ma　　ha-nede　　matan　　ka=reti
　　　1SG.R=来る　場所-DX　　CONJN　　1SG.IR=言う
　　　na　　leo-n　　　meli　　tel-ei=o
　　　ART　言葉-LINK　M　　　PP-OBJ=2SG.OBJ
　　　「私はメリの伝言を伝えるため，ここにやって来ました」

---

11) 形態素 natu は，6.5.4.で説明する「方向をあらわす指示代名詞」の語基であることから，ne-natu/ne-na を「方向をあらわす指示代名詞」に分類するのが妥当であると考えられる．しかしながら ne-natu は他の方向をあらわす指示代名詞とは異なり，特定の方向を示唆しないため，方向ではなく場所をあらわす指示代名詞に分類する．

(175) veoa　　asao　　　ha-nede
　　　v　　　離れて　　場所-DX
　　「ここからヴェオアまでは遠い」

- **ha-ne**
(176) nno　　o=te=davsai　　　　o=to　　　　　ha-ne
　　　2SG　　2SG.R=NEG=できる　2SG.R=居る　　場所-DX
　　「あなたがここに住むことはできない」

- **ha-n**
(177) ro　　　uluIduIdunna　　me=ev　　　　　ha-n
　　　CONJN　話　　　　　　　3SG.R=終わる　　場所-DX
　　「お話はここでおしまいです」

抽象的近称　ne-nede, ne-ne, ne-n「この辺り」

- **ne-nede**
(178) o=lo=to　　　　　　ne-nede　　nno=ase=o?
　　　2SG.R=PROG=居る　場所-DX　　2SG.R=させる=2SG.OBJ
　　「あなたはこの辺りに一人で住んでいるのですか？」

- **ne-ne**
(179) e=ma　　　　　ne-ne!
　　　2SG.IMP=来る　場所-DX
　　「こっちの方においで！」

- ne-n

(180) sai　　ne-n?
　　　何　　場所-DX
　　「この辺りは何？」（直訳．何がこの辺りにありますか？）

6.5.3.2.　中称
具体的中称　ha-nei「そこ」

(181) mako　　　me=rei　　　　　ha-nei?
　　　マンゴー　3SG.R=存在する　場所-DX
　　「そこにはマンゴーがありますか？」

抽象的中称　ne-nei「その辺り」

(182) taŋa-i　　no-ku　　　　　　ne-nei
　　　鞄-REF　CLASS-1SG.POSS　　場所-DX
　　「私の鞄はその辺りにあります」

6.5.3.3.　遠称
具体的遠称　ha-leŋ, ha-le, ha-l「あそこ」

- ha-leŋ

(183) ka=vol　　　te　　raisi　ha-leŋ
　　　1SG.IR=買う　ART　米　　場所-DX
　　「私はあそこで米を買う」

- ha-le

(184) boi　ila　　　lo=to　　　ha-le
　　　豚　野生の　PROG=居る　場所-DX
　　「野生の豚ならあそこに居るよ」

211

- ha-l

(185) ha-l!
　　　場所-DX
　　　「(指をさして) あそこさ！」

抽象的遠称　ne-natu, ne-na「あそこの辺り」
- ne-natu

(186) ha-le　　　　　ne-natu
　　　場所-DX　　　場所-DX
　　　「ほら，あそこ，あの辺り」

- ne-na

(187) tamoloi　l　　ne-na,　　nna　sube
　　　人　　　DX　場所-DX　　3SG　首長
　　　「あそこに居るあの人，彼は首長だよ」

6.5.4. 方向をあらわす指示代名詞

　これまでに上で見てきた指定や物，場所をあらわす指示代名詞「この，その，あの／これ，それ，あれ／ここ，そこ，あそこ」の基準は，日本語と同じく，話し手からの距離である．ところがツツバ語には，話し手からの距離を基準としない指示代名詞が存在する．それは方向をあらわす指示代名詞である．ツツバ語の方向をあらわす三つの指示代名詞は移動動詞（経路の動詞）から派生したと考えられ，以下に示すように両者の間には意味的，形態的な関連が見られる．またこれらの指示代名詞が移動動詞の補語となるとき，意味的に矛盾するものは生起しえない．例えば指示代名詞 tisan/tisanatu「上の方」は移動動詞 sa「上る」の補語になりうるが，si「下る」や va「行く，横切る」の補語にはなりえない．

指示代名詞		移動動詞	
tisan/tisanatu	「上の方」	sae/sa	「上る」
tisin/tisinatu	「下の方」	sivo/si	「下る」
tivan/tivanatu/tivaba	「横の方」	vano/va	「行く，横切る」

　方向をあらわすこの三つの指示代名詞は，ツツバ島内，サント島内，島間，海上において次のように使い分けられる．

　ツツバ島内では，土地の傾斜といった物理的な上下により tisan/tisinatu「上の方」と tisin/tisinatu「下の方」が使い分けられる．また北東方向に tisin/tisanatu「下の方」が用いられ，南西方向に tivan/tivanatu/tivaba「横の方」が用いられる．

　副都心のサント島内では，ツツバ島内同様，物理的上下により tisan/tisanatu「上の方」と tisin/tisinatu「下の方」が使い分けられる．そして都心から離れる方向に tisin/tisinatu「下の方」が用いられ，都心への方向に tivan/tivanatu/tivaba「横の方」が用いられる．

　ツツバ島からサント島の方向には tisan/tisanatu「上の方」が用いられ，サント島からツツバ島の方向には tisin/tisinatu「下の方」が用いられる．さらに海上では，貿易風が吹いてゆく北西方向に tisin/tisinatu「下の方」，吹いてくる南東方向に tivan/tivanatu/tivaba「横の方」が用いられる．これらの使い分けの詳細については，考察に用いる先行研究がすべて移動動詞を対象にしたものであるため，7.4.「移動動詞」で詳しく述べる[12]．

6.5.5. 指示代名詞まとめ

　指示代名詞の形態的，統語的機能はそれぞれ表12，13に示すとおりであ

---

[12] 先述したようにツツバ語の方向をあらわす指示代名詞と移動動詞には密接な関係があるため，このような扱いとする．

表12 指示代名詞の語基に付加する形態素

		近称	中称	遠称
語基		nede	nei	leŋ
指定		φ-	φ-	φ-
場所	具体的	ha-	ha-	ha-
	抽象的	ne-	ne-	ne-na/ne-natu
物		me-	me-	me-

表13 指示代名詞の働き

	名詞修飾	名詞句主要部	副詞的	述語	関係節
指定	○	—	—	—	△
場所	—	—	○	—	—
物	—	○	—	○	—
方向	—	—	○	○	—

○… 可能
△… 近称の nen のみ関係節を導くことができる
—… 不可能

る．表12に示すように，指定をあらわす指示代名詞を語基とすると具体的場所，抽象的場所，物をあらわす指示代名詞は，いずれも語基に接頭辞 ha- や ne-, me- が付加した形であらわされる．ただし抽象的場所をあらわす指示代名詞の遠称はこれに当てはまらない．また方向をあらわす指示代名詞だけは語基を同じとせず，形態的に他と明らかに異なることから，この表には含めていない．他と異なる理由としては，方向をあらわす指示代名詞が移動動詞から派生したからであると考えられる．

表13は指示代名詞の統語機能を次の5つの観点から分析したものである．

(1) 名詞句主要部を修飾できるか（前方照応も含む）
(2) 名詞句の主要部となることができるか
(3) 文全体を修飾する副詞的働きをしうるか
(4) 述語になることができるか

(5) 関係節を導くことができるか

次に方向をあらわす指示代名詞の基準をまとめた表14を示す.

表14 方向をあらわす指示代名詞の基準

	島内		島外	
	ツツバ島内	サント島内	ツツバ島とサント島間	海上
tisan/ tisanatu	上	上	サント島方向	
tisin/ tisinatu	下　　北東方向	下　　都心から離れる方向	ツツバ島方向	貿易風が吹いてゆく方向（北西）
tivan/ tivanatu tivaba	南西方向	都心の方向		貿易風が吹いてくる方向（南東）

6.6. 所有表現

本節では様々な形式であらわされるツツバ語の所有表現に注目し，この言語で分離不可能と分離可能という概念が文法構造上，所有物の性質や所有者との緊密度と関連して，どのように区別されているのかを示す.

構成としては，初めに6.6.1.でツツバ語に見られる複数の所有表現（名詞句）を説明し，6.6.2.で直接所有構造と間接所有構造という構造の違いを示す．その後6.6.3.で所有物に共通する性質や所有物と所有者との緊密度が，この二つの構造とどのように関連しているのかを述べ，6.6.4.で所有物の省略について記す．そして最後に6.6.5.で，結論として所有物と所有表現の関係を一覧にした表と，ツツバ語の所有表現（名詞句）の主要部とそれを修飾する語句が現れうる順番を示す.

6.6.1. 名詞の修飾と所有

先に 6.2.1.「名詞句の構造」で示したように，この言語では名詞や形容詞が名詞句主要部を修飾する．これらが名詞を修飾する際には，次のように修飾語が主要部に後置される．

(188) viriu vorvor
犬　　小さい
「小犬」

(189) tamoloi tarina ro=lo=reti-reti
人　　　たくさん　3PL.R=PROG=RED-言う
「たくさんの人が話をしている」

(190) tamoloi mera
人　　　男性
「男の人」

名詞句が名詞句を修飾するとき，次の (191) のように所有の関係があらわされることがある．この例のように所有の関係をあらわす名詞句では，先行する名詞句が所有物，そして後置された名詞句が所有者であることが多い．

(191) taŋa-i no-n vemoli
鞄-REF　CLASS-LINK　V
「ヴェモリの鞄」

6章　名詞と名詞句

　ツツバ語の名詞は曲用せず，次の (192) から (194) の所有表現からも分かるように，日本語の「私の足」，「本の表紙」に見られるような，すべての所有物（名詞句）に用いることが可能な従属部標示的な形式もない[13]．この言語では，(192) に見られるように所有者代名詞接辞 (-ku) や，(193) に見られる二つの名詞句，つまり所有物と所有者の関係を示唆する類別詞 (bula-)，(194) に見られる連結辞 (-n) により所有があらわされる．

(192)　batu-ku
　　　 頭-1SG.POSS
　　　「私の頭」

(193)　nani　　bula-ku
　　　 ヤギ　　CLASS-1SG.POSS
　　　「私のヤギ」

(194)　suasua-n　　balubala
　　　 かど-LINK　 机
　　　「机のかど」

　このようにツツバ語には複数の所有をあらわす形式が存在している．そしてその中には所有関係にあると想起しにくいものもある．例えば日本語では，右や左といった全体との位置関係をあらわす語は自由名詞であるが，ツツバ語では拘束名詞である．

---
13) ただし代名詞は格変化をする．

(195) matua-na　　　　(196) *matua
　　　右-3SG.POSS
　　　「右」

　本書では所有の意味には厳密な規定を加えず，所有者代名詞接辞や連結辞，類別詞を含んだ表現をすべて所有の表現として扱うことにする．

6.6.2. 所有形式と意味

6.6.2.1. 所有の形式
　ツツバ語には大きく分けて二つの所有形式が句のレベルに存在している．一つは(197)に見られるように，所有物が単独で現れることができず，所有物に所有者代名詞接辞が付加する形式である．そしてもう一つは(198)に見られるように，所有物が単独で現れることができ，類別詞に所有者代名詞接辞が付加する形式である．

(197) lima-ku
　　　腕-1SG.POSS
　　　「私の腕」

(198) viriu　　bula-ku
　　　犬　　　CLASS-1SG.POSS
　　　「私の犬」

　本書ではオセアニアの多くの言語記述に倣い，所有物に所有者をあらわす代名詞接辞が直接付加する前者の構造を「直接所有の構造(direct possessive constructions)」と呼ぶことにする．そして類別詞が現れ，所有者(代名詞)が所有物に直接付加しない後者の構造を「間接所有の構造(indirect possessive constructions)」と呼ぶことにする[14].

上の二つは所有者が代名詞の場合の例であったが，所有者が普通名詞や固有名詞のときには，所有物と所有者を結ぶ連結辞 -n が生起する．この連結辞は，直接所有の構造では所有物に付加し (199)，間接所有の構造では類別詞に付加する (200)．これがそれぞれ三つ目，四つ目の形式である．

(199) lima-n vemoli
腕-LINK V
「ヴェモリの腕」

(200) viriu bula-n vemoli
犬 CLASS-LINK V
「ヴェモリの犬」

これまで見てきた所有をあらわす四つの形式をまとめると次のようになる．

① **直接所有**
所有物　　　　　所有者
名詞句-所有者代名詞接辞

② **間接所有**
所有物　　　　　所有者
名詞句　類別詞-所有者代名詞接辞

---

14) オセアニアの言語に関する文献の中で「直接」・「間接」所有は伝統的にそれぞれ「分離不可能」・「分離可能」と表示されてきた (Rehg 2001: 218)．本書では形式について述べるとき「直接」・「間接」という術語を用い，それぞれの所有形式の指示物（名詞句）について述べるときに「分離不可能（所有名詞）」・「分離可能（所有名詞）」を用いることにする．

```
③  直接所有　連結辞タイプ
    所有物              所有者
    名詞句-連結辞      名詞句
```

```
④  間接所有　連結辞タイプ
    所有物                      所有者
    名詞句    類別詞-連結辞    名詞句
```

6.6.2.2. 形式と意味の関係

　間接所有形式の類別詞については 6.6.3.2. で記述することにし，ここではまず所有の形式と指示物の関係について述べる．

　所有物が単独で現れることができず（拘束名詞），これに所有者代名詞接辞や連結辞が付加する直接所有の形式（6.6.2.1.の①と③）であらわされる指示物には，所有者との意味的つながりが強く，所有者にとって切り離せないと考えられるものが挙げられる．例えば親族名称，身体部位，声などの属性，左・右といった部分をあらわす名詞句などがこの構造の所有物である．

　一方，所有物が単独で現れることができ（自由名詞），所有者代名詞接辞や連結辞が所有物に付加しない間接所有の形式（②と④）であらわされる指示物には，鞄などの一般的な物や動物，食べ物，飲み物といった，所有が一時的，または自由意志によるものが挙げられる．この形式であらわされる所有物は，所有物と所有者のつながりがさほど強くないものであるといえる．

　このことから，直接所有形式と間接所有形式の区別は，所有概念の違いが反映されたものであるということが分かる．直接所有構造の所有物は，所有者にとって切り離せないものであることから，この所有物となる名詞を「分離不可能所有名詞（inalienable nouns）」と呼び，間接所有構造の所有物は，所有が一時的または自由意志によるものであることから，この所有物を「分離可能所有名詞（alienable nouns）」と呼ぶことにする．分離不可能は譲渡不

可能，分離可能は譲渡可能と呼ばれることもある．

　なおここでは形式面から所有物に対して分離不可能，分離可能という分類を行っているため，通念上分離不可能と考えられるものがすべて直接所有の形式であらわされ，分離可能と考えられるものが間接所有の形式であらわされるというわけではない．

6.6.3. 所有形式と指示物

6.6.3.1. ① 直接所有

> 所有物　　所有者
> 名詞句-所有者代名詞接辞

　所有物をあらわす名詞句の主要部（拘束名詞）に所有者代名詞接辞が直接付加し，音韻論的に一つのまとまりを形成するこの所有形式を『①直接所有』とする[15]．

　ある種の名詞にとって，この所有者代名詞接辞の付加は義務的である．直接所有の形式であらわされる所有物を分離不可能所有名詞と呼ぶように，この形式であらわされる所有物は，所有者にとって非常に密接な関係にあるものや，切り離すことができないものであるといえる．この形式の所有物となる名詞句の主要部は，次の6つのグループに分類できる．以下にそれぞれの例を示す．

> ● 親族名称　　　　　　「妻　兄弟　母親」
> ● 身体部位名称，身体にまつわるもの「手　咳　虱」

---

[15] この言語では語末から二つ目の音節にアクセントが付与される．そのため，『①直接所有』のように所有物をあらわす名詞語基が拘束形態素であるときは，この拘束形態素に義務的に付加する所有者代名詞接辞の接辞末から数えて，二つ目の音節にアクセントが置かれる．

●属性	「声　名前　年齢　癖　習慣」
●全体との位置関係	「机の角　穴　下　左　右」
●序数	「二番目　○番目」
●病気	「水虫」

親族名称

　親族名称は直接所有の形式であらわされる分離不可能所有名詞であるが，親族以外の人間は，間接所有の形式であらわされる（6.6.3.2. 参照）．

(201)　　natu-ra
　　　　 子供-3PL.POSS
　　　　 「彼らの子供」

(202)　　tina-ku
　　　　 母-1SG.POSS
　　　　 「私の母」

(203)　　tasi-m
　　　　 兄弟-2SG.POSS
　　　　 「あなたの兄（弟）」

　「父」と「母」をあらわす名詞には二種類ある．一つは (204) の tama-「父」や tina-「母」のような拘束名詞，もう一つは (205) や (206) の mama「父」や soko「母」のような自由名詞である．単独で生起できる後者の名詞は，「お母さん」や「お父さん」といった呼びかけに用いられることが多く，文中に現れることは少ない．

(204) tama-ku, tina-ku ro=lo=to sara
父-1SG.POSS 母-1SG.POSS 3PL.R=PROG=居る 場所
tinabua
異なった
「私の父と母は別なところで生活しています」

(205) mama, soko ro=lo=to sara tinabua
父 母 3PL.R=PROG=居る 場所 異なった
「父と母は別なところで生活しています」

(206) soko, ka=vano
母 1SG.IR=行く
「お母さん，行ってきます」

身体部位名称，身体にまつわるもの

手足などの身体部位名称や咳，血液さらには影など身体に関連するものは単独では現れず，直接所有の形式であらわされる[16]．このグループに属する名詞はさらに次のように分類できる．

身体部位名称	手 足 頭 肩 指 顔
身体からの排出物・老廃物	唾 尿 便 息 咳 垢
身体に寄生するもの	虱[17]
その他身体にまつわるもの	血液 あざ 影

---

16) 身体から排出されるもの，例えば尿や咳，垢などは分離不可能所有名詞であるが，同じく身体から排出される「汗」は分離可能所有名詞である．
17) 水虫などの白癬，染色体異常などは病気とみなされていることから，分離不可能所有名詞の中でも病気のグループに分類する．

身体部位名称

(207) nao-m
顔-2SG.POSS
「あなたの顔」

排出物・老廃物

(208) lito-m
唾-2SG.POSS
「あなたの唾」

(209) sanete-na
咳-3SG.POSS
「彼の咳」

(210) mere-m   lo=si   na   sapa-ku!
小便-2SG.POSS PROG=下る   PP   サンダル-1SG.POSS
「あなたの小便が私のサンダルにかかっている！」

身体に寄生するもの

(211) utu-ku
虱-1SG.POSS
「私の虱」

身体にまつわるもの

(212) ar　　　e=sa　　　　na　　hospital　ra=l　　　　na
　　　CONJN　2SG.IR=上る　PP　　病院　　　3PL.IR=取る　ART
　　　dae-m
　　　血-2SG.POSS
　　「もしもあなたが病院に行ったなら，彼らはあなたの血液を採取します」

　人間だけでなく，動物のしっぽやひげ，魚のえらや鱗，植物の棘などもこの所有形式の指示物である．

(213)　rarau-na
　　　屋根-3SG.POSS
　　　「屋根，その屋根」

(214)　sarusari-na
　　　棘-3SG.POSS
　　　「棘，その棘」

(215)　vidi-na
　　　尻尾-3SG.POSS
　　　「尻尾，その尻尾」

属性

　声や年齢，命日などの属性は，直接所有の形式であらわされる分離不可能所有名詞である．

(216) isa-na
名前-3SG.POSS
「彼女の名前」

(217) leo-na
声-3SG.POSS
「彼の声,彼の発話」

(218) boŋ-na
日-3SG.POSS
「彼の死去した日」

(217) の leo という語には,声だけでなく言語,発話,伝言など様々な意味がある.この語が直接所有の形式であらわされると「発話」という意味に解釈されるが,次のように間接所有の形式であらわされると「伝言」という意味に解釈されることが多い.

(219) leo no-na
声 CLASS-3SG.POSS
「彼の伝言」

「発話」と「伝言」には,「発話」は発話者が発言するその行為をいうのに対し,「伝言」は発話者のメッセージを発話者以外の者が第三者に伝達する,という違いがある.発話者との緊密度を考えると,「伝言」は発話者が口にしたことを別の人間が伝えることから,「発話」ほどは緊密度が高くないと考えられる.ゆえに所有者との関係が緊密である「発話」が直接所有の形式であらわされ,「伝達」が間接所有の形式であらわされるこの例は,形式と意味の関連性を示唆するものであるといえる.

全体との位置関係

　内側，正面，左，右，下など「全体との位置関係」をあらわす名詞句は，直接所有形式の指示物となることが多い．このときの所有者は「全体」をあらわす名詞句である．日本語では「本を中に入れる」と言うことができ，何の中であるか，全体について言及する必要はない．ツツバ語ではこのような部分をあらわす名詞の多くが分離不可能名詞で，これらは所有者代名詞接辞が義務的に付加されて現れるか，または「鞄の中」，「家の正面」のように所有者をあらわす名詞句と共起する．

(220)　lolo-na
　　　 中-3SG.POSS
　　　 「中，その中」

(221)　suasua-na
　　　 角-3SG.POSS
　　　 「かど，そのかど」

序数

　先に 3.2.2.1. でも触れたように，基数に所有者代名詞接辞が付加すると，序数があらわされる．これまで見てきた直接所有の例では，所有物をあらわす名詞句に所有者の人称・数に応じた所有者代名詞接辞が付加していたが，所有物である基数に付加して序数を形成しうるのは，三人称・単数の所有者代名詞接辞だけである．例えば基数 e-rua「2」は数詞を示す接頭辞 e- が「2」という具体的数を示す rua に付加したものである．これに三人称・単数の -na が付加すると，e-rua-na となり，「2 番目」という序数をあらわすようになる．

(222) e-rua-na
CDN-2-3SG.POSS
「2番目」

病気

　病気や具体的な病名は分離不可能所有名詞である．「病気」という意味の名詞には，「病気である」状態をあらわす動詞の語基 sao と同一の形態である分離不可能所有名詞 sao- (223)，状態動詞の語基 sao に名詞を派生する接尾辞 -a が付加した分離可能所有名詞 sao-a (224) の二つがある．

(223) nno=ntau　　ka=isi　　　　na　　sao-m
　　　1SG.R=怖がる　1SG.IR=つかむ　ART　病気-2SG.POSS
　　　「私はあなたの病気が自分にうつることを怖がっています」

(224) sao-a-i　　　　　　　no-ku
　　　病気である-NMLZ-REF　CLASS-1SG.POSS
　　　「私のその病気」

　6.2.2.6. で言及したように，この言語では，接尾辞 -a が動詞や形容詞の語基に付加して名詞を派生させることがある．このようにして派生した名詞はすべて分離可能所有名詞である．
　以下に示すように，具体的な病名などは分離不可能所有名詞であることから，病気を意味する名詞も本来は分離不可能所有名詞 sao-「病気」であったと考えられる．しかし，これが状態動詞 sao「病気である」と同形態であったため，類推により sao-a「病気」という分離不可能所有名詞を派生させたと推測できる．

(225) vano-na
皮膚糸状菌症-3SG.POSS
「彼の皮膚糸状菌症」

(226) vokevoke-ku
水虫-1SG.POSS
「私の水虫」

6.6.3.2. ② 間接所有 a.（無標）

所有物	所有者
名詞句	類別詞-所有者代名詞接辞

　所有物をあらわす名詞句と所有者代名詞接辞が類別詞を介する所有形式を『②間接所有 a』とする．先に 6.6.3.1. で見た『①直接所有』の形式であらわされる所有物は，所有者とのつながりが深い親族名称や身体部位名称などであったのに対し，間接所有の形式であらわされる所有物には，動物や食べ物，飲み物など所有が一時的，または自由意志によるものが挙げられる．この所有形式であらわされるものは所有物と所有者のつながりがさほど強くないものであると考えられる．

類別詞

　『②間接所有 a』は，所有物をあらわす名詞句ではなく，類別詞に所有者代名詞接辞が付加する形式である．ツツバ語の四種類の類別詞は，それぞれ所有者にとって所有物が次の対象であることを示唆する．

類別詞

類別詞	所有物と所有者の関係
a-	食べ物
ma-	飲み物
bula-	動物・植物
no-	一般の所有物，個人の財産

　間接所有の類別詞は食べ物，飲み物，一般の所有物をあらわしていたと考えられており，それぞれ次のように再建されている（Lynch 1996）．

オセアニア祖語の類別詞

*ka-	食べ物
*ma-	飲み物
*na-, *a-, *ta-, *sa-	一般の物

類別詞　a-

　類別詞 a- を介する所有物は，オレンジやココナツ，肉や魚など，所有者にとって食べる対象となるものである．

(227)　　e=an　　　　　vamol　　　　　a-m!
　　　　2SG.IMP=食べる　オレンジ　　　CLASS-2SG.POSS
　　　　「あなたのオレンジを食べなさい！」

(228)　　niu　　　　　a-ku
　　　　ココナツ　　　CLASS-1SG.POSS
　　　　「私のココナツ」

(229)　arivi-de　　　ma=an　　　　tolu-adi　　a-ra
　　　ねずみ-REF　　3SG.R=食べる　　卵-蟻　　　CLASS-3PL.POSS
　　　「そのねずみは彼らの米を食べた」

類別詞 ma-

　類別詞 ma- を介してあらわされる指示物は，ココナツや水など所有者にとって飲む対象となるものである．ココナツのように食べることも飲むこともできるものは，所有者がそれを食べるつもり（もしくは食べているの）であれば類別詞 a- を，飲むつもり（もしくは飲んでいるの）であれば類別詞 ma- を介する．このように同一の所有物であろうと所有者との関係によって生起する類別詞は異なる．

異なる類別詞が生起する例

niu a-ku	「私の（食べる）ココナツ」
niu ma-ku	「私の（飲む）ココナツ」
niu no-ku	「私の（食べる，飲むのどちらでもない）ココナツ」[18]

(230)　ae　　　ma-na
　　　水　　　CLASS-3SG.POSS
　　　「彼の（飲む）水」

(231)　e=tau　　　　te　　　suɲa　　na　　ti　　　ma-m?
　　　2SG.IR=置く　ART　　砂糖　　PP　　紅茶　CLASS-2SG.POSS
　　　「あなたはあなたの紅茶に砂糖を入れましたか？」

---

18) 料理用のココナツ油を精製するときなどはこの表現が用いられる．

類別詞 bula-

　類別詞 bula- を介してあらわされる所有物は，豚を除く動物と植物である．財産とみなされている豚には類別詞 no- が用いられるが，それ以外の動物，例えば鶏や牛，猫，そして植えられている植物や植物の苗などは，食べる対象とされていない場合，類別詞 bula- を介してあらわされる．鶏や牛などの動物，そしてヤムイモやパンノキなどの植物が，調理されているときや，食べる目的で捕獲，収穫されるときには，所有者にとって所有物が「食べ物」であることを示唆する類別詞 a- が用いられる．

(232)　　dam　　　　bula-ra
　　　　ヤムイモ　　CLASS-3PL.POSS
　　　　「彼らのヤムイモ（植えられた状態のヤムイモを指して）」

(233)　　viriu　bula-na　　　　　me=eno　　　　　na　　ruirui-n
　　　　犬　　CLASS-3SG.POSS　3SG.R=横になる　PP　　下-LINK
　　　　balubala
　　　　机
　　　　「彼の犬は机の下に横になった」

(234)　　arivi-tam̪aute　　bula-m　　　　　lo=an　　　　　m̪asi
　　　　ねずみ-白人　　　CLASS-2SG.POSS　PROG=食べる　魚
　　　　a-ra!
　　　　CLASS-3PL.POSS
　　　　「あなたの猫は彼らの魚を食べている！」

類別詞 no-

　類別詞 no- を介してあらわされる所有物は，ツツバに住む人々が価値を置いていると考えられるもの，例えば豚や土地のほか，靴，ラジオ，所属して

いる島や村など様々である．また一般に所有物であるとは考えにくいもの，例えば感謝や労働，火などもこの形式の指示物である．

類別詞 no- を介する所有物は，大きく次のように分類できる．

- ●物
  - 伝統的な物
    - 価値が置かれている　　土地（畑を含む）　豚
    - 一般　　　　　　　　　皿（バナナの葉）　珊瑚　貝殻
  - 伝統的でない物　　　　　金銭　聖書　マッチ
  　　　　　　　　　　　　　車　家　服　ベッド　ラジオ
- ●所属　　　　　　　　　　島　村
- ●親族以外の人　　　　　　首長　客　宣教師　彼女
  　　　　　　　　　　　　　少年　少女　青年
- ●全体と比較した量・数　　少し　大多数
- ●儀式　　　　　　　　　　首長の儀式　結婚式
- ●その他（数えにくいもの）感謝　親切　労働　火
  　　　　　　　　　　　　　話　汗

類別詞 no- を伴って現れる物のいくつかは，伝統という観点から二つに分けることができる．一つは植民地支配や宣教師の到来以前から伝統的に用いられているもの，もう一つはそれ以降の異なる文化との接触により用いられるようになったものである．このうち前者の伝統的に用いられているものはさらに，土地や豚など権力や富の象徴として受け継がれてきた特に価値の置かれているものと，そうでないものとに分けられる．

伝統的に使用されてきた物

　価値が置かれている

(235)　　e=te=livti　　　　　　　boe　　no-ku!
　　　 2SG.IMP=NEG=追いかける　　豚　　CLASS-1SG.POSS
　　　「私の豚を追いかけないで！」

　一般

(236)　　e=l　　　　　te　　roae　　no-m!
　　　 2SG.IMP=取る　ART　葉　　　CLASS-2SG.POSS
　　　「あなたのお皿を持って来なさい！」

伝統的でないもの

(237)　　trak　　　no-na　　　　　mo=bolo=a
　　　 トラック　 CLASS-3SG.POSS　 3SG.R=ぶつかる=3SG.OBJ
　　　「あの人の車が彼女をはねた」

(238)　　radio　no-ra　　　　　　mo=dui　　　ro　　　mo=dui
　　　 ラジオ　CLASS-3PL.POSS　　3SG.R=良い　CONJN　3SG.R=良い
　　　「彼らのラジオはとても良い」[19]

このように類別詞 no- を介してあらわされる所有物の中には，表15の ruru「服」のように所有者代名詞接辞が直接付加し，直接所有の形式であらわされうるものもある．つまりこの言語の名詞は nao-「顔」のように常に所

---

[19] ツツバ島には車を所有する人はいないが，副都心の置かれるサント島には数多くの車やバス，木材を運ぶトラックが走っており，ツツバ島民もサント島では乗車する機会がある．車を購入するためには相当の資金が必要である上，ツツバ島までの移送となるとかなりの額になることが予測されるため，車を所有することは人々にとって憧れである．また2004年にラジオ局がサント島に誕生したことにより，サント島の商店ではラジオが販売されるようになった．ラジオは電気が通っていなくとも電池があれば聞けるため，ツツバ島でも首長など一部の裕福な人が購入している．

表15　所有者代名詞接辞の付加

分離不可能所有名詞	分離可能所有名詞	
所有者代名詞接辞の付加が義務的	所有者代名詞接辞の付加が随意的	接辞は付加しない
nao-ku 顔-1SG.POSS 「私の顔」	ruru-ku 服-1SG.POSS 「私の服」	
	ruru　no-ku 服　　CLASS-1SG.POSS 　　　「私の服」	boe 豚 「豚」

有者代名詞接辞が付加されて現れるもの，boe「豚」のように常に単独で現れるもの，そしてruru/ruru-「服」のように所有者代名詞接辞が付加されるときと付加されないときがあるものの三つに分類できる．

服以外にも所有者代名詞接辞が付加することのできる分離可能所有名詞には家，ベッド，ボート，火があり，ヴァヌアツのアラキ語（François 2002）やロロヴォリ語（Hyslop 2001）においても，家を含む複数の語は直接所有と間接所有の両方の指示物になりうることが報告されている．アラキ語では，「家」が直接所有の指示物のときは，「所有者の（住んでいる）家」という意味になるが，間接所有の指示物のときは，家と所有者の関係は曖昧である（François 2002: 48）．一方ロロヴォリ語では「家」が直接所有の指示物のときは「私の（住んでいる）家」という意味であり，間接所有の指示物のときは「私の（所有する）家」という意味に解釈される（Hyslop 2001: 182）．ツツバ語でも「言葉」が直接所有の形式であらわされると「私の発話」と解釈され，間接所有の形式であらわされると「私の伝言」として解釈されるというように，形式と意味に相関関係が見られる（6.6.3.1. 参照）．しかしここに挙げた家やベッド，服といった所有者代名詞接辞が付加しうる分離可能所有名詞には，ロロヴォリ語に報告されているような形式と意味との相関性は見られない．

(239) ima-ra
家-3PL.POSS
「彼らの家」

(240) ima-i　　　no-ku
家-REF　　　CLASS-1SG.POSS
「私の家」

(241) ro-belata-m
葉-バナナ-2SG.POSS
「あなたの寝床」[20]

(242) ro-belata　　　no-m
葉-バナナ　　　CLASS-2SG.POSS
「あなたの寝床」

　言語によっては親族名称や身体部位名称だけでなく，武器や漁網のような生活上の必需品が直接所有形式の指示物になる（大角 1999: 54）．これを参考にすると，ツツバ語において所有者代名詞接辞が付加しうる分離可能所有名詞は，他の分離可能所有名詞と比べて「日常生活において使用頻度や重要度が高いもの」であるといえる．

所属
　ヴァヌアツの言語の中でも，南ヴァヌアツに分類されるアネイチュム島で話される言語には，出生した村などの「故郷」や伝統的慣習により所有され

---

20) ro-belata は乾燥したバナナの葉のことである．西洋文明が入る前は当世風のベッドではなく，乾燥させたバナナの葉を敷いて寝ていたことから，ツツバ語ではこれがベッドをあらわす語として用いられている．

る「土地(海も含む)」が所有物であるときにのみ用いられる類別詞が存在している (Lynch 2001: 153-4). しかし北・中央ヴァヌアツに分類されるツツバ語にはこのようなものを対象とするときに用いられる特別な類別詞は存在しておらず,これらは他の一般の所有物と同じく類別詞 no- を介してあらわされる.

(243) dalu   no-ku
     庭   CLASS-1SG.POSS
     「私の庭」

(244) bativanua   no-da   ma=lavoa   me=seu
     村   CLASS-1PL.INC.POSS   3SG.R=大きい   3SG.R=勝る
     mer   nira
     場所   3PL
     「私たちの村は彼らの村よりも大きい」

親族以外の人

親族名称は分離不可能所有名詞であり,直接所有形式の指示物としてあらわされるが,親族以外の人は分離可能所有名詞で,間接所有の指示物となる.

(245) ra-novar   le   no-n   tutuba
     PL-子供   DX   CLASS-LINK   T
     「ツツバ島のあの子供たち」

novar は日本語の「男の子・女の子」にあたるもので,幼稚園や小学生くらいの年齢の子供をあらわす名詞である.ほかにも日本語の「少年,青年,中年」のように一定の年齢をあらわす名詞には次のようなものがある.これ

らはすべて自由名詞である.

年齢	3〜12くらい	13〜20くらい	21〜35くらい	36くらい〜
呼称	novar	uluvoe	baramali	nosea

「妻」や「夫」は直接所有の形式であらわされるのに対し,「彼女」や「彼氏」は間接所有の形式であらわされる.このことから彼女や彼氏に比べると,妻や夫の存在は所有者にとって緊密度が高いことが予測される.

(246)　　mesa-ku
　　　　妻-1SG.POSS
　　　　「私の妻」

(247)　　nna　　vavine　　no-ku
　　　　3SG　　女性　　　CLASS-1SG.POSS
　　　　「彼女は私の付き合っている女性です」

また「友人」は妻や夫と同様に,直接所有の形式であらわされる.結婚しない限りは付き合いが終わることになる彼女や彼氏よりも,友人の方がより密な関係であるとみなされているのかもしれない.

(248)　　ve-erua-ku
　　　　FEM-友達-1SG.POSS
　　　　「私の女友達」

全体と比較した数・量

6.6.3.1. で見たように「全体との位置関係」は直接所有の形式であらわされるが,「少し」のように「全体と比較した数・量」は間接所有の形式であ

らわされる．

(249) evisasi   no-ra   ro=vetaui   matan
      少し   CLASS-3PL.POSS   3PL.R=準備する   PP
      lai-a-i
      結婚する-NMLZ-REF
      「彼らのうちの幾人かは結婚式のために準備をした」

儀式

島では結婚式，首長任命式などの儀式が行われる．これらの儀式は分離可能所有名詞である．

(250) veveboe-i   no-ra
      儀式-REF   CLASS-3PL.POSS
      「彼らの儀式」

近年では lai-a「結婚」や veveboe「儀式」などの語に代わって mared や selemoni などのビスラマ語が用いられることが多いが，語彙が借用されるだけで類別詞や所有の構造はそのままである．

(251) mared   no-ra
      結婚   CLASS-3PL.POSS
      「彼らの結婚」

その他

感謝，親切のような感情や態度を示す名詞に加え，労働，火，汗など物とは捉えられ難い名詞も間接所有の指示物である．

(252) sasa-i　　　　no-ku　　　　　ma=lavoa
　　　仕事-REF　　　CLASS-1SG.POSS　3SG.R=大きい
　　　「私には多くの仕事がある」(直訳. 私のその仕事は大きい)

(253) ka=reti　　　roŋo　　　　dui-a-i　　　　no-ku
　　　1SG.IR=言う　感じる　　　良い-NMLZ-REF　CLASS-1SG.POSS
　　　a=va　　　　tel-ei=o　　　matan　　masinei-a-i
　　　3SG.IR=行く　PP-OBJ=2SG.OBJ　PP　　　親切である-NMLZ-REF
　　　no-m
　　　CLASS-2SG.POSS
　　　「あなたの親切に対して私はあなたにお礼を伝えたい」

6.6.3.3.　② 間接所有 b. (有標)

所有者	所有物
類別詞-所有者代名詞接辞	名詞句

　先に見た間接所有 a. の所有者が強調されるときは，次のように所有者が所有物に前置される．

no-

(254) <u>no-ku</u>　　　　boe
　　　CLASS-1SG.POSS　豚
　　　「私の豚」

240

a-

(255) a-na　　　　　　basura
　　　 CLASS-3SG.POSS　パパイヤ
　　　「彼のパパイヤ」

ma-

(256) ma-ra　　　　　　hae
　　　 CLASS-3PL.POSS　カヴァ
　　　「彼らのカヴァ」

bula-

(257) bula-m　　　　　　toa
　　　 CLASS-2SG.POSS　鶏
　　　「あなたの鶏」

6.6.3.4. ③ 直接所有　連結辞タイプ

所有物	所有者
名詞句-連結辞	名詞句

　6.6.3.1.の『①直接所有』は，所有物をあらわす名詞句に所有者代名詞接辞が直接付加する所有形式であったが，今度は同じ直接所有でも所有物をあらわす名詞句に連結辞が付加し，それに所有者として普通名詞や固有名詞が続く『③直接所有　連結辞タイプ』について記す．

連結辞

　オセアニア祖語の連結辞には*i/qi が再建されている（Lynch 2001: 150）．

またオーストロネシア祖語では「個人動作主／所有者 (personal actor/owner)」を示す語が*ni であったことが広く証明されている (Jauncey 1997: 240).

標準的なフィジー語などでは，所有者をあらわす名詞が固有名詞や親族名称のとき，i が連結辞として用いられているが，ヴァヌアツのタマンボ語 (Jauncey 1997) やアラキ語 (François 2002) では，所有者をあらわす名詞が固有名詞や親族名称のときは ni が連結辞として用いられ，所有者が普通名詞であらわされるときには i が用いられている．以下にタマンボ語の例を挙げる．

●所有者が固有名詞・親族名称のとき
(258)　domi-ni　　　boodgy
　　　首-LINK　　　 B
　　　「ブーギー（ペットの名前）の首」(Jauncey 1997: 240)

●所有者が普通名詞のとき
(259)　karu-i　mwera
　　　足-LINK　少年
　　　「少年の足」(Jauncey 1997: 243)

所有者によって異なる連結辞を必要とするこれらの言語とは違い，ツツバ語には所有者をあらわす名詞句の種類に関わらず，所有物と所有者を結ぶ連結辞が一つしか存在しない (-n).

● 所有者が固有名詞
(260)　domi-n　　　　tomas
　　　首-LINK　　　　T
　　　「トーマスの首」

● 所有者が普通名詞
(261)　karu-n　　biti　　　mera
　　　足-LINK　　小さな　　男性
　　　「男児の足」

③　直接所有の指示物
　連結辞を伴う直接所有の形式であらわされる指示物の多くは，先に見た直接所有 a. の形式であらわされる所有物と同一である．

親族名称
(262)　natu-n　　　mori　　evisa?
　　　子供-LINK　　M　　　いくつ
　　　「モリには子供が何人いますか？」

身体部位名称・身体にまつわるもの
(263)　nno=vakoi　　na　　karu-n　　ve-natu-ku
　　　1SG.R=洗う　　ART　足-LINK　　FEM-子供-1SG.POSS
　　　「私は私の子供（女）の足を洗った」

属性

(264) sia-n　　　　tomas　　evisa?
　　　年齢-LINK　　T　　　　いくつ
　　　「トーマスは何歳ですか？」

全体との位置関係

(265) m̃asi　　lo=to　　　　na　　lolo-n　　sios
　　　鳥　　　PROG=居る　 PP　　中-LINK　　教会
　　　「教会の中に鳥が居る」

曜日

『③直接所有　連結辞タイプ』の形式で，1から7をあらわす「基数」が所有物として生起し，「日（day）」が所有者をあらわす名詞として生起すると，月曜から日曜までの曜日があらわされる．曜日は月曜日から数えられ，例えば名詞句 e-tol「3」が所有物のときは，「水曜日」という意味になる．

(266) e-tol-n　　　　boŋ
　　　CDN-3-LINK　　日
　　　「水曜日」

病気

(267) vano-n　　　　　　tom
　　　皮膚糸状菌症-LINK　T
　　　「トムの皮膚糸状菌症」

6.6.3.5. ④ 間接所有　連結辞タイプ

所有物		所有者
名詞句	類別詞-連結辞	名詞句

　所有物をあらわす名詞句と所有者をあらわす名詞句が，連結辞の付加した類別詞を介する所有形式を『④間接所有　連結辞タイプ』とする．所有物をあらわす名詞句の主要部には分離可能所有名詞が生起し，所有者をあらわす名詞句には固有名詞や普通名詞など，代名詞以外の名詞句が生起する．この所有形式であらわされる指示物は『②間接所有』の形式の指示物と同じである．

類別詞　a-

(268)　ae　　　　　ka=ve　　　　te　　urede　　a-n　　　　turabue
　　　するつもり　1SG.IR=作る　ART　ラプラプ　CLASS-LINK　T
　　「私はツランブエのためにラプラプを作ります」
　　（直訳．私はツランブエの食べるラプラプを作ります）

類別詞　ma-

(269)　kovi　　　　ma-n　　　　　mesa-na
　　　コーヒー　　CLASS-LINK　　妻-3SG.POSS
　　「彼の妻のコーヒー」

類別詞 bula-

(270) viriu   bula-n   moris   ma=maeto
犬   CLASS-LINK   M   3SG.R=黒い
「モリスの犬は黒い」

類別詞 no-

伝統的なもの

   価値が置かれている

(271) boe   no-n   sube   varnabas
豚   CLASS-LINK   首長   v
「ヴァナンバス首長の豚」

   一般

(272) malo   no-n   mosis
珊瑚   CLASS-LINK   M
「モシスの珊瑚」

伝統的でないもの

(273) mati   no-n   meli
マッチ   CLASS-LINK   M
「メリのマッチ」

このほか『②間接所有』の指示物と同じく所属，親族以外の人，全体と比較した量・数，儀式，その他の名詞句がこの所有形式の指示物となりうる．また疑問詞 se「誰」は，この所有形式の所有者の位置に現れ，所有の疑問文を形成する．

(274)　　viriu　　　bula-n　　　　se?
　　　　犬　　　 CLASS-LINK　　 誰
　　　「誰の犬ですか？」

6.6.4. 所有物の省略

　日本語の会話文では，対象とする物が話し手と聞き手の両方に明らかであるとき「これは私のです」と言うことができる．このような対象物の省略はツツバ語の所有表現にも見られる．ツツバ語では話し手と聞き手に指示物が明らかであるとき，間接所有形式の指示物が省略される．ただし直接所有の指示物が省略されることはない．

② **間接所有 a.**

(275)　　urede　　　a-ku　　　→　　(276)　　a-ku
　　　　ラプラプ　 CLASS-1SG.POSS　　　　　　　 CLASS-1SG.POSS
　　　「私のラプラプ」　　　　　　　　　　　「私の食べ物」

間接所有 b.

(277)　　no-ra　　　　　taŋa-i　　→　　(278)　　no-ra
　　　 CLASS-3PL.POSS　鞄-REF　　　　　　　　　 CLASS-3PL.POSS
　　　「彼らの鞄」　　　　　　　　　　　　　「彼らの物」

③ **間接所有　連結辞タイプ**

(279)　　nani　　bula-n　　moris　→　　(280)　　bula-n　　　moris
　　　　ヤギ　 CLASS-LINK　　M　　　　　　　　 CLASS-LINK　　M
　　　「モリスのヤギ」　　　　　　　　　　　「モリスの動物，植物」

(281) boe no-n se? → (282) no-n se?
豚 CLASS-LINK 誰　　　　　CLASS-LINK 誰
「誰の豚ですか？」　　　　　　「誰のものですか？」

　二つ以上の所有表現が一つの名詞句であらわされるときにも一部が省略される．例えば次の(283)は「話の終わり」，(284)は「私の話」である．「私の話の終わり」というときには先の二つの名詞句に共通する「話」を介して(285)のように一つの名詞句であらわされる．

(283) evana-n　　　　　ulduldunnna
　　　終わり-LINK　　　話
　　　「話の終わり」

(284) ulduldunna　　　no-ku
　　　話　　　　　　　CLASS-1SG.POSS
　　　「私の話」

(285) evana-n　　　　　ulduldunna　　no-ku
　　　終わり-LINK　　　話　　　　　　CLASS-1SG.POSS
　　　「私の話の終わり」

　この所有表現(285)の分離可能所有名詞ulduldunna「話」が省略され，名詞句全体の主要部evana-nと所有者をあらわす名詞句no-kuだけが残った省略の例が，次の(286)である．このように話し手と聞き手にとって明らかである分離可能所有名詞は，省略されることがある．

(286)　evana-n　　　　no-ku
　　　　終わり-LINK　　CLASS-1SG.POSS
　　　「私の（もの）の終わり」

6.6.5. 所有表現まとめ

所有の形式とその指示物をまとめると表16のようになる．

表16　所有物と所有の構造

類別詞	所有物		例	所有表現			
				① 直接	② 間接	③ 直接連結辞	④ 間接連結辞
—	親族名称		妻　兄弟	○	—	○	—
—	身体部位名称・		手　咳	○	—	○	—
—	身体関連		汗	○	—	○	—
—	属性		声　発話	○	—	○	—
no-			伝言	—	○	—	○
—	全体と部分		穴　上・下	○	—	○	—
—	序数		二番目	○	—	○	—
—	曜日		水曜日	—	—	○	—
—	病気		水虫	○	—	○	—
a-	食べ物		ヤムイモ	—	○	—	○
ma-	飲み物		水	—	○	—	○
bula-	動物，植物		犬　ヤムイモ	—	○	—	○
	伝統的						
no-		価値有り	土地　豚	—	○	—	○
no-		一般	珊瑚	—	○	—	○
no-		近代的	聖書　マッチ	—	○	—	○
no-			家　服	○	○	○	○
no-	所属		島　村	—	○	—	○
no-	親族以外		客　彼女	—	○	—	○
no-	全体と比較		少し	—	○	—	○
no-	した数・量						
no-	儀式		結婚式	—	○	—	○
no-	その他		感謝　労働	—	○	—	○

○…可
—…不可

COLUMN
記述言語学の現場から

連絡方法

　ツツバ島には東西に伸びる長い一本道がある．人々は小学校に通うときや魚を獲りに漁場に行くとき，料理に使う火を他の家から分けてもらうときなどに，この道を通る．またこの一本道は10あまりの村すべてを結んでいて，人々は他の村に嫁いだ娘に会いに行くときや寄合があるときにも，ここを通る．

　一本道の両脇には真紅の花をつけたハイビスカスの垣根があり，その向こうに人々の家が点在する．この道を歩く人は垣根の奥に人の姿が見えると「kavano 行ってきます」と挨拶をし，それに応えて垣根の内側の人は「io, evano はどうぞ，行ってらっしゃい」と挨拶を返す．

一本道に沿って点在する家．

伝言を頼まれて，一本道をひた走りに走る少年．

このとき単純に挨拶を交わすだけでなく，挨拶に続けてどこに行くのか目的地をたずね，そして目的地の近くに住む人への伝言を頼む．

ツツバ語には文字がないため，誰かに何かを伝えたいときや連絡をとりたいときは，その人の家まで行ってじかに話をするか，または一本道を歩く人にその人への伝言を頼むほかない．連絡をとるべき相手が初めから決まっている場合にはこの方法でよい．しかし厄介なのはそうでない場合である．

あるとき調査ノートの残り枚数が心配になった私は，サント島にノートを買いに行くことに決めた．居候先の女主人エレスに，「あしたボートを出す人を誰か知らない？」とたずねた．すると彼女は小学校から戻ったばかりの三男ジェフリーを大声で呼びつけて，「あしたサント島にボートを出す人がいないか探しておいで！」と命じた．初めは拗ねていたがすぐにジェフリーは駆け出した．そしてツツバ島に数名いるボート所有者の家を1軒1軒訪ねてまわり，ようやくツツバ島の外れにあるホワイトサンド村のジェイムスに予約を取りつけて帰って来た．ジェフリーが駆け出してから戻って来るまでにゆうに3時間もの時間が経過していた．日頃より島内の人との連絡は，もっぱら少年たちの使い走りに負うことが多い．

またツツバ島外の人々と連絡をとる場合も島内と同じく，直接会うかまたは誰かに伝言を頼むという方法である．而して首長バナンバスは他島に住む兄弟に用事で会いに行くとき，「会えなければ待てばよいし，また出直せばよい」という思いで出発する．

7章　動詞と動詞句

7.1. 自動詞と他動詞の形態的な違い

7.2. 自動詞

7.3. 他動詞

7.4. 移動動詞

7.5. 動詞句

7.6. 動詞連続

本章ではツツバ語の動詞と動詞句について記述する．既に 5.3. で述べたように，ツツバ語の動詞は活用をせず，動詞には常に主語の人称・数・法を一つの語形に示す主語代名詞が人称標識として先行する．この主語代名詞と動詞が動詞句の必須構成要素である．法は命令法，未然法，既然法の三種が区別され，未然法が未来を，既然法が現在，過去をというように，密接に関係する時制カテゴリーを吸収している．主語代名詞と動詞の間には，代名詞に含まれない範疇である否定や相の小詞が置かれることもあるが，これらは動詞句の必須要素ではない．ツツバ語は法の中で時制が実現され，相は文の必須要素ではないことから，法に卓立性を示す言語であるといえる．

　本章では，初めに 7.1. で自動詞と他動詞の形態的な違いについて記述する．そして 7.2. で自動詞について述べ，7.3. で他動詞について記述する．続く 7.4. で移動動詞について説明し，7.5. で動詞句について述べたのち，最後に 7.6. で動詞連続について記述する．

7.1.　自動詞と他動詞の形態的な違い

7.1.1.　両用動詞

　ツツバ語には派生辞の付加や重複といった形態的変化を伴わず，自動詞としても他動詞としても用いられる自他両用の動詞が複数存在する．これらの動詞が他動詞として用いられ，さらに補語が代名詞で実現されるとき，両用動詞は代名詞の主格を支配する．

tavun	「埋まる，埋める」
sou	「隠れる，隠す」
bosi	「振り向く，振り向かせる，位置を変える」
ntau	「怖がる」
lovŋa	「怒る」
ev	「終わる，終える」

7.1.2. 他動詞の形態的な特徴

　ツツバ語には自動詞と他動詞を明確に示す形態上の違いは存在しない．しかし自動詞と他動詞をそれぞれ 150 語ずつ無作為に抽出したところ，語末に i が現れる自動詞は全体の約 2 割であるのに対し，他動詞は全体の約 6 割であった．語末に i が多いというこの他動詞の形態的特徴は，近隣のタマンボ語にも報告されている（Jauncey 1997）．なお動詞の語末に現れる音は i 以外にも母音 e, a, o, u や子音 m, n, ŋ, r, l, v がある．

他動詞

vai	「作る」
boi	「好む」
reti	「言う」
teri	「（包みを）開ける」
bibi	「（食べ物を）葉で包む」
surutai	「（薪を）加える」
bulai	「（石，枝以外の何かを）放り投げる」
viri	「（石を）投げる」
redi	「縫う」

isi	「つかむ」
uruti	「ぽりぽりと音を立てて噛む」
tai	「切る」
kame	「ぽきっと二つに折る」
uma	「畑を作るため（土地を）整える」
rao	「抱きしめる」
vasu	「産む」
hor	「見る」
tuan	「助ける」

自動詞

vidi	「空を飛ぶ」
levete	「歌を歌う」
ŋara	「泣く」
ulua	「成長する」
loso	「水浴びをする」
maturu	「眠る」
mabu	「休憩する」
annan	「食べる」

7.2. 自動詞

ツツバ語の自動詞は非人称動詞と人称動詞に二分できる．この二つの違いは，非人称動詞が独立した主語をとることができず，代わりに形式主語をとるのに対し，人称動詞は独立した主語をとることができるという点である．以下 7.2.1. と 7.2.2. でそれぞれ非人称動詞と人称動詞について記す．

7.2.1. 非人称動詞

非人称動詞は独立した主語に代わり形式主語をとる．この動詞には三人称・単数・既然法または未然法の主語代名詞が義務的に先行する．

(1)   me=mi
    3SG.R=地震がおこる / 地震である
    「地震だ」

(2)   mo=usa
    3SG.R=雨が降る / 降っている
    「雨が降っている」

非人称動詞の否定は，形式主語と動詞のあいだに否定の小詞 te= が置かれて示される．

(3)   me=te=mi
    3SG.R=NEG=地震がおこる / 地震である
    「地震はおこらなかった」

(4) me=te=usa
    3SG.R=NEG=雨が降る / 降っている
    「雨は降っていない」

mi「地震がおこる / 地震である」，usa「雨が降る/ 降っている」以外の非人称動詞を以下に示す．

> 一日の移ろいをあらわす
>   sura   「日が暮れる，日が沈む」
>   dodo   「夜になる」
> 潮流をあらわす
>   ua   「満潮になる」
>   malo   「干潮になる」
> 天候をあらわす
>   alo   「日が照る，日が照っている」
>   masa   「晴れる」

これらの自動詞のうち，天候をあらわす usa「雨が降る/降っている」と alo「日が照る/照っている」にそれぞれ接尾辞 -n, -i が付加すると，非人称の他動詞が派生する．派生した他動詞が支配する代名詞の格はそれぞれ異なっており，接尾辞 -n の付加により派生した usa-n「雨が降りかかる」は主格を支配するのに対し (5)，接尾辞 -i の付加により派生した alo-i「日が照らす」は，対格を支配する (6)．

(5) mo=usa-n   nao
    3SG.R=雨が降る-TR   1SG
    「雨が私に降りかかる」

258

(6) ma=alo-i=ao
3SG.R=日が照る-TR=1SG.OBJ
「日が私を照らす」

7.2.2. 人称動詞

　人称動詞は非人称動詞とは異なり，独立した主語をとることができる．人称動詞には「走る」，「行く」など，動作主の意志による動作をあらわす非能格動詞と「誕生する」，「妊娠する」のように，人や物がある状態になる，ある状態にあるといった意志が反映されない行為をあらわす非対格動詞とがある．非能格動詞は主語代名詞のすべての法（未然，既然，命令）と共起可能であるが，非対格動詞は主語代名詞の命令法とは共起できない．また非能格動詞は，進行相や反復の小詞と共起可能であるが，非対格動詞の中には，相の小詞と共起できないものがある．このように，ツツバ語では人称動詞の意味的違いと文法的ふるまいとが相関関係にある．

　以下 7.2.2.1. で非能格動詞の例を示し，7.2.2.2. で非対格動詞の例を示す．そして 7.2.2.3. では非対格動詞の下位である存在詞について記す．

7.2.2.1. 非能格動詞

　非能格動詞にはすべての人称，数，法の主語代名詞が先行しうる．また主語代名詞と非能格動詞のあいだには，進行相，反復相の小詞が現れうる．以下に非能格動詞とその例を示す．

madun	「潜る」
valao	「走る」
liliai	「戻る」
ŋara	「泣く」

masoruŋai	「祈る」
eno	「横になる」
turu	「起き上がる」
mabu	「休憩する」
inu	「飲む」
annan	「食べる」
lua	「吐く」
mere	「小便をする」

命令法

(7)　　e=loso!
　　　　2SG.IMP=水浴びをする
　　　　「水浴びをしなさい！」

進行相

(8)　　nno=lo=loso
　　　　1SG.R=PROG=水浴びをする
　　　　「私は今，水浴びをしているところです」

反復相

(9)　　me=le=loso
　　　　3SG.R=REP=水浴びをする
　　　　「彼はまた水浴びをした」

7.2.2.2. 非対格動詞

非対格動詞は，主語代名詞の未然法や既然法と共起しうるが，命令法とは共起できない．また非対格動詞には，進行相や反復相の小詞と共起可能なも

のと可能でないものとがあり，①進行相，反復相のいずれとも共起しうるもの，②進行相，反復相のいずれとも共起しえないもの，③進行相とは共起できないが反復相とは共起できるものという三タイプに分類できる．いずれのタイプにも形態的な特徴は存在しない．

① 進行相，反復相のいずれとも共起しうるもの
- sale 「浮かぶ，浮かんでいる」
- dum 「沈む，沈んでいる」
- virviri 「毒を持っている」
- ulua 「芽吹く，芽吹いている，育つ，育っている」
- motortoro 「ゆるい，ゆるんでいる」
- tamata 「おだやかである」
- burabura 「(蚊に刺された箇所が) 腫れる」
- alti 「味がする」

② 進行相，反復相のいずれとも共起しえないもの
- noa 「調理が終わる，調理が終わっている」
- dovo 「朽ちる，朽ちている」
- dono 「沈む，沈んでいる」
- arav 「盲目になる，盲目である」
- bilo 「禿げる，禿げている」

③ 進行相とは共起できないが反復相とは共起できるもの
- tabolo 「割れる」
- madua 「やせている」
- lovŋa 「怒る，怒っている」

adiadi	「かゆい」
valavuroi	「裸である」
tiana	「妊娠している」

　上記の②のタイプ，すなわち相の小詞とは共起できない非対格動詞 vora「産まれる」の例を示す．

既然法

(10)　mo=vora　　　　　na　　e-ono-n　　boŋ-de
　　　3SG.R=産まれる　　PP　　CDN-6-LINK　日-REF
　　　「彼は土曜日に産まれた」

未然法

(11)　a=vora　　　　　na　　e-ono-n　　boŋ-de
　　　3SG.IR=産まれる　PP　　CDN-6-LINK　日-REF
　　　「彼は土曜日に産まれるだろう」

進行相

(12)　*lo=vora　　　　na　　e-ono-n　　boŋ-de
　　　PROG=産まれる　PP　　CDN-6-LINK　日-REF

7.2.2.3. 存在詞

　存在詞 rei「存在する」は人や物の存在をあらわし，自動詞の中でも非能格動詞の下位に位置づけられる動詞である．この動詞は人称動詞のように独立した主語をとることができるが，主語の人称，数に関わらず，常に三人称・単数・既然法の主語代名詞に先行される．そして主語代名詞と存在詞のあいだには相の小詞は生起できない．

7章　動詞と動詞句

　ツツバ語の動詞の多くは，肯定と否定が別々の形で示されるのではなく，否定は主語代名詞と動詞語基のあいだに否定の小詞 te=が置かれてあらわされる．しかし存在詞の否定には，tete「存在しない」という特別の語が用いられる．この存在詞の否定 tete は，usa「雨が降る」などの非人称動詞のように形式主語をとり，義務的に三人称・単数・既然法の主語代名詞に先行される．肯定と同様，主語代名詞と存在詞の否定形のあいだに相の小詞は生起できない．

　肯定と否定は，形態が異なるだけでなく，肯定は補語を必要としないが否定形は補語を必要とする，といった他動性の違いもある．本来ならば存在詞の否定は他動詞のところで説明するべきであるが，比較のために肯定に続けて記述する．

存在詞の肯定

　存在詞が要求する主語代名詞は，主語の人称，数に関わらず常に三人称・単数・既然法 me=である[1]．例えば以下の例文 (13) のように主語が baeo, niu, vamol「パンノキ，ココナツ，オレンジ」であるときも，存在詞には主語代名詞 me=が先行する．通常の自動詞文，他動詞文では，話し手と聞き手の両方に明白である場合，主語が省略される傾向がある．しかし存在詞の場合，主語と主語代名詞の人称，数が一致しないということもあり，主語は省略されない．

(13)　vanuatu　baeo,　　niu,　　　vamol　　　me=rei
　　　v　　　パンノキ　ココナツ　オレンジ　3SG.R=存在する
　　　「ヴァヌアツにはパンノキやココナツ，オレンジがある」

---

1) 三人称・単数・既然法の主語代名詞は mV=であり，V には動詞語基の第一音節と同じ母音が現れる (2.4.4. 参照)．存在動詞の肯定形は rei，否定形は tete で，ともに第一母音が e であることから，存在詞に先行する主語代名詞は，主語の人称・数に関わらず me=となる．

存在詞の肯定 rei「～がある，いる」は，存在をあらわす以外にも，次の例文のように「～を持っている」という所有をあらわす動詞として用いられることがある．所有表現は 6.6. に記している．

「～を持っている」

(14)   kuku   no-n   vemol   me=rei
    フライパン   CLASS-LINK   V   3SG.R=存在する
   「ヴェモルはフライパンを持っている」
   （直訳．ヴェモルのフライパンは存在している）

存在詞の否定

存在詞の肯定 rei「存在する」が自動詞であるのに対し，否定 tete「存在しない」は他動詞である．以下の例文では主語をゼロ φ で示している．

否定   tete「存在しない」

(15)   φ   me=tete   apol   vanutu
    ゼロ形態   3SG.R=存在しない   りんご   V
   「ヴァヌアツにはりんごは存在しない」

補語が代名詞で実現されるとき，存在詞の否定は，三人称・単数の対格を支配する．例えば (17) のように主格形や (18) のように他の人称・数の代名詞が補語として生起することはできない．

(16)   me=tete=a
    3SG.R=存在しない=3SG.OBJ
   「(それは) 存在しない」

(17) *me=tete   nna
    3SG.R=存在しない   3SG

(18) *me=tete=ra
    3SG.R=存在しない=3PL.OBJ

肯定と同様に，所有表現に存在詞の否定 tete「存在しない」が用いられることもある．

(19) me=tete   kuku   no-n   ヴェモル
    3SG.R=存在しない   フライパン   CLASS-LINK   V
    「ヴェモルはフライパンを持っていない」
    （直訳．ヴェモルのフライパンは存在しない）

7.2.3. 派生した人称の自動詞

接辞の付加や重複といった形態的プロセスによって他動詞から派生した自動詞と，重複により拡張した自動詞は，ともに人称の自動詞に分類できる．本節では 7.2.3.1. で他動詞に接頭辞が付加して派生した自動詞について述べ，続く 7.2.3.2. で重複により他動詞から派生した自動詞について記述する．そして 7.2.3.3. で重複により拡張した自動詞について記す．

7.2.3.1. 接頭辞により派生した自動詞

他動詞に接頭辞が付加し，人称の自動詞が派生することがある．ツツバ語では，このような接頭辞は bolo「割る」に付加する ta- と dun「沈める」，kame「折る」に付加する ma- の二つだけである[2]．

---

[2] 近隣の言語であるマロ島のタマンボ語では，接頭辞 ma- が「壊す」という意味の他動詞に付加して「壊れる」という意味の自動詞を派生する (Jauncey 1997: 299)．ツツバ語の ta- はタマン

bolo	「割る」	→	ta-bolo	「割れる，割れている」
dun	「沈める」	→	ma-dun	「沈む，沈んでいる」
kame	「折る」	→	ma-kame	「折れる，折れている」

以下に bolo「割る」，ta-bolo「割れる，割れている」の一例を示す．

(20) nno=bolo   tolu-n   toa
　　 1SG.R=割る 卵-LINK   鶏
　　 「私は卵を割った」

(21) tolu-n   toa   ma=ta-bolo   matan
　　 卵-LINK 鶏   3SG.R=INTR-割る   CONJN
　　 nno=sov-i=a
　　 1SG.R=落とす-OBJ=3SG.OBJ
　　 「卵が割れているのは，私がそれを落としてしまったからです」

(22) ar   ka=tau   te
　　 CONJN   1SG.IR=置く   ART
　　 tolu-n   toa   ha-nei
　　 卵-LINK 鶏   場所-DX
　　 a=ta-bolo
　　 3SG.IR=INTR-割る
　　 「もし私が卵をそこに置いたら卵は割れるだろう」

7.2.3.2. 重複により派生した自動詞

重複により他動詞から派生した自動詞を以下に示す．重複には語全体の重

ボ語の接頭辞 ma- に該当するが，ツツバ語の ma- に該当する接頭辞は，タマンボ語には存在していないようである．

複と一部分の重複とがある．

語全体の重複

sar	「矢で射る」	→	sar-sar	「狩りをする」
tovo	「数える」	→	tovo-tovo	「数を数える」
bea	「餌付けする，餌をやる」			
		→	bea-bea	「ヤシガニに餌をやる」
reti	「言う」	→	reti-reti	「話す」
uli	「描く」	→	uli-uli	「何度も描く」

一部分の重複

domalio	「忘れる」	→	doma-domalio	「忘れっぽい」
an	「食べる」	→	an-nan	「食べる」
vasevui	「干す」	→	vase-vasevui	「何度も干す」

以下に他動詞 tovo「数える」と，語全体の重複によりこの他動詞から派生した自動詞の例を示す．

(23)　　e=tovo=a!
　　　　2SG.IMP=数える=3SG.OBJ
　　　　「それの数を数えなさい！」

(24)　　o=davsai　　　　　　o=tovo-tovo　　　　　　evisa?
　　　　2SG.R=できる　　　　2SG.R=RED-数える　　　　いくつ
　　　　「あなたはいくつまで数を数えることができましたか？」

7.2.3.3. 拡張した自動詞

上に記した 7.2.3.1. と 7.2.3.2. は，他動詞から派生した自動詞の例であったが，続いて拡張した自動詞について述べる．3 章「形態論」で記したように，オセアニアの言語では，語の全体または一部分が重複すると，動詞であれば行為の反復を，名詞であれば規模の大きさを示すようになる．ツツバ語でもいくつかの自動詞は重複すると程度や頻度の増加を示すようになる．

語全体の重複

ulo	「叫ぶ」	→	ulo-ulo	「何度も叫ぶ」
roso	「発熱する」	→	roso-roso	「高熱を出す」
bae	「飛び上がる」	→	bae-bae	「何度も飛び上がる」
bosi	「ふるまう」	→	bosi-bosi	「何度もふるまう」
vasi	「ふり向く」	→	vasi-vasi	「何度もふり向く」
bolo	「割れる」	→	bolo-bolo	「粉々に割れる / 割れている」

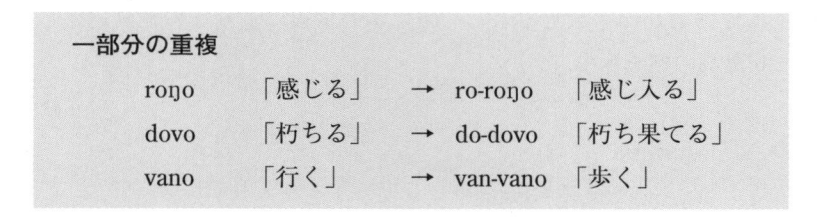

一部分の重複

roŋo	「感じる」	→	ro-roŋo	「感じ入る」
dovo	「朽ちる」	→	do-dovo	「朽ち果てる」
vano	「行く」	→	van-vano	「歩く」

以下に一例を示す．

(25) mo=roso
3SG.R=発熱する
「彼女は熱を出した」

(26) mo=roso-roso
3SG.R=RED-発熱する
「彼女は高熱を出した」

7.3. 他動詞

　他動詞は，主語と補語という二つの項を必要とし，補語が代名詞で実現されるとき，補語の格（主格，対格，斜格）を支配する．なお代名詞を除いて名詞は曲用しないが，ツツバ語の語順は焦点化の場合以外は SVO に固定されているため，生起位置により名詞の格が示される．また補語は，補語の直前に生起する動詞，副詞，前置詞のいずれかに格支配されるので，例えば他動詞が副詞に修飾されるときには，他動詞の補語の格を支配するのは副詞となる．本書では代名詞について 6.1.5.1.「人称代名詞」や 7.5.2.1.「主語代名詞」で示し，副詞の格支配については 9 章「副詞」で記述している．

　ツツバ語では一つの他動詞が一つの格を支配する．つまり文の意味や補語の有性 / 無性に応じて動詞の支配する格が変化するということはない．他動詞は格支配の観点から，主格を支配するもの，対格を支配するもの，斜格を支配するものの三つに分類できるため，本節では 7.3.1. から 7.3.3. でそれぞれの他動詞とその下位について記述し，続いて 7.3.4. で補語を二つとりうる拡張した他動詞について述べる．

7.3.1. 主格を支配する他動詞

　代名詞の主格とは，補語として現れる独立主語代名詞のことである[3]．代名詞の対格すなわち対格補語には，補語として生起する以外の統語的機能は

---

[3] 独立主語代名詞については 6.1.5.1.「人称代名詞」を参照のこと．

ないが，独立主語代名詞には単独で主語としても補語としても生起しうるという特徴がある．以下に代名詞の主格を支配する他動詞とその例を示す．

vaŋan	「えさを与える」
son	「詰める」
an	「食べる」
tuan	「助ける」
bulai	「放り投げる」
bibi	「包む」
son	「しまう，袋に入れこむ」
rinao	「からかう」
basi	「拭く」
tavun	「埋める」
ololo	「尊敬する，尊重する」
tovtov	「不運をもたらす」
sun	「頭突きをする」
sorusati	「憎む」

補語が代名詞

(27) nno=tuan　　nna
　　 1SG.R=助ける　3SG
　　 「私は彼女を助ける」

補語が代名詞ではない

(28) nno=tuan　　tomas
　　 1SG.R=助ける　T
　　 「私はトーマスを助ける」

7.3.2. 対格を支配する他動詞

　代名詞の対格を支配する他動詞は，補語が代名詞であるとき義務的に接尾辞 -i が付加されるものと，接尾辞が付加されないものとに二分される．後者の下位には，主語と補語の人称・数が義務的に一致する再帰動詞も含まれる．これらの動詞について以下に記す．

7.3.2.1. 接尾辞 -i が付加される他動詞

　先に 7.1.2. で示したように，他動詞の語末は /i/ であることが多いが，i 以外にも母音 e, a, o, u や子音 m, n, ŋ, r, l, v が語末の音として現れうる．語末が i ではない対格支配の他動詞のうち，以下に示すものは，代名詞が補語のときに接尾辞 -i が付加される他動詞である．ただし語末が i ではないすべての他動詞に接尾辞 -i が付加されるというわけではない．また固有名詞や普通名詞など代名詞以外の名詞が補語として現れるとき，他動詞には接尾辞 -i が付加しない．

dila	「石をのせる」
vosa	「平手で叩く」
vaso	「育てる」
tu	「げんこつで殴る」
lav	「取る」
bel	「完了させる」
velal	「怒る」
vol	「買う」
vil	「もむ，こねる」
ter	「破り開ける」

taur	「つかむ」
kar	「梳く」
sor	「見る」
ntantasur	「比較する」
dam	「答える」

続いて補語が代名詞である文とそうでない文を示す.

補語が代名詞

(29)　　nno=tov-i=o
　　　　1SG.R=呼ぶ-TR=2SG.OBJ
　　　　「私はあなたを呼んだ」

(30)　　nno=rve-i=a
　　　　1SG.R=引っ張る-TR=3SG.OBJ
　　　　「私はそれを引っ張った」

補語が代名詞ではない

(31)　　nno=tov　　　moris
　　　　1SG.R=呼ぶ　　M
　　　　「私はモリスを呼んだ」

(32)　　nno=rve　　　asi-de
　　　　1SG.R=引っ張る　縄-REF
　　　　「私はその縄を引っ張った」

François (2002) は，ヴァヌアツのアラキ語では/e/を語末音とする他動詞

が代名詞を補語とするとき，接尾辞-iが付くと語末のeは脱落すると述べている．しかしアラキ語と同じく北・中央ヴァヌアツグループに分類されるツツバ語では，上の(30)のように，語末音がeのときも脱落は生じず，eに-iが連続する．

7.3.2.2. 接尾辞が付加されない他動詞

対格を支配し，補語が代名詞であるときにも接尾辞-iが付加されない他動詞を以下に示す．これらの他動詞に共通するのは，語末が母音ということである．

isi	「つかむ」
boi	「好む」
vri	「投げる」
rosi	「ココナツの内側をそぎ落とす」
arosi	「引っ掻く」
vilei	「引っ張る」
bosi	「ひっくり返す」
arvulesi	「かき回す」
varai	「言う」
vai	「作る」
usi	「頼む」
sile	「与える」
iba	「皮を剥く」
sora	「送る」
sorasora	「強いる」
uma	「整地する」
tovo	「数える」

| lsu | 「叩く,殺す」 |
| siu | 「絞る」 |

補語が代名詞

(33)　　nno=boi=a
　　　　1SG.R=好む=3SG.OBJ
　　　　「私は彼女のことが好きです」

補語が代名詞ではない

(34)　　nno=boi　　　　vuro
　　　　1SG.R=好む　　　v
　　　　「私はヴロのことが好きです」

形態変化が生じないこのタイプの他動詞の中には，語末が /a/ であるものもいくつか含まれる．これらの他動詞に三人称・単数の対格補語=a が後続するとき，次に示すように対格補語=a は=e に置き換えられる．

(35)　　e=iba=e!
　　　　2SG.IMP=皮を剥く
　　　　「その皮を剥きなさい！」

(36)　　*e=iba=a!
　　　　2SG.IMP=皮を剥く

対格を支配し，接尾辞が付加されない他動詞の中には，補語に代名詞を必要とする再帰動詞も含まれる．再帰動詞は他の他動詞とは異なり，補語に普通名詞や固有名詞をとることができない．

再帰動詞には marumati「空腹にする」と asi「痛めつける」がある．marumati「空腹にする」は，有生名詞を主語とし，この動詞の主語と補語は人称・数において常に一致する．

marumati 「空腹にする」

(37) tomas   ma=marumati=a?
     T   3SG.R=空腹にする=3SG.OBJ
     「トーマスは空腹でしょうか？」
     （直訳．トーマス_iは彼_iを空腹にしますか？）

(38) o=marumati=o?
     2SG.R=空腹にする=2SG.OBJ
     「あなたはお腹がすいていますか？」
     （直訳．あなたはあなたを空腹にしますか？）

(39) nao   nno=marumati=ao
     1SG   1SG.R=空腹にする=1SG.OBJ
     「私は空腹です」（直訳．私は私を空腹にした）

一方の asi「痛めつける」は手や足などの身体部位名称を主語とし，補語には身体部位保有者の人称・数に呼応した補語を必要とする．この動詞は主語と補語が人称・数において一致しなくとも良いという点において，先に見た再帰動詞 marumati「空腹にする」とは異なる．この二つの再帰動詞 marumati「空腹にする」と asi「痛めつける」は，ともに状態を描写した述語で，必ずしも動作主の働きかけにより引き起こされるものではない．

asi「痛めつける」

主語が「足」(単数)

(40) karu-ku　　　　ma=asi=ao
　　 足-1SG.POSS　　3SG.R=痛めつける=1SG.OBJ
　　「足が痛い」(直訳．私の足は私を痛めつけた)

主語が「足」(複数)

(41) karu-karu-ku　　　　ro=asi=ao
　　 RED-足-1SG.POSS　　3PL.R=痛めつける=1SG.OBJ
　　「両足が痛い」(直訳．私の両足は私を痛めつけた)

7.3.3. 斜格を支配する他動詞

　他動詞 karemata「横目で見る」と sobe-sobe-leo「批判する」は，前置詞 tel を主要部とする斜格補語を要求する．4.6.「前置詞」で記したように，ツツバ語には tel を含め7つの前置詞が存在しており，これらは他動詞や副詞と同様に，代名詞の格を支配する．前置詞 tel には異形態 tel-ei があり，前者は前置詞の補語が普通名詞や固有名詞で実現されるとき，後者は代名詞で実現されるときに用いられる．なおこの前置詞は代名詞の対格を支配する．

(42) ma=karemata　　　　tel　　tomas
　　 3SG.R=横目で見る　　PP　　T
　　「彼女はトーマスを横目で見た」

(43) ma=karemata　　　　tel-ei=a
　　 3SG.R=横目で見る　　PP-OBJ=3SG.OBJ
　　「彼女は彼を横目で見た」

7.3.4. 拡張した他動詞

他動詞 lalave「渡す」，tim「与える」，sile「与える」，vusaŋ「教える」は受益の他動詞である．

(44)   me=l   orota-i   me=sile=ao
      3SG.R=取る   木の実-REF   3SG.R=与える=1SG.OBJ
      「彼は木の実を取って私に与えました」

これらの他動詞は，受益者をあらわす名詞だけでなく，さらに授与物をあらわす名詞も補語としてとることができる．このとき補語はa. 受益者・授与物 の順か，またはb. 授与物・受益者 の順で現れる．これらの補語がともに代名詞で実現されるとき，補語の順がa. 受益者・授与物 であれば受益者は対格，授与物は主格であらわされ，一方，b. 授与物・受益者 であれば授与物は対格，受益者は斜格であらわされる．

a. 受益者・授与物 　ＳＶ<u>ＸＹ</u>（ＸとＹが代名詞のときＸ=対格　Ｙ=主格）

(45)   me=sile   <u>tom</u>   <u>ruru</u>
      3SG.R=与える   T   服
      「彼女はトムに服をあげた」

(46)   me=sile=ao   <u>nna</u>
      3SG.R=与える=1SG.OBJ   3SG
      「彼は私にそれをくれた」

b. 授与物・受益者　ＳＶＸＹ（ＸとＹが代名詞のときＸ=対格　Ｙ=斜格）

(47)　me=sile　　　　taŋa-i　　　　　tel　　　tom
　　　3SG.R=与える　　鞄-REF　　　　　PP　　　T
　　　「彼女は鞄をトムにあげた」

(48)　me=sile=a　　　　　　　tel-ei=ao
　　　3SG.R=与える=3SG.POSS　PP-OBJ=1SG.OBJ
　　　「彼は私にそれをくれた」

7.4. 移動動詞

　ツツバ語では，移動の経路をあらわす三つの動詞 sae「上る」，sivo「下る」，vano「行く，横切る」が，ツツバ島内の移動や副都心の置かれるサント島内の移動，他島への移動といったさまざまな状況において使い分けられている．この使い分けには土地の傾斜といった物理的上下だけが関係しているのではなく，社会的，政治的，文化的，そして経済的中心への移動とそこから遠ざかる移動といった心理的上下や，宣教師到来という歴史的理由による語の対立が関与していると考えられる．本節ではこの経路をあらわす三つの動詞 sae「上る」，sivo「下る」，vano「行く，横切る」が使用される場に焦点を当て，ツツバ語でこの三つの動詞が何に依拠して使い分けられているのかを示す．

　本節の構成としては，初めに 7.4.1. でツツバ語とオセアニア祖語の移動動詞について説明し，7.4.2. でツツバ島内の移動表現について考察する．続く 7.4.3. でツツバ語話者がサント島内を移動する際の表現について論じ，7.4.4. ではツツバ島から他島へ移動する際の表現について分析する．そして 7.4.5. で結論を述べる．

7.4.1. ツツバ語とオセアニア祖語の移動動詞

本節ではツツバ語の移動動詞の中でも，次に示す経路の動詞に焦点をあてて論じる．

> sae/sa「上る」
> sivo/si「下る」
> vano/va「行く，横切る」

経路の動詞 sae, sivo, vano にはいずれも語頭の一音節からなる異形態 sa, si, va がある．以下の例 (49) に示すように sae, sivo, vano は補語を必要としない．一方，異形態 sa, si, va は方向をあらわす指示代名詞や，a-lao「海岸に」などの場所をあらわす副詞，olotu「サント島」などの固有名詞や普通名詞を必要とする．ただし意味的に矛盾する名詞や副詞を補語にとることはできない．例えば sae「上る」の異形態 sa は，似た意味の指示代名詞 tisan/tisanatu「上の方」や副詞 a-uta「丘に」とは共起できるが (50)，指示代名詞 tisin/tisanatu「下の方」や水平方向をあらわす tivan/tivanatu/tivaba「横の方」，低地を意味する副詞 a-lao「海岸に」とは共起することができない (51), (52)[4]．

(49)　　ka=sae
　　　　1SG.IR=上る
　　　　「私は上る」

---

[4] 6.5.4.「方向をあらわす指示代名詞」で先述したように，移動動詞と方向をあらわす指示代名詞には密接な関係がある．本節の考察と結論は，移動動詞だけでなく，これと相関関係にある指示代名詞の使い分けの根拠を示すものでもある．

(50) ka=sa　　　　tisan
　　　1SG.IR=上る　　上の方
　　　「私は上の方に行きます」

(51) *ka=sa　　　　tisin
　　　1SG.IR=上る　　下の方

(52) *ka=sa　　　　tivan
　　　1SG.IR=上る　　横の方

　これらの動詞 sae/sa「上る」，sivo/si「下る」，vano/va「行く，横切る」は，それぞれ以下のオセアニア祖語に由来すると考えられる．ここに示したオセアニア祖語は，2004 年に Ross が再建したものである（François 2004）．

> **オセアニア祖語の移動動詞**
> *sake 「上方向に，丘の上の方へ，島の（真ん中に）向かって行く」＞ sae/sa
> *sipo 「下方向に，海の方に向かって丘を下る」＞ sivo/si
> *pano 「話し手から離れていく，横切る
> 　　　（「上る」「下る」のどちらでもない）」＞ vano/va

7.4.2. ツツバ島内の方向表現

　ツツバ島には，島の南東と北西を結ぶ一本の平坦な道が海岸線沿いに走っている．そして道を隔てて海岸と逆方向には，道と平行に丘が広がっている．ツツバ語では，ツツバ島の北西側の一地点（A）が移動の起点であるとき，この起点から小高い丘の方向への移動は① sae「上る」とあらわされ，海の

方向と，道の一方向への移動は② sivo「下る」とあらわされる．そして道のもう一方への移動は③ vano「行く，横切る」とあらわされる．次の図1はそれぞれの方向への移動を矢印であらわしたものである．なお海への移動と道の一方向への移動は同じ語であらわされるが，図1では便宜上，海への移動を②，道の方向への移動を②'としている．

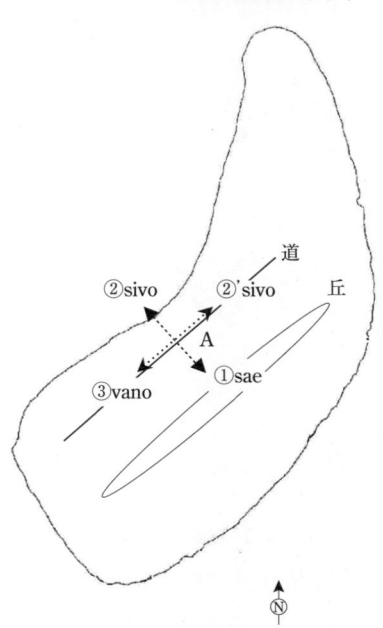

図1 ツツバ島内の方向表現（A）

次に丘を隔てた内海側に移動の起点（B）があると仮定する．内海側の地点Bから小高い丘への移動はやはり sae「上る」であり，丘から内海への移動は sivo「下る」である．そして浜辺の一方向（北東の方向）への移動も先のA地点からの移動と同様，sivo「下る」とあらわされる．この浜辺を逆方向（南西の方向）へ移動するときには vano「行く，横切る」が用いられる．

図2 ツツバ島内の移動表現（B）

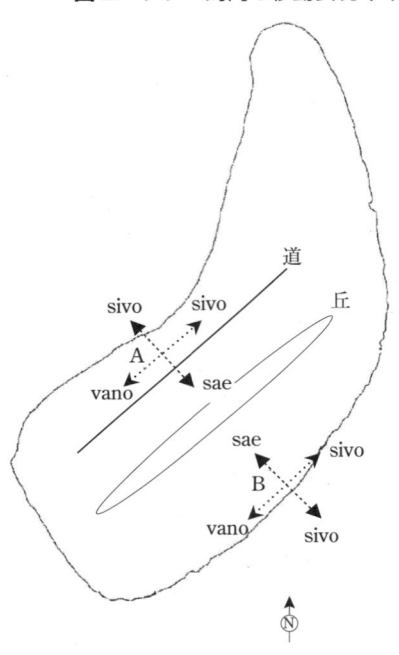

　起点を変えた場合でも，ツツバ語ではどの方角であろうと海への移動にはsivo「下る」が用いられ，丘への移動にはsae「上る」が用いられる．例えばツツバ島の中腹には丘が広がり，四方は海に囲まれているため，丘から「下る」と言うときは起点から360度，すべての海岸方向が示唆される．逆に海側から「上る」と言った場合，移動の起点により示唆される丘の方角は東西南北，いずれにもなりうる．起点と着点のあいだに認識できるほどの傾斜がない場合は，起点に関わらず，常にツツバ島の南西方向への移動にvano「行く，横切る」が用いられ，その逆である北東方向への移動にsivo「下る」が用いられる．

　ツツバ島内において，移動の起点に関わらず丘方向への移動にsae「上る」が用いられ，海方向への移動にsivo「下る」が用いられるのは土地の傾斜を

考えると自然であり，この移動表現には物理的上下における対立が関係していると解釈できる．しかし sivo「下る」は海方向だけでなく平坦な道の北東方向にも用いられ，vano「行く，横切る」と対立する．この対立の理由について次の 7.4.2.1. 以降で考察する．

7.4.2.1. 横方向への移動

　物理的上下に依拠していない vano「行く，横切る」と sivo「下る」の対立は，南西と北東という方角に依拠しているものであるかのように思われる．しかしながらツツバ語には方角に関する表現が存在しておらず，例えばそれぞれの方角から吹く風は，東風や西風ではなく marahae「丘のほうから吹く風」，andua tavanav「マラクラ島（マレクラ島とも呼ばれる）のほうから吹く風」のように，丘や島といった，具体的で身近な指標を用いてあらわされる．

　François (2004) は，オセアニアのいくつかの言語において，移動の動詞が使い分けられる上での基準となっているのは太陽の動きであることを指摘している．ツツバ語話者の生活と太陽は非常に密接な関係にあることから，ツツバ語でも移動動詞の使い分けが太陽の動きに関係している可能性がある．

　ツツバ語では太陽の昇降をあらわす動詞として sae「上る」と sivo「下る」が用いられる (53), (54)．これは先に 7.4.1. で示したように，人々が傾斜地を移動するときに用いる語と同じである．

(53)　　alo-i　　　　　　ma=sae
　　　　太陽-REF　　　　3SG.R=上る
　　　　「太陽が昇る」

(54)　　alo-i　　　　　　me=sivo
　　　　太陽-REF　　　　3SG.R=下る
　　　　「太陽が沈む」

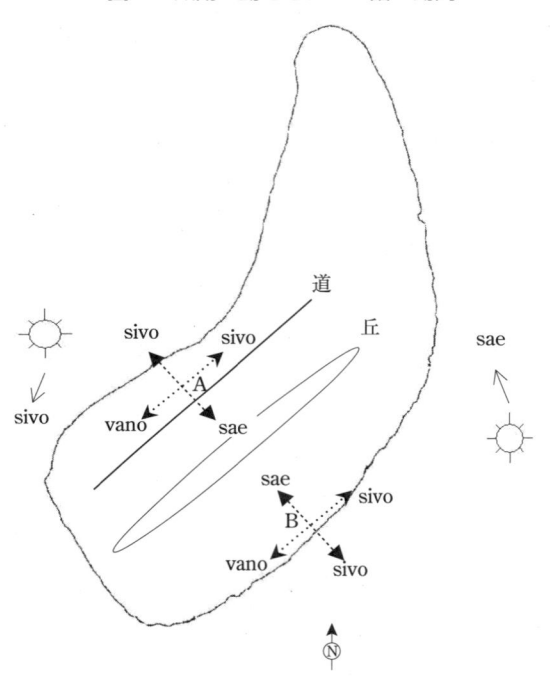

図3 太陽の動きとツツバ語の動詞

　太陽が東から昇り西に沈むことを考えると，島の南西部と北東部を結ぶツツバ島の一本道のうち，北東側への移動，すなわち日昇側に sivo「下る」が用いられるのは不自然である．太陽の動きと移動の動詞が関連しているならば，むしろ日没すなわち西または南西の方角への移動に，sivo「下る」が用いられるのがより自然と言える．

　このように考えると，ツツバ語では太陽の動きと移動の動詞とは関連性が薄い，ということが分かる．つまりオセアニアの言語の中には移動動詞が太陽の動きと関連しているものもあるが，ツツバ語では関連していないと結論づけることができる．

7.4.2.2. オセアニア祖語とツツバ語の比較

　平坦な一本道を南西方向に移動するとき vano「行く，横切る」が用いられ，北東方向に移動するとき sivo「下る」が用いられるのはなぜか，その理由を今度はオセアニア祖語とツツバ語の移動動詞の違いに着目し，ツツバ島の歴史とツツバ語の意味拡張という観点から考える．

　図4は，オセアニア祖語とツツバ語の移動動詞が示唆する方向を矢印であらわしたものである．図では海と丘の方向を実線，道を破線であらわし，二つの線が交わる位置に移動の起点 (A) があると仮定して，そこからの移動がどの動詞であらわされるかを示している．なお図4のうち，オセアニア祖語の方は François (2004: 17) の Figure 7 を上下反転させたものを引用している．

図4 祖語とツツバ語の移動動詞

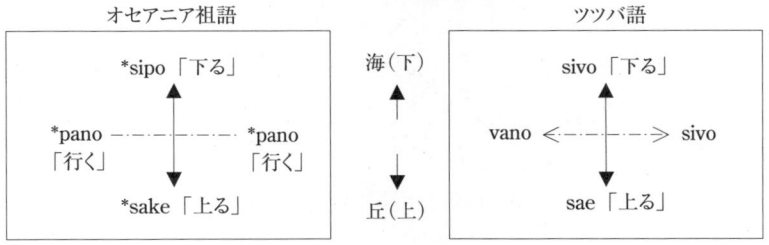

　祖語では上への移動をあらわす *sake「上る」に下への移動をあらわす *sipo「下る」が対立し，横の移動は *pano「行く，横切る」の一語であらわされる．一方，ツツバ語では下の移動だけでなく横の移動をあらわす語にも，*sipo「下る」に由来する sivo「下る」が用いられる．つまりツツバ語の sivo で表現される移動の範囲は，祖語の *sipo に比べて広く，そのために横の移動をあらわす vano (< *pano)「行く，横切る」の示唆する範囲が祖語よりも狭いということになる．このようにオセアニア祖語と比較すると，ツツバ語の動詞 sivo「下る」の用いられる範囲が拡張されたであろうことは明ら

かである．

7.4.2.3. ツツバ島の歴史と sivo「下る」の意味拡張

　ツツバ島では宣教師が20世紀の半ばに島にやって来るまで，人々は丘の上に住居を構えていた[5]．宣教師は島の北東に位置する海岸沿いの低地ヴェオア (veoa) 地域に滞在して布教活動を行い，島の人々は彼らの到来により丘を下りてきた．そして次第に海岸沿いに居住するようになった．丘からヴェオア村（図5のV地域）へは下り方向であったため，人々はヴェオア村への移動をあらわす語として sivo「下る」を用いていたと推測される．

　宣教師の到来する前，ツツバ島でも海側，丘側といった土地の傾斜が関係しない移動，つまり図4の一点鎖線で示した水平な横の移動には，再建されたオセアニア祖語や近隣の言語と同様，方向に関わらず vano「行く，横切る」の一語が用いられていたと考えられる．しかし海岸沿いに移住した人々にヴェオア村の方向をあらわす語として sivo「下る」が引き続き用いられた結果，sivo「下る」が拡張されて，sivo「下る」はヴェオア村側の横の移動をあらわす語としても定着した．そしてヴェオア村とは逆の方向への移動には依然 vano「行く，横切る」が用いられたことから，結果として vano「行く，横切る」と sivo「下る」が，横の移動において対をなすようになった（図5）．

　以上の理由により，ツツバ語では sivo「下る」が二方向への移動をあらわし，本来オセアニア祖語の *pano のように vano「行く，横切る」がカバーすべき領域においても，sivo「下る」が用いられるようになったと考えられる．

---

[5] 資料が残されていないため，宣教師到来の年代など詳しいことは良く分からない．宣教師の到来した年代，場所，人々の移動に関する本書中の記述は数名の高齢者（70代後半）の話に基づいている．なお彼らの多くは敬虔なキリスト教信者である．

7章 動詞と動詞句

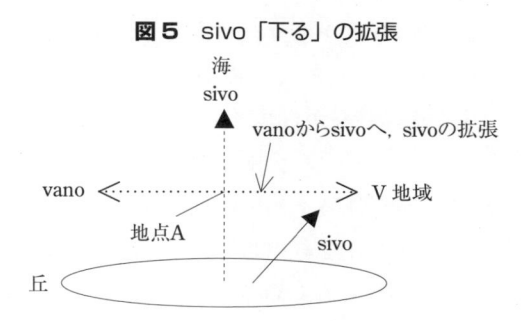

図5 sivo「下る」の拡張

```
              海
              sivo
               ↑
               │   vanoからsivoへ, sivoの拡張
               │  ↙
  vano ←┄┄┄┄┄┼┄┄┄┄┄→ V地域
               │  ↗
            地点A  sivo
              丘
```

　つまり sivo「下る」は本来，傾斜がある移動において sae「上る」と対をなす相対的な移動の動詞であったが，その使用が絶対方向化され，そしてさらに平坦移動において vano「行く，横切る」と対になって用いられるようになったといえる．

　以上のことから，ツツバ島内の移動における丘方向への移動 sae「上る」と海方向への移動 sivo「下る」が物理的な上下に依拠した対立であるのに対し，南西方向への移動 vano「行く，横切る」と北東方向への移動 sivo「下る」は，歴史的理由から生じた対立であると結論づけることができる．

7.4.3. サント島内の移動表現

　これまでツツバ島内の移動を見てきたが，はたしてツツバ語話者は他の島に行ったとき，その島ではどのように移動を表現しているのだろうか．副都心の置かれるサント島内の移動を例に見ることにする．

　ツツバ島からサント島に移動するとき，ツツバ語話者はミリオンダラーポイントと呼ばれる，ツツバ島から最も近いサント島の岸にボートをつける．この浜辺周辺には店はなく，人々は海岸沿いに警察や店のある都心まで，乗り合いバスやトラックで10キロほど移動する．ミリオンダラーポイントからこの都心への移動には vano「行く，横切る」が用いられる．

　また，都心にはツツバ島と同じように一本の道路が海岸線に沿うように

走っており，この道路をミリオンダラーポイントから離れる方向，すなわち都心を奥に進む方向には vano「行く，横切る」が用いられる．ゆえに図6の都心拡大図に示すように警察からユニティー公園には vano「行く，横切る」が使用される．またユニティー公園や警察からミリオンダラーポイントの方向に戻る場合には sivo「下る」が用いられる．さらにマテヴル地区のように，ミリオンダラーポイントを経由してさらに都心と逆方向に移動する場合にも sivo「下る」が用いられる．都心からミリオンダラーポイント側への移動に sivo「下る」が用いられるのは，都心よりも重要度が低いというツツバ語話者の心理が関与しているからであると考えられる．sivo「下る」と逆の方向への移動に sae「上る」ではなく vano「行く，横切る」が用いられるのは，ツツバ語話者が，歴史的理由から生じたツツバ島内における sivo「下る」と vano「行く，横切る」の対立を，サント島内の移動について述べる際にも適用したからであると説明できる．

　都心の一本道から少し離れた丘の上には病院があり，都心の一本道から病院への移動には常に sae「上る」が用いられる．逆に病院から都心の一本道へは sivo「下る」が用いられる．また病院と警察，そしてユニティー公園のどの地からも海へは sivo「下る」が用いられる．この sae「上る」と sivo「下る」は，ツツバ島内の移動と同じく，物理的な上下に依拠した対立であると考えられる．

図6 サント島内の移動表現

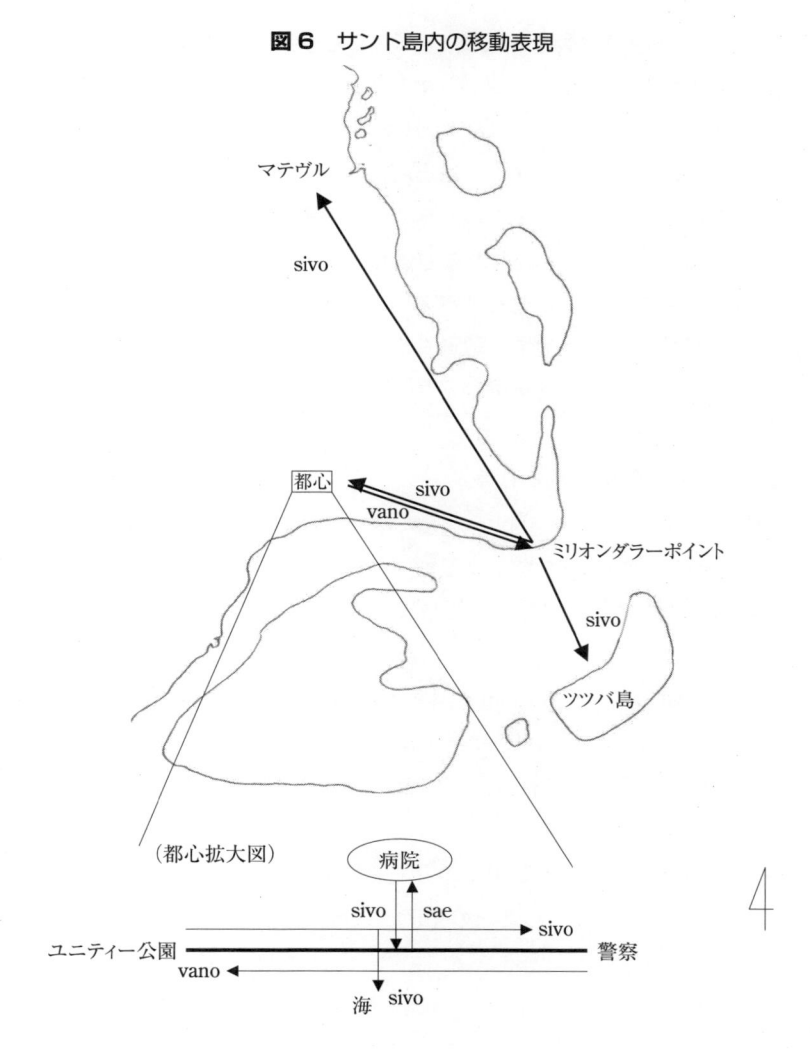

7.4.3.1. 移動表現の省略

　これまではツツバ島内の一地点が起点であるときのツツバ島内の移動表現と，サント島内の一地点が起点であるときのサント島内の移動表現について論じてきた．今度はツツバ島が移動の起点である場合のサント島への移動，

さらにサント島内で移動するときの表現を見ることにする．例えば「私は（サント島の）病院に行く」，「私は（サント島の）マテヴルに行く」のような『ツツバ島→サント島→サント島内の目的地』という移動の表現である．

　結論から先に述べると，ツツバ島を起点とし，サント島のミリオンダラーポイントを通過してサント島内の一地点へと移動する場合には，次の二通りの表現がある．一つは a. 起点から通過点への移動についてまず言及し，続けて通過点から着点への移動を述べる方法であり，もう一つは b. 起点から通過点への移動には言及せず，通過点から着点への移動だけを述べる方法である．以下にそれぞれの例を挙げる．

a. 通過点への移動が言及される

(55)　　ka=sa　　　　olotu　　ka=va　　　　na　　　polis
　　　 1SG.IR=上る　　サント　 1SG.IR=行く　　PP　　 警察
　　　 「私はサント島に行き，警察に行く」

(56)　　ka=sa　　　　olotu　　ka=va　　　　na　　　unity park
　　　 1SG.IR=上る　　サント　 1SG.IR=行く　　PP　　 U
　　　 「私はサント島に行き，ユニティー公園に行く」

このタイプの文は，二つの動詞句のどちらが欠けても正確な文とはみなされない．ゆえに(56)を基にした次の(57), (58)は非文である．

(57)　　*ka=sa　　　　na　　　unity park
　　　　1SG.IR=上る　　PP　　 U

(58)　　*ka=va　　　　na　　　unity park
　　　　1SG.IR=行く　　PP　　 U

b. **通過点への移動が言及されない**

(59) ka=si　　　　　matevulu
　　 1SG.IR=下る　　M

「私はマテヴルに行く」

図7　移動表現の省略①

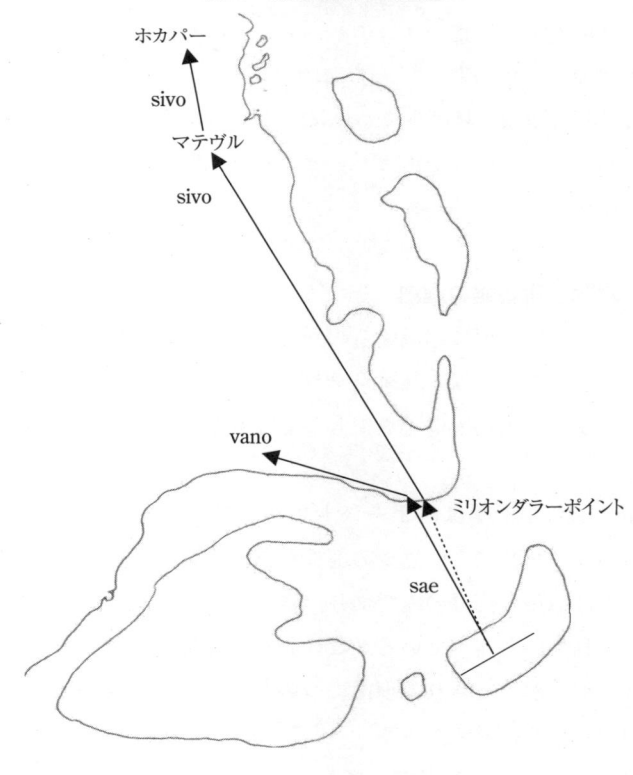

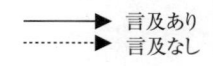

ホカパー

sivo

マテヴル

sivo

vano

ミリオンダラーポイント

sae

⎯⎯⎯▶ 言及あり
┈┈┈▶ 言及なし

(60) ka=si   hokapa
    1SG.IR=下る   H
    「私はホカパーに行く」

「サント島に行って，それからユニティー公園へ行く」のように，「私はサント島に行って…」の部分つまり ka=sa olotu... が必須である文 a は，サント島の都心に位置する警察やユニティー公園，店や病院，教会などへの移動をあらわす場合に用いられる．一方，「私はサント島に行って」の部分が省略され，ka=si hokapa「私はホカパーに下る」のように言う文 b は，都心以外の地域，例えばマテヴルやホカパーといった地域への移動をあらわす場合に用いられる．

7.4.3.2. 移動表現省略の理由

文 a と文 b の違いは何に起因するのだろうか．文 a の移動の起点はツツバ島であるが，文 b の起点はミリオンダラーポイントであると解釈できる．本来ミリオンダラーポイントは起点でも着点でもなく，単なる通過点にすぎない．

Mckenzie (1997: 236-7) は西オーストロネシアの Aralle-Tabulahan 語の移動表現について，移動に二つ以上の部分がある場合，移動の方向を示す上で重視されるのは最後の部分のみであり，特に重要でないそれ以外の部分については言及されないと述べている．この先行研究を参考に，まず文 a で起点から通過点の部分が言及される理由について，ツツバ島内の移動とサント島内の移動の違いを基に考えてみる．

ツツバ島内の一地点が起点で，着点がツツバ島内の店や教会である場合，移動は「私は店に行く」，「私は教会に行く」のようにあらわされる．なお以下に示すのは着点が店の場合の例文である[6]．

---

6) (61), (62) ともに，着点が教会のときは stoa「店」に代わり sios「教会」が現れる．

(61)　　ka=va　　　　　na　　stoa
　　　　1SG.IR=行く　　　PP　　店
　　　「私は店に行く」

ツツバ島内の一地点が起点であり，着点がサント島の都心に位置する店や教会である場合，「私はサント島に行き，店に行く」や「私はサント島に行き，教会に行く」のようにサント島への移動が言及される．

(62)　　ka=sa　　　　olotu　　ka=va　　　　　na　　stoa
　　　　1SG.IR=行く　　サント　1SG.IR=行く　　　PP　　店
　　　「私はサント島に行き，店に行く」

(61)と(62)を比較すると分かるように，着点がサント島内であることは「サント島に行く」という移動の部分により示される．ゆえに，この移動の部分は着点を伝える上で非常に重要であることが分かる．文aで起点から通過点の移動の部分が言及されるのは，上記の理由によると解釈できる[7]．一方，文bについて考えると，ツツバ島にはマテヴルやホカパーといった地名はなく，これらはいずれもサント島の地名である．ゆえに，ツツバ島からサント島への移動の部分は着点を伝える上で重要ではなく，そのため文bでは起点から通過点の移動の部分が言及されないのだと解釈できる．

　以上のように文aと文bを比較すると，ツツバ語でも移動に二つ以上の部分がある場合，重要である移動の部分は言及されるのに対し，重要でない部分は省略されることが分かる．このことから文aと文bの違いは，起点から着点という移動部分の重要性に依拠したものであると結論づけることができる．

　このような省略は，ツツバ島内の移動表現においても観察される．次に示

---

[7] この移動表現はさらに，都心に位置する警察や病院，ユニティー公園など，ツツバ島には存在しないものが着点の場合にも適用されたと考えられる．

すのは，話者が内海におり「家に帰ろう」と周囲の者に声をかけたときの文である．図8のように，発話の地点である内海から丘を上り，その後，丘を下って家に着くのであるから，次のように発話されることが予期される．

A. (63)　　da=sae　　　　da=si　　　　　a-ima
　　　　　　1PL.INC.IR=上る　1PL.INC.IR=下る　ADV-家
　　　　　「さあ，私たちはまず（丘を）上ってから家へと下りましょう」

しかし実際には次のように発話された．

図8　移動表現の省略②

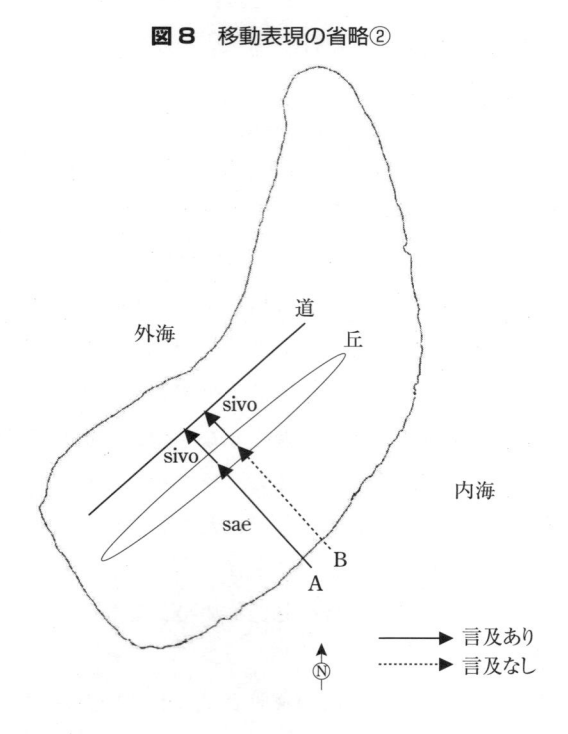

B. (64) da=si a-ima
　　　　　1PL.INC.IR=下る　ADV-家
　　　　「さあ，私たちは家へと下りましょう」

(63) のように丘への移動が言及されるとき，人々は丘の畑でイモやバナナを採るなど，何らかの行為をし，それから丘を下る．一方 (64) のように通過点 (上の例文では丘) を起点とする文が発話されるとき，人々は何もせずに丘を下る．この二文の違いからも，やはり重要な移動 (63) の起点から通過点への移動) の部分は省略されず，重要でない移動の部分は省略されることが分かる．

7.4.4. 他島への移動表現

François (2004) によると，オセアニア祖語の話者は陸地に居るとき，土地の上下を基準として移動の方向を伝えたとされる．そしてそれはこれまで見てきたように，祖語に由来するツツバ語でも同様であった．では一体，祖語話者，ツツバ語話者は島を離れて海を移動するとき，もし視界に島がなければどのようにして自分たちの進行方向を知りえたのか．

François (2004) は，海上では太陽の昇降を地理的判断の参照物としたとする解釈もあるが (Ozanne-Revierre 1997: 90)，圧倒的に多くのオセアニアの言語は貿易風を参照物としていただろう，と述べている．また彼は「ある言語で，方向をあらわす軸が東であったからと言って，即ちこれを太陽の動きと結びつける必然性はどこにも無い」とする Palmer (2002: 117) の説に言及した上で，次のように述べた (François 2004: 18)．

　　　かつてオセアニア祖語が話されていた地域に，南東から貿易風が
　　　吹いていたことを考えれば，私たちは北西と南東を軸とするコンパ
　　　スを予測できる．そして「南東方向」(向かい風) をあらわすのに陸

内の上下軸の一つ*sake「上る」を用い,「北西方向」(追い風)をあらわすのに同じく上下軸の*sipo「下る」を用いたと考えられる[8].(略)そして陸内の移動と同じく,向かい風方向でも追い風方向でもない方向には,島内で横の移動をあらわしていた*pano「話し手から離れていく,横切る,(丘に)上る,(丘を)下るのどちらでもない」を用いたと推測される.

François (2004: 20) は,貿易風とオセアニア祖語との関係を図9のように示した.なおこれは引用した François (2004: 20) の Figure 9 に「貿易風(南東)」とその方向を示す矢印を加えたものである.

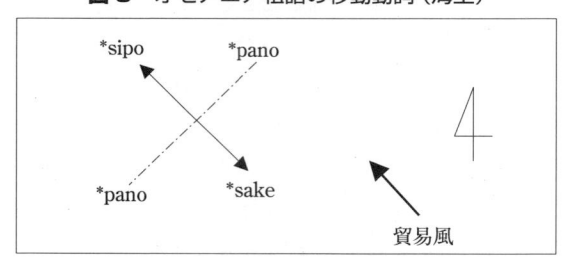

図9 オセアニア祖語の移動動詞（海上）

太陽,そして貿易風という先行研究の二つの論を参考に,ツツバ語話者が他の島へと移動する際に一体何を基準としていたのか,移動の動詞とそれが示す方向から考えてみる.

今日,ツツバ語話者は,ツツバ島から副都心の置かれるサント島へ頻繁に移動しているが,他島へは滅多に移動しない.そのため,例文 (65) から (67) のうち,アンブリム島やウレパラパラ島などを目的地とする (66) と (67) は

---

8) François (2004) は祖語の風の名称を例に自説の根拠を示しているが,本書には直接関わりが無いため,説明の箇所は省略した.

筆者の用意したビスラマ語をツツバ語に訳してもらった文である[9]．またサント島，マラクラ島，ペンテコスト島，マロ島を目的地とする文は，ツツバ島に居るときと海上移動中の両状況で得られた文であるが，その他の島への移動をあらわす文は，ツツバ島で得られたものである．

(65)から(67)は，すべて「私は〜に行く」という意味であるが，文頭のka=は，動詞をホストとする一人称・単数・未然法の主語代名詞であり，動詞に後続する語が島の名前である．

ツツバ島からの移動

(65)　　ka=sa　olotu（santo 島）

(66)　　ka=va　malakula
　　　　　　　　tanna
　　　　　　　　ambae
　　　　　　　　maewo
　　　　　　　　paama
　　　　　　　　pentecost
　　　　　　　　ambrym
　　　　　　　　malo
　　　　　　　　vila（efate 島）[10]

---

[9] 現在に至るまで，ツツバ島から他島への移動をあらわす自然発話文の中で，方向の指示代名詞を含むものは一つも得られていない．これには島が離れすぎていること，一つの方向に複数の島が線上に重なり抽象的すぎること，具体的に目的とする島が決まっているのに敢えてそれを伝えず指示代名詞を用いるのが不自然であることなどが理由として考えられる．(66)は図10と対応させるため，地図上の地名と表記を用いている．

[10] 往々にしてエファテ（efate）島は，ポートヴィラ（port vila）という都心部の置かれる地名で呼ばれることがある．

(67)　　ka=si　ureparapara
　　　　　　　mota
　　　　　　　vanua lava
　　　　　　　gaua
　　　　　　　banks
　　　　　　　toga

　これらの例文から，ツツバ島から他の島への移動には，島内の移動と同じ語が用いられていることが分かる．すなわち sae の異形態 sa「上る」，vano の異形態 va「行く，横切る」，sivo の異形態 si「下る」の三語である．また興味深いことに，ツツバ島からサント島への移動のみ sa「上る」が用いられ，それ以外の島への移動には va「行く，横切る」または si「下る」のどちらかが用いられている．サント島への移動を意味する sa「上る」についての考察は 7.4.4.2. で行うことにし，まずそれ以外の島への移動に用いられる vano「行く，横切る」と sivo「下る」について考える．

7.4.4.1.　サント島以外の島への移動

　Hyslop (2001: 218) を参考にして地図上で vano「行く，横切る」と sivo「下る」の境界に無数の点を置くと，図 10 のように，ツツバ島から南西―北東の方向に延びる一本の線が現れる．そしてこの線により二分割された空間のうち，境界線から下側への移動には vano「行く，横切る」，上側への移動には sivo「下る」が用いられているということが分かる．

　図 11 は海上移動の方角とそれに呼応する移動動詞についてオセアニア祖語とツツバ語を比較したものである．ツツバ語ではサント島への移動を除き，空間が図のように二分割されているにすぎず，祖語の *pano のように，南西，北東の方向への移動をあらわす語がない．しかも祖語の *sipo には sivo「下る」が対応しているものの，*sake には sae「上る」ではなく vano「行く，横切る」が対応している．これについては次のように説明できる．7.4.4.2.

7章 動詞と動詞句

図 10 ツツバ島からの移動に用いられる動詞

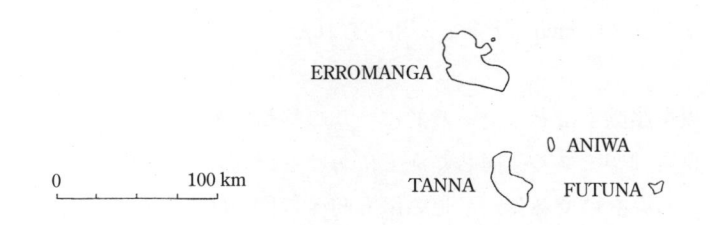

TORRES ISLANDS
TOGA
UREPARAPARA
MOTA LAVA
VANUA LAVA
MOTA
BANKS ISLANDS
GAUA
MWERELAVA
ESPIRITU SANTO
ツツバ島
MAEWO
AMBAE
Luganville (Santo)
SIVO
MALO
PENTECOST
AMBRYM
VANO
PAAMA
MALAKULA
LOPEVI
EPI
TONGOA
EMWAE
TONGRIKI
MOSO
NGUNA
EFATE
Port Vila

0　100 km

ERROMANGA

ANIWA
TANNA
FUTUNA

ANEITYUM

299

で後述するが，ツツバ語話者は，三つの動詞 sae「上る」，sivo「下る」，vano「行く，横切る」のうち，ツツバ島からサント島への移動に sae「上る」を優先的に用いた．そしてその結果，残る二つの動詞 sivo「下る」と vano「行く，横切る」のツツバ島内の対立が，海上空間にも適用された．つまり，このように sae「上る」がサント島への移動に用いられ，残る二語が海上空間の対立を示すものとして用いられたため，結果として祖語の*pano が示す方向に該当する語がなくなり，従ってツツバ語では空間が単純に二分割されることとなった．

　ツツバ語において，この二つの動詞 sivo「下る」と vano「行く，横切る」が何に依拠して使い分けられるのか，先述した François (2004) らの先行研究を基に考えると，次の二つの可能性が挙げられる．

　一つは，①太陽の昇る東方向への移動に vano「行く，横切る」が用いられ，くだるほうへの移動に sivo「下る」が用いられた，という可能性である．また一つは，②貿易風が吹いてゆく方向への移動に sivo「下る」が用いられ，貿易風が吹いてくる方向への移動に vano「行く，横切る」が用いられたという可能性である．さらにこの二つの動詞と貿易風との関係には，上下が風の向きへと拡張されたという次の a と b の解釈が可能である．

a. 風が上から下に吹くという前提にたつと，風が来るほうは上，風が向かう側は下と捉えることができる．この捉え方に依拠して，風上である南東方角への移動に vano「行く，横切る」が，そして風下である北西方角への移動に sivo「下る」が用いられた．

b. 坂を移動するとき，一般的に上りの移動は苦しいものであるが，下りの移動は楽である．同じく海上における移動も，向かい風方向への移動はつらいものであるが，追い風方向への移動は楽である．このような坂道の移動と海上の移動における経験的な類似から，向かい風方向に vano「行く，横切る」が，追い風方向には sivo「下る」が用いられた．

7章　動詞と動詞句

ツツバ語において，太陽の動きまたは貿易風の向きが海上移動の表現に関係していると考えられるが，先に 7.4.2.1. で述べたようにツツバ島内の移動において経路をあらわす動詞と太陽の動きには関連性が見られなかったことから，海上移動の表現は貿易風の向きに依拠しているとみなすのが自然と言える．

図 11 海上移動に用いられるオセアニア祖語とツツバ語の動詞

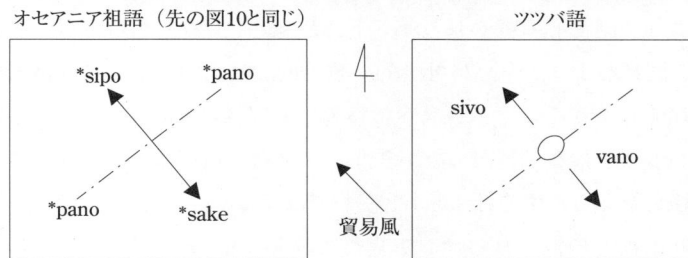

オセアニア祖語（先の図10と同じ）　　　ツツバ語

*sipo　*pano　　　　　　　　　　　　sivo

*pano　*sake　　　　　　　　　　　　vano

貿易風

7.4.4.2.　サント島への移動

海上（ツツバ語では島間）の移動において，なぜツツバ語では祖語の*sipo, *sake に由来する sivo「下る」, sae「上る」ではなく，島内で横の移動をあらわす sivo「下る」, vano「行く，横切る」が用いられるのだろうか．その理由はサント島とツツバ島との関係に見出すことができる．ツツバ島からサント島への移動にのみ sae「上る」が用いられるのは先に例文（65）で示したとおりである．またサント島からツツバ島への移動には sivo「下る」が用いられる．

Ozanne-Rivierre (1997: 90) は，メラネシアの社会では土地の高／低という対がさらに拡張されて，社会的関係や精神的崇拝へも適用されると述べている．そしてその具体例としてニューカレドニアの言語を挙げ，上方向への動きをあらわす語が物理的な位置だけではなく，話者よりも地位の高い人が居る場所への移動も意味することを示した．また Donohue (1999) は，インドネシアのスラウェシで話される Tukang Besi 語では，土地の高低に基づいた

方向をあらわす語が，社会的，政治的，文化的中心への移動と，中心から遠ざかる移動とを意味すると述べている．

　これらの先行研究を基に考えると，副都心が置かれ，商店や病院，中学校・高等学校の存在するサント島への移動に sae「上る」が用いられ，サント島からツツバ島への移動に sivo「下る」が用いられるのは，ツツバ語話者がサント島を社会的，政治的，文化的，そして経済的中心である上位の存在として位置づけているからであると考えられる．

　このように副都心の置かれるサント島に sae「上る」が用いられるのであるから，副都心よりもさらに社会的，政治的，文化的，そして経済的中心である首都の置かれるエファテ島への移動にも同様に sae「上る」が用いられることが予測される．しかしながら，ツツバ島から首都の置かれるエファテ島への移動をあらわすのは sae「上る」ではなく vano「行く，横切る」である．なぜ副都心の置かれるサント島への移動には sae「上る」が用いられ，首都の置かれるエファテ島への移動にはこの動詞が用いられないのだろうか．

　ツツバ島民にとって首都の置かれるエファテ島と副都心の置かれるサント島はどのような点において異なるかを考えると，大きな違いとして，島の発展度ではエファテ島のほうがはるかに上であるが，サント島はツツバ島から距離が近く，人々のサント島への移動の頻度はエファテ島への移動に比べて圧倒的に高い，という点が挙げられる．例えば両島への定期的な移動手段は存在していないものの，人々は生活用品の購入や通院のため，頻繁にサント島へと移動する．一方ツツバ島からエファテ島への移動はほぼ皆無である．このことから，サント島への移動にのみ sae「上る」が用いられるのは，ツツバ語話者が副都心の置かれるサント島を上位の存在とみなしていることに加え，ツツバ語話者のサント島への親近感が反映されているためであると考えられる．

7.4.5. 移動動詞と空間分割

これまでツツバ語の経路の動詞 sae「上る」，sivo「下る」，vano「行く，横切る」が，どのような移動のときに何に依拠して用いられているかについて考察してきた．以下に①物理的な上下による対立，②心理的な上下による対立，③歴史的理由により生じた対立，という三つのカテゴリーにおけるこの三つの動詞の関係をまとめる．

① 物理的な上下による対立
　ツツバ島内とサント島内において，sae「上る」は丘方向への移動をあらわし，sivo「下る」は海方向への移動をあらわす．これは土地の傾斜という物理的な上下に依拠した対立である．

② 心理的な上下による対立
　島間の移動において，sae「上る」はツツバ島から副都心の置かれるサント島への移動をあらわす．一方，sivo「下る」はサント島からツツバ島への移動をあらわす．この対立にはツツバ語話者がサント島を社会的，政治的，文化的，そして経済的中心である上位の存在として位置づけていることが反映されている．

③ 歴史的理由により生じた対立
　ツツバ島内で sae「上る」と sivo「下る」が物理的な上下に依拠して用いられていることを先に①「物理的な上下の対立」のカテゴリーにおいて示したが，sivo「下る」はまた，ツツバ島内における北東方向への平坦移動もあらわす．この北東方向への平坦移動は，宣教師の到来というツツバ島の歴史的な出来事に伴い sivo「下る」が拡張されたことに由来すると考えられる．本来，平坦な移動をあらわすのは vano「行く，横切る」一語であったが，

宣教師の到来により sivo「下る」の意味が拡張された結果，平坦な移動において sivo「下る」と vano「行く，横切る」が対をなすようになったといえる．

　ツツバ島内の平坦移動における sivo「下る」と vano「行く，横切る」の対立は，ツツバ語話者が，サント島内の移動や，他島へ行く際の海上移動について語る場合にも適用される．サント島内では，sivo「下る」は都心から離れる移動をあらわし，vano「行く，横切る」は都心へ近づく移動をあらわす．都心から離れる移動に sivo「下る」が用いられるのは，都心を上位とし，それ以外を下位とする話者の心理が反映されているからであると考えられる．また海上の移動において sivo「下る」は貿易風が吹いてゆく方向への移動をあらわし，vano「行く，横切る」は貿易風が吹いて来る方向への移動をあらわす．これには次の二つの可能性が考えられる．一つは風が上から下に吹くという前提にたち，風下への移動に sivo「下る」が用いられたという可能性，もう一つは一般的に坂の移動において上りがつらく下りは楽であるように，海上移動において追い風方向への楽な移動に sivo「下る」が用いられたという可能性である．

7.5. 動詞句

7.5.1. 動詞句の構造

　ツツバ語の動詞句を構成する要素と，その要素が生起する位置を次に示す．

> **動詞句**
> 1. 主語代名詞（人称標識）
> 2. 否定，相，義務
> 3. **主要部**
> 4. 動詞修飾の副詞 $_1$
> 5. 補語
> 6. 動詞修飾の副詞 $_2$

　ツツバ語では動詞の前に主語の人称・数・法が一つの形態素に融合した主語代名詞が義務的に現れる．この主語代名詞と動詞が動詞句の必須要素である．そして上の表における 1. 主語代名詞と 3. 主要部を除いたものが，単独または複数で動詞句の主要部を修飾する要素である．ただし上記の構成要素は動詞句内ですべて共起できるというわけではなく，次の二つの共起上の制約がある．

1) 2. 否定，相，義務において，否定と義務の小詞に限り，［否定=義務=］の順で共起することができる．しかし否定と相，義務と相は共起できない．
2) 動詞修飾の副詞には，補語の前に現れる副詞（構成要素 4) と補語の後ろに現れる副詞（構成要素 6) があり，一つの動詞句にはどちらか一つの副詞しか生起できない．

7.5.2. 動詞句の構成要素

　本節では動詞句の必須要素と，主要部を修飾する構成要素について記述する．副詞については 9 章で記述する．

初めに必須要素だけからなる動詞句の例を示す．
【主語代名詞=主要部】VP

(68)　　ka=vano
　　　　1SG.IR=行く
　　　　「私は行きたい」

動詞句の必須要素である主語代名詞と主要部のうち，主要部については先に 7.3. で自動詞，他動詞，拡張された他動詞について記述したので，ここでは主語代名詞について論じる．

7.5.2.1. 主語代名詞

先に 6.1.5.1. で示したように，動詞に先行する主語代名詞は主語の人称・数・法をあらわす．

表 1　主語代名詞

	未然法	既然法	命令法
一人称・単数	ka=	nno=	
二人称・単数	o=/e=	o=	e=
三人称・単数	a=	mV=	
一人称・複数（包括形）	da=	do=	
一人称・複数（排他形）	ka=	ko=	
二人称・複数	me=	mo=	me=
三人称・複数	ra=	ro=	

(V…母音)

人称，数

名詞の章で示したように主語代名詞の一人称，二人称，三人称のそれぞれには単数，複数，双数，三数の区別がある．さらに一人称の複数には，包括と排他の区別もある．

法

ツツバ語では法カテゴリーが密接に関係する時制カテゴリーを吸収しており，既然法は現在時制と過去時制を，未然法は未来時制を吸収している．

既然法

(69)　　nna　　　mo=ulua　　　　　to-to
　　　　3SG　　　3SG.R=成長する　　RED-早い
　　　　「この子はみるみるうちに大きくなった」

未然法

(70)　　da=va　　　　　da=roturotu　　　vutbol
　　　　1PL.INC.IR=行く　1PL.INC.IR=遊ぶ　　サッカー
　　　　「サッカーをしに行こう」

命令法

(71)　　e=annan!
　　　　2SG.IMP=食べる
　　　　「食べなさい！」

7.5.2.2. 否定，義務，相

主語代名詞と動詞のあいだには，代名詞に含まれない範疇である否定や義務，相の小詞が置かれることがある．これらは動詞句を構成する必須要素ではない．

否定

否定文は，主語代名詞と動詞のあいだに否定 te= が置かれ，述語の否定の

形で示される[11].

(72) me=te=an toa bula-m
3SG.R=NEG=食べる 鶏 CLASS-2SG.POSS
「そいつはあなたの鶏を食べていない」

義務

義務 ria= も否定と同じ位置に現れる．

(73) sube-i me=r o=ria=sa olotu
首長-REF 3SG.R=言う 2SG.R=OBLG=上る サント島
nanov
昨日
「首長は『君は昨日サント島に行くべきだったのに』と言った」

義務を否定する文は，否定 te= に，義務 ria= が結びついた te=ria= が，主語代名詞と動詞のあいだに置かれることによりあらわされる．

(74) sube-i me=r o=te=ria=sa olotu nanov
首長-REF 3SG.R=言う 2SG.R=NEG=OBLG=上る サント島 昨日
「首長は『あなたは昨日サント島に行くべきではなかったのに』と言った」

相

相は，進行相 lo=，反復相 le=，未完了相 telo= のうち，いずれか一つが主語代名詞と動詞のあいだに置かれることによって示される．

---

[11] ただし存在詞 (7.2.2.3.) を除く．存在詞の否定には，肯定の動詞の否定形ではなく，存在詞の否定をあらわす特別な語を用いる．

(75) viriu   bula-m   ro=lo=maturu
    犬   CLASS-2SG.POSS   3PL.R=PROG=眠る
    「あなたの犬は眠っていた」

(76) ka=le=mae   na   sio   leŋ
    1SG.IR=REP=来る   PP   年   DX
    「私は来年またここに来るつもりです」

(77) kamam   ko=telo=va   matan   mei   lo=redi
    1PL.EXC 1PL.EXC.R=IMPF=行く   CONJN   M   PROG=縫う
    「メイが漁網を縫っているので私たちはまだ出発しないのです」

義務と否定は共起しうるが，否定と相は共起できない．ゆえに進行相，反復相，未完了相の否定表現はツツバ語には存在しない．例えば「彼は今，歌っていない」という文は，次のように既然法の文が否定された形式で示される．

(78) me=te=levete   nentovon
    3SG.R=NEG=歌う   今
    「彼は今，歌を歌っていない／彼は今，歌を歌わない」

完了相は動詞連続の形式であらわされるため，7.6.2.3.H に記す．

7.6. 動詞連続

ツツバ語では基本的に，動詞句主要部に現れる動詞の数は一つであるが，ときに複合動詞のように動詞句の主要部に二つ以上の動詞が連続して現れ，

この連続する動詞のうち最初の動詞 (V1) にのみ主語代名詞が先行することがある．また法と相が一致する二つ以上の述部が接続詞や休止を介さずに連結し，意味的に一つの大きな述部を形成することがある．本書では前者を述語連続，後者を述部連結と呼ぶことにする[12]．

述語連続

主語代名詞＝| V1　V2 |　　補語

(79)　nno=| ati　　　sabuti |=a
　　　1SG.R=噛む　　開ける=3SG.OBJ
　　　「私はそれを噛み開けた」

述部連結

| 主語代名詞=V1　補語　　主語代名詞=V2　補語 |

(80)　| nno=vai=a　　　　ma=ŋara | 　nanov
　　　1SG.R=作る=3SG.OBJ　　3SG.R=泣く　　昨日
　　　「私は昨日，彼女を泣かせてしまった」

動詞連続はヴァヌアツの共通語であるビスラマ語にも頻繁に観察される．

---

12) 述語連続はNoonan (1985) の verb serialization や Schachter (1974) の serial verb construction に該当するものである．このタイプの動詞連続は近隣の言語では nuclear serialization とも呼ばれている．また本書で述部連結と呼んでいるタイプの動詞連続は一般的に clause chaining と呼ばれるものであるが，これは近隣の言語では core layer serialization と呼ばれている (François 2002, Hyslop 2001)．この nuclear serialization と core layer seralization は，パプアニューギニアの Yabem 語の音韻を基に Bradshaw (1983) が定義した動詞連続を拡張したものにあたる (Jauncey 1997)．本書で「述語」というときは基本的に動詞を示し，「述部」というときは動詞をホストとする主語代名詞と述語である動詞，そして動詞の補語を指している．例外的に二つの主語代名詞の法が未然と命令（または命令と未然）の場合も休止やイントネーションから述部連結と判断される文がある．

7.6.1. 述語連続

連続する二つの動詞のうち，主語代名詞または否定や相の小詞の直後に現れる動詞を V1，そして V1 の直後に現れる動詞を V2 とすると，ツツバ語の述語連続は次の三つに分類される．この言語では動詞語基が三つ以上連続することはない．

> **V1 ＋ V2 の組み合わせ**
> 1. 自動詞＋自動詞
> 2. 他動詞＋自動詞
> 3. 他動詞＋他動詞

近隣の言語であるタマンボ語を調査した Jauncey (1997: 394) は，タマンボ語では他動詞と他動詞という組み合わせによる述語連続が最も多いと述べ，Foley and Olson (1985: 48) の唱えた他動詞と他動詞が最も連続しにくいという述語連続の仮説とは反対の報告を行った．ツツバ語では，得られた 47 文のうち他動詞と他動詞の組み合わせによる述語連続が 35 文あり，この組み合わせは全体の約 74％にあたる．この結果から，ツツバ語の述語連続もタマンボ語同様，Foley and Olson の説とは合致していないことが分かる．

連続する二つの動詞のうち，V1 が他動詞で V2 が自動詞のとき，この主要部は補語をとることはできないが，V1 に関わらず V2 が他動詞であるとき，主要部は補語を必要とし，V2 が補語の格を支配する．以下，1 から 3 の組み合わせによる述語連続について順に記す．

7.6.1.1. 自動詞＋自動詞

自動詞と自動詞の型では，V1 として lua「つばを吐く」，mere「小便をする」，de「便をする」といった行為動詞が現れ，V2 には下方向への移動を示

す移動動詞 si「下る」が現れる．そしてこの連続により V1 の行為の方向性が示される．移動動詞の中でも si「下る」だけが V2 として生起しうるのは，lua「つばを吐く」，de「便をする」など V1 の行為を考えれば当然である．動詞 si「下る」は sivo「下る」の異形態で，場所をあらわす前置詞句や a-uta「丘に，丘で，畑に，畑で」，a-lao「海岸に，海岸で」などの場所や方向をあらわす副詞，tisin「下り側」といった方向の指示代名詞，または (82) の maradi「石」のような目標物となる普通名詞を必要とする．

(81) tari mo=lua si na sapat no-na
 T 3SG.R=つばを吐く 下る PP サンダル CLASS-3SG.POSS
 「タリは彼のサンダルにつばを吐いた」

(82) me=mere si maradi
 3SG.R=小便をする 下る 石
 「彼は石めがけて小便をした」

7.6.1.2. 他動詞＋自動詞

他動詞と自動詞の型では，V1 として他動詞 dia「得意とする」または否定の他動詞 leŋa「不得意とする」が現れ，V2 として非能格の自動詞が現れる．

(83) me=dia velu
 3SG.R=得意とする 踊る
 「彼女は踊るのを得意としている」

(84) nno=leŋa kove
 1SG.R=不得意とする 歌う
 「私は歌を歌うのが苦手だ」

7.6.1.3. 他動詞＋他動詞

他動詞＋他動詞の組み合わせは，述語連続の中でもかなりの割合を占める．これは V1 や V2 として現れうる動詞の数が，他の組み合わせよりも多いからである．他動詞＋他動詞の型では，V1 に主格または対格を支配する他動詞が現れ，V2 には対格支配の他動詞が現れるという特徴がある．具体的には，V1 に「見る，聞く」といった知覚の他動詞や「つかむ，食べる，蹴る」などの行為動詞が現れ，そして V2 に「知る，感じる」などの知覚動詞，「閉める，妨ぐ」などの行為動詞，「死ぬ」などの自動詞から派生した他動詞が現れる．

他動詞＋他動詞の述語連続では，V1 が V2 の示す行為について，その手段を説明，補足する働きをする．表 2 に V1 と V2 の組み合わせの例を示す．

表 2 他動詞と他動詞の組み合わせ

V1		V2
sor「見る」	＋	dor「知る」
roŋo「感じる」	＋	dor「知る」
an「食べる」	＋	roŋo「感じる」
dom「口に入れる」	＋	roŋo「感じる」
ati「噛む」	＋	mate-i「死ぬ -TR」
donno「飲み込む」	＋	mate-i「死ぬ -TR」
ter「引っ張る」	＋	varvari「ちぎる」
balati「（ドアを）閉める」	＋	oro「防ぐ」
taur「つかむ」	＋	selti「失敗する」
sor「見る」	＋	selti「失敗する」
taba「ぴしっと打つ」	＋	sabuti「上方向に開ける」
urati「つつく」	＋	sabuti「上方向に開ける」
sibei「足の側面で蹴る」	＋	balati「閉める」
taba「ぴしっと打つ」	＋	balati「閉める」
bai「蹴る」	＋	lului「何度も転がす」

(85)　　ma=taur　　　　selti=a
　　　　3SG.R=つかむ　　失敗する=3SG.OBJ
　　　　「彼はそれをつかみそこねた」

(86)　　nno=ter　　　　　varvari　　　　asi-de
　　　　1SG.R=引っ張る　　ちぎる　　　　縄-REF
　　　　「私は縄を引きちぎった」

(87)　　tariala　lo=dom　　　　　　　roŋo　　　　loli
　　　　T　　　　PROG=口に入れる　　感じる　　　飴
　　　　「タリアラは飴を味わっている」

(88)　　e=an　　　　　　　　roŋo=a!
　　　　2SG.IMP=食べる　　　感じる=3SG.OBJ
　　　　「それを食べてみて！」

7.6.2. 述部連結

　本書では法と相が一致する二つ以上の述部が，休止や接続詞を介さずに結びつき，意味的に一つの大きな述部を形成する動詞連続のことを述部連結と呼ぶ．述部連結の二つの述語は，先に見た述語連続の述語と違い，それぞれ主語代名詞に先行される．しかし独立した主語をとることができるのはV1だけである．
　述部連結はV1とV2の主語代名詞が人称・数において一致するか，それとも異なるかにより，次の三タイプに分類できる．

　1. 主語代名詞が同じ（same subject clause chaining）
　　　　　…すべての述部の主語が一致する述部連結

2. 主語代名詞が異なる（switch-subject clause chaining）
　　　…V1 の補語と V2 の主語の人称・数が一致する述部連続

3. V2 の主語代名詞が三人称・単数（ambient clause chaining）
　　　…V1 の主語や補語の人称・数に関わらず，V2 の主語が
　　　義務的に三人称・単数である述部連続

それぞれの述部連結があらわす内容は次のように異なる．これは V1 と V2 の種別とも深く関わっているため，7.6.2.1. 以降，述部連結の内容と V1, V2 について順に記述する．

1. 主語代名詞が同じ
　　A. 目的をあらわす
　　B. 動作や行為の方向をあらわす
　　C. ある状態への移行をあらわす
　　D. 連続する一つの行為をあらわす
　　E. 伝達や認識の内容をあらわす

2. 主語代名詞が異なる
　　F. 意図的な動作や行為の方向をあらわす（使役の一種）
　　G. 使役をあらわす

3. V2 の主語代名詞が義務的に三人称・単数
　　H. 相をあらわす
　　I. 比較をあらわす
　　J. 様態をあらわす

7.6.2.1. 主語が同じ場合

A. 目的をあらわす

述部連結の V1 が移動動詞，V2 が動作や行為をあらわす動詞で，二つの動詞の主語が一致しているとき，英語における不定詞の副詞的用法のように，第一動詞であらわされる移動は，第二動詞であらわされる行為を意図，目的としたものであると解釈される．このとき V1 には sae「上る」，sivo「下る」，vano「行く，横切る」の異形態で補語を必要とする sa, si, va が現れる．

(89) ka=sa ka=riv te dam
 1SG.IR=上る 1SG.IR=植える ART ヤムイモ
 「私はヤムイモを植えに（畑に）行ってきます」

(90) ka=va ka=an te toa tuan tolu-adi
 1SG.IR=行く 1SG.IR=食べる ART 鶏 PP 卵-蟻
 「鶏と米を食べに行ってきます」

(91) e=ma e=annan!
 2SG.IMP=来る 2SG.IMP=食べる
 「食べに来なさい！」

(92) ka=si ka=sor tama-ku
 1SG.IR=下る 1SG.IR=見る 父-1SG.POSS
 「私は父に会いに行ってきます」

B. 動作や行為の方向をあらわす

述部連結の V1 が，動作や行為をあらわす動詞で，V2 が移動動詞のとき，V2 は V1 の動作や行為の方向を示すと解釈される．

(93)　　ma=valao　　　　me=si　　　　　a-lao
　　　　3SG.R=走る　　　3SG.R=下る　　ADV-海岸
　　　「彼女は海岸へと駆けていった」

(94)　　laŋ-de　　　　　me=sir　　　　orota
　　　　風-REF　　　　　3SG.R=吹く　　木の実
　　　　mo=sov　　　　me=si　　　　　na　　　tasi
　　　　3SG.R=落ちる　 3SG.R=下る　　PP　　　海
　　　「風が吹いて木の実は海に落ちていった」

(95)　　veasi-de　　　　mo=roŋo　　na　bon-a-na　　　　　ro
　　　　灌木の精-REF　 3SG.R=感じる　ART　匂う-NMLZ-3SG.POSS　CONJN
　　　　ma=avtai　　　ma=ma
　　　　3SG.R=出る　　3SG.R=来る
　　　「灌木の精はそれの匂いを嗅ぎ，そして出てきた」

(96)　　o=ture　　　　　　　　　o=vano?
　　　　2SG.IR=雨で体を洗う　　 2SG.IR=行く
　　　「濡れながら行くのですか？」

C. ある状態への移行をあらわす

述部連結の V1 が移動動詞 ma「来る」で，V2 が状態動詞であるときは，主語が V2 の状態になりつつあると解釈される．

(97)　　nna　　ma=ma　　　　me=nini
　　　　3SG　　3SG.R=来る　　3SG.R=太る
　　　「彼はだんだん太ってきた」

(98)   ma=ma   me=bilo
    3SG.R=来る   3SG.R=禿げる
    「彼はだんだん禿げてきた」

D. 連続する一つの行為をあらわす

 述部連結のV1が行為動詞 lave（異形態 lav, la, l）「取る」，そしてV2が行為動詞 tau「置く」や sile「与える」であるとき，V1に引き続いてV2の行為が行われる，つまりV1とV2は時系列に沿った一続きの行為である，と解釈される．（100）のように移動動詞 ma「来る」がV2として後続し，そして行為動詞がV3として現れるときは，主語が移動を伴う行為をすると解釈される．

渡す「取る＋与える」

(99)   e=la   e=sile=ao   nna!
    2SG.IMP=取る   2SG.IMP=与える=1SG.OBJ   3SG
    「それを私に渡しなさい！」
    （直訳．それを取って私に与えなさい！）

連れて来る「取る＋来る＋置く」

(100)   takao   ma=lav-i=ao
     T   3SG.R=取る-OBJ=1SG.OBJ
     ma=ma   ma=tau=ao
     3SG.R=来る   3SG.R=置く=1SG.OBJ
     「タカオは私を連れてきた」
     （直訳．タカオは私を取り，私を置くためやって来た／タカオは私を取り，彼は来て，私を置いた）

E. 伝達や認識の内容をあらわす

　reti「言う」，usi「頼む」などの発話行為をあらわす動詞や，davsai「知る，思う，できる」などの補文をとる動詞がV1であるとき，V1と補文のあいだには，V2としてreti「言う」の省略形rが現れる．このときのV2は補文標識として機能する．

(101)　nno=usi=a　　　　　nno=r　　　a=l　　　　te　　vusa
　　　1SG.R=頼む=3SG.OBJ　1SG.R=言う　3SG.IR=取る　ART　ココナツ
　　　「私は彼にココナツを取ってくれるよう頼んだ」

(102)　moris　ma=varai　　　nolin　me=r　　　　ra=va
　　　M　　　3SG.R=言う　　N　　　3SG.R=言う　　3PL.IR=行く
　　　ra=annan
　　　3PL.IR=食べる
　　　「モリスはノリンに彼らが食べに行ったことを伝えた」

(103)　nno=davsai=a　　　　　nno=r　　　ma=ma
　　　1SG.R=思う=3SG.OBJ　　1SG.R=言う　3SG.R=来る
　　　me=ev
　　　3SG.R=終わる
　　　「私は彼が既に来ていると思う」

7.6.2.2. 主語が異なる場合

　V1とV2の主語が異なる述部連結は，例えば日本語の「私はそれを押す，それは行く」，または英語の'I push it, (and) it goes'のように，AV₁O SV₂という形式におけるV1とV2の因果関係や使役を示すと解釈される．ゆえにこの述部連結はオセアニアの言語記述書で「主語が交替する動詞連続」（switch-subject serialization）や「使役の動詞連続」（causative serialization）など

と呼ばれている（Jauncey 1997）．

F. 意図的な動作や行為をあらわす

　V1 が動作や行為をあらわす他動詞で，V2 が移動動詞 va「行く」であるとき，意味的に V1 の補語が V2 の主語となり，V1 の補語と V2 の主語は人称・数において一致する（$AV_1O_x\ S_xV_2$）．この連結は，行為者（V1 の主語）の意図的な動作や行為により，V1 の補語が V2 に後続する語句の示す位置へと移動すると解釈される．V1 と V2 のあいだには，行為者が対象物に働きかけてある位置に移動させるという行為と結果の因果関係があることから，この述部連結は一種の使役であると考えられる．

(104)　　ka=bulai　　　　nna　　　a=va　　　　　　tel-ei=o?
　　　　1SG.IR=投げる　　3SG　　　3SG.IR=行く　　　PP-OBJ=2SG.OBJ
　　　「それをあなたのところに投げようか？」
　　　（直訳．それがあなたのところに行くように投げましょうか？）

(105)　　ka=reti　　　　roŋo　　dui-a-i　　　　no-ku
　　　　1SG.IR=言う　　感じる　良い-NMLZ-REF　CLASS-1SG.POSS
　　　　a=va　　　　　 tel　　　vernabas
　　　　3SG.IR=行く　　PP　　　V
　　　「私はヴァナンバスに感謝の気持ちを伝えたい」
　　　（直訳．それがヴァナンバスのところに行くように私は感謝の言葉を述べましょう）

(106)　　e=surutai　　　bolosi　　a=va　　　　　 na　　　abi!
　　　　2SG.IMP=押す　　薪　　　 3SG.IR=行く　　 PP　　　火
　　　「薪を火にくべなさい！」
　　　（直訳．火のところに行くように薪を押しなさい！）

G. 使役をあらわす

V1 が他動詞 ve/vai「作る」で V2 に状態動詞,動作や行為の動詞,移動動詞のいずれかが現れると,V1 の補語を V2 の状態にする,V1 の補語に V2 の動作や行為をさせるなどの使役文として解釈される ($AV_1O\ SV_2$).「作る」を意味する他動詞 ve は補語が名詞句のときに用いられる.異形態である vai は補語が代名詞のときに用いられ,対格を支配する.

使役をあらわす形式には,V1 の補語が V2 の主語と人称・数において一致する場合と (107),V1 の補語が V2 の主語とは関わりなく三人称・単数の場合の二種類がある (108).

$AV_1O\ SV_2$：O=S

(107) nno=vai=o o=ŋara
1SG.R=作る=2SG.OBJ 2SG.R=泣く
「私はあなたを泣かせた」

$AV_1O\ SV_2$：O≠S

(108) nno=vai=a o=ŋara
1SG.R=作る=3SG.OBJ 2SG.R=泣く
「私はあなたを泣かせた／泣かせてしまった」

上の二つの構造には意味の違いが関係しており,例えば「私はあなたを泣かせた」と言うとき,叩く,蹴るなどの身体的接触により泣かせた場合は (107) のように V1 の補語と V2 の主語代名詞の人称・数が一致する.一方,悪口を言う,何かを投げ付けるなどの身体的接触を伴わない行為により泣かせた場合は,(108) のように V1 の補語は V2 の主語とは関わりなく三人称・単数となるため,泣く行為をする V2 の主語とは必ずしも同じ形にならな

い[13].仮に身体的接触を伴わない行為で第三者を泣かせ,さらに V2 の主語が三人称・単数の場合は,例 (109) や (110) のように V1 の補語と V2 の主語が人称と数において同じ形になり,行為の直接性 / 間接性が判然としない.しかし多くの場合,このような使役文は使役行為の下で発話されるか,または既に生じた使役行為を誰かに説明する際に発話されるので,聞き手は状況や文脈から行為の直接性 / 間接性を判断することができる.

(109) nno=vai=a   ma=maturei
      1SG.R=作る=3SG.OBJ   3SG.R=驚く
      「私は彼をびっくりさせた」

(110) nno=ve   turabue   ma=maturei
      1SG.R=作る   T   3SG.R=驚く
      「私はツランブエをびっくりさせた」

近隣のタマンボ語やアラキ語,ロロヴォリ語といった言語では身体的接触の有無が形式上区別されないが,ツツバ語ではこのように形式上区別されている.これは類型的には使役の直接性,すなわち直接的使役と間接的使役として分類されている (Dixon and Aikhenvald 2000: 67).

7.6.2.3. V2 の主語が義務的に三人称・単数

述部連結の V2 として,三人称・単数の主語代名詞に先行された以下の動詞が現れるとき,V2 は V1 の相や様態,比較の級をあらわすと解釈される.V1 にはツツバ語のすべての動詞が生起しうる.

---

13) V2 の主語が三人称・単数の場合は同じ形になる.

V2 として生起しうる動詞
    1. 自動詞　ev「終わる」
    2. 他動詞　isi「つかむ」, liu「勝る」, seu「勝る」
    3. 主語代名詞に先行され述語になる形容詞
            dui「良い」, siati「悪い」, lavoa「大きい」, vorvor「小さい」

　Bradshaw (1983) は，このように V2 が V1 を修飾する連続を「副詞的な動詞連続」(adverbial serial verbs) と呼び，Crowley (2002) は「周辺的な動詞連続」(ambient serialization) と呼んでいる．本書では Bradshaw (1983) に倣い，この述部連結を「副詞的な述部連結」と呼ぶことにする．副詞的な述部連結はヴァヌアツのパーマス語 (Paamese) やヌンバミ語 (Numbami), ツツバ語の近隣の言語であるタマンボ語 (Tamabo) にも観察される (Crowley 1987, Jauncey 1997).

　ツツバ語では，V2 として自動詞 ev「終わる」や他動詞 isi「つかむ」が生起すると V1 の相が示され，他動詞 liu「勝る」, seu「勝る」が生起すると比較の級が示される．そして V2 が形容詞のときは V1 の様態があらわされる．以下にこれらの副詞的な述部連結を記述する．

H. 相をあらわす

　自動詞 ev「終わる」が V2 として V1 に後続すると，V1 の動作や行為，状態の完了が示される．また同じく V2 として他動詞 isi「つかむ」が生起すると，V2 の補語を到着点とした V1 の動作や行為，状態の終結があらわされる．なお完了相と終結相以外の相は，相の小詞が主語代名詞と動詞の間に置かれる形で示される．

完了「～し終える，してしまう」

(111) asi le ma=matorotoro me=ev
 縄 DX 3SG.R=緩む 3SG.R=終わる
 「あの縄はすっかり緩んでしまった」

(112) nno=sao me=ev
 1SG.R=病気である 3SG.R=終わる
 「もうすっかりよくなりました」
 （直訳．私がかかっていた病気は終わりました）

(113) o=annan me=ev？
 2SG.R=食べる 3SG.R=終わる
 「あなたはもう食事を済ませましたか？」

終結「～が終わる，到達する」

(114) tovonasa o=ma me=isi tutuba?
 いつ 2SG.R=来る 3SG.R=つかむ T
 「あなたはいつツツバ島に到着したのですか？」

(115) vemol me=liliai me=isi ima
 V 3SG.R=戻る 3SG.R=つかむ 家
 「ヴェモルは家に帰り着いた」

(116) e=tovo-tovo me=isi evisa?
 2SG.IR=RED-数える 3SG.R=つかむ いくつ
 「あなたはいくつまで数を数えることができますか？」
 （直訳．あなたの数える数はいくつをつかむでしょう？）

I. 比較をあらわす

V1 が自動詞で V2 が他動詞 liu「勝る」や seu「勝る」のとき，V1 の主語の行為が V2 の補語よりも勝るという意味に解釈される．例えば V1 が自動詞 sasa「働く」である次の例文 (117) は，V1 の主語「私」の働きが V2 の補語「あなた」よりも勝っているという意味になる．

(117) nno=sasa   me=liu=o
　　　1SG.R=働く   3SG.R=勝る=2SG.OBJ
　　　「私はあなた以上に働いた」

(118) nno=davsai=a   me=liu   tomas
　　　1SG.R=知る=3SG.OBJ   3SG.R=勝る   T
　　　「私はそれについてトーマスよりもよく知っている」

(119) o=vasoi   dam   me=liu=ao
　　　2SG.R=植える   ヤムイモ   3SG.R=勝る=1SG.OBJ
　　　「あなたは私よりも多くのヤムイモを植えた」

次の二文のように三つの述部が連続し，その V2 が形容詞で V3 が比較の動詞 liu「勝る」や seu「勝る」であるとき，V2 は V1 を副詞的に修飾し，V3 は V1 との比較を示すと解釈される．

(120) nno=annan   ma=lavoa   me=seu=o
　　　1SG=食べる   3SG.R=大きい   3SG.R=勝る=2SG.OBJ
　　　「私はあなたよりも食べる量が多い」

(121) me=levete　　　mo=dui　　　me=seu=ao
3SG.R=歌う　　　3SG.R=良い　　3SG.R=勝る=1SG.OBJ
「彼は私よりも歌がうまい」

V2の補語がゼロ形態であるときは比較の対象が存在しない，つまり最上級と解釈される．例えば(122)はV2の補語がゼロ形態であるため，「私は何よりも(誰よりも)サッカーを好む」という意味になる．

(122) nno=boi　　　vamol　　　me=seu　　　$\phi^{14)}$
1SG.R=好む　　　オレンジ　　3SG.R=勝る　　ゼロ形態
「私はサッカーが一番好きだ」

(123) o=boi　　　semer　me=liu　　　ϕ?
2SG.R=好む　　何　　　3SG.R=勝る　　ゼロ形態
「あなたは何が一番好きですか？」

J. 様態をあらわす

V2が形容詞のとき，様態の副詞のようにV2がV1の行為を修飾していると解釈される．

(124) o=maturu　　　mo=dui?
2SG.R=眠る　　　3SG.R=良い
「よく眠れましたか？」

---

14) かつて人々はオレンジ(vamol)を蹴って遊んでいたことから，今日vamolはサッカーという意味にも解釈される．現在はvutobol(フットボール)という借用語も頻繁に用いられている．

(125)　　nno=annan　　　ma=lavoa
　　　　1SG.R=食べる　　3SG.R=大きい
　　　　「私はよく食べる」

(126)　　mo=uve=a　　　　ro　　mo=roŋo　　　me=siati
　　　　3SG=罵る=3SG.OBJ　CONJ　3SG.R=感じる　3SG.R=悪い
　　　　「彼女が彼を罵ったため，彼は気分を害した」

　表3は，述部連結を形成する二つの動詞の種別と，述部連結が示す意味について，主語の観点からまとめたものである．

表3　述部連結を形成する動詞と連結が示す意味

	V1			V2		
	移動	動作,行為	状態	移動	動作,行為	状態
1. 主語が同じ						
A. 目的	○	—	—	—	○	—
B. 動作や行為の方向	—	○	—	○	—	—
C. ある状態への移行	△	—	—	—	—	○
D. 連続する一つの行為	—	△	—	○	△	—
E. 伝達や認識の内容	—	△	—	—	△	—
2. 主語が異なる						
F. 意図的な動作や行為の方向	—	○	—	△	—	—
G. 使役	—	△	—	○	○	○
3. V2の主語が三人称・単数						
H. 相	○	○	○	—	△	—
I. 比較	○	○	○	—	△	—
J. 様態	○	○	○	—	—	—

○… 可能
△… 一部可能
—… 不可能

COLUMN

記述言語学の現場から

命がけのボート

ツツバ島には病院や市場，生活用品を購入できる店がない．そのため人々は海を渡って副都心のサント島へ行く．ツツバ島とサント島を結ぶ定期的な交通手段は存在せず，唯一の移動手段はツツバ島民の数名が所有するボートである．ボートで移動するには，ボート所有者に料金を支払う必要がある．他の人々と乗り合いの場合やボート所有者のサント島への移動に同乗させてもらう場合は，片道あたり100バツ（1バツは約1円）を支払う．しかし自分1人のためだけにボートを出してもらう場合は，2000バツを支払う必要がある．同日中の往復であればこの金額でよいが，復路が往路の日と

定員オーバーのボート．向こうに見えるのがツツバ島．

波に翻弄され，子は親にしがみつき親は子を抱きしめる．

は異なる場合はさらに2000バツ，つまり往復で合計4000バツを支払わなくてはならない．そのため人々は自分の予定を調整し，たとえ早く病院で診察を受けた方が良いような病状であろうと乗り合いを選択する．

　復路も同じように乗り合わせて渡る．しかしどうしても急遽サント島からツツバ島へ帰りたい場合は，海を渡っているボートかツツバ島にいるボート所有者に気づいてもらわなくてはならない．そのため浜辺で鏡を動かして海面に光を反射させ航行中のボートに合図を送ったり，のろしを上げてツツバ島のボート所有者を呼んだりする．

　ボートは定員が5，6人という大きさであるのに10人，15人と乗り込むことが多い．ツツバ島とサント島間の所要時間は，ボートに乗り込んだ人数や風向き，波の荒さによって異なるが，およそ1時間である．ボート所有者は波の穏やかな早朝を選んでボートを出すが，航行中に突如天候が悪化し暴風雨にみまわれることがある．悪天候のなか波が荒くなってくると，人々は座る場所を変えたり荷を置き換えたりして，ボートが波にのまれないようにバランスを調整する．また雨水や海水による浸水が激しくなると，ボートから水をかき出して沈むのを食い止める．航行中に燃料が切れて補給の間を波に翻弄されると，人々は2本の櫂を使って漕ぐ．通常，舵を握るのはボートを所有する年配の男性であるが，都合により経験もない小学校低学年の息子に舵取りを任せることもある．ボートには救命具も緊急時の連絡機器もなく，そもそも救助のシステムもない．鮫の背びれが見え隠れする荒々しい海を渡るのは，子供にとっても大人にとっても命がけである．

8章 形容詞

8.1. 形容詞と動詞，名詞
8.2. 形容詞の基本的機能
8.3. 形態と意味との相関関係
8.4. 意味に基づく下位分類
8.5. 拡張された形容詞
8.6. 法，相，否定との共起制限
8.7. 形容詞まとめ

本章ではツバ語に形容詞という品詞を設ける理由を説明し，形容詞の意味と機能について記述する．初めに 8.1. でオセアニアの言語で形容詞がどのように定義されているかを概説し，ツバ語の形容詞の定義を示す．続いて 8.2. でツバ語の形容詞の基本的な統語的機能を示し，8.3. で形容詞の形態，特に重複化と重複に伴う意味の変化について記述する．そして 8.4. で形容詞を意味的なグループに分類し，8.5. で形容詞の意味と拡張された機能について考察する．その後 8.6. では動詞的用法の形容詞と法，相の小詞との共起関係について記述し，最後に 8.7. で形容詞の意味と文法的機能についてまとめた表を示す．

8.1. 形容詞と動詞，名詞

名詞や動詞はどの言語にも認められる品詞であるが形容詞は必ずしもすべての言語に認められるわけではなく，形容詞という品詞が認められていないオセアニアの言語は数多くある．形容詞について Givon (1984) は「英語を含む多くの言語では，形容詞という類が語彙的に動詞から派生したものであるか，それとも名詞から派生したものであるかが長いあいだ議論されてきた」と述べ，Schachter (1985) は「形容詞的な意味が主に名詞であらわされる言語を形容詞的名詞言語 (adjectival-noun languages) と呼び，主に動詞であらわされる言語を形容詞的動詞言語 (adjectival-verb language) と呼ぶ」と述べる．

Lynch (1998) は「多くのオセアニアの言語では，形容詞のように英訳される語が次の二つの機能を担っている可能性がある．一つは名詞を修飾する形容詞的機能，もう一つは自動詞のように主語や時制の標識に付加された，状態動詞としての機能である」と述べ，さらに「メラネシアの多くの言語は，形容詞的に英訳される状態動詞とは別に，形容詞というカテゴリーを持っている．（略）というのも形容詞のように訳されるある語は，名詞を修飾するだけでなく，主語や時制，相の標識と共起し，状態動詞ではなく動詞として

8章 形容詞

機能するが,ある語には名詞を修飾する機能しかないからである」と説明している.つまり Lynch (1998) は,メラネシアの多くの言語では,名詞修飾の機能しか持たない語が形容詞として認められ,名詞修飾に加えて,人称や相の標識とも共起しうる語は,動詞に分類されると述べている.

ツツバ語はメラネシアの言語であるが,メラネシアの多くの言語とは異なり,名詞修飾の機能だけを持つ語というのは存在しない.この言語では,名詞を修飾しうる語はすべて動詞のように述語として機能し,主語や法,進行相の小詞に先行されうる.このような語を自動詞の下位に分類し,名詞を修飾する機能を「動詞の形容詞的用法」とみなして動詞の拡張された機能と捉えることも可能であるが,一般的に名詞の修飾は形容詞の最も基本的な機能と考えられることから,本書ではツツバ語に形容詞を設け,これを次のように定義することにする.なお形容詞には,他の品詞と区別されるような形態的な特徴は存在していない.

形容詞には次の二つの機能がある.
1. 述語になる.このとき動詞のように主語代名詞に先行される
2. 名詞を修飾する

Lynch (1998) は,「オセアニアの言語では,単語を厳密に特定の品詞に分類することがしばしば難しく,特に形容詞と動詞の区別が困難である」と述べている.ツツバ語では動詞の定義を形容詞の定義1と同じく「述語になること」としており,動詞と形容詞は「名詞を修飾する機能の有無」においてのみ区別される.例えばツツバ語では sara「明るい」や dodo「暗い」のような状態をあらわす語は,文の述語にはなりうるが名詞を修飾することができないので動詞に分類される.

8.2. 形容詞の基本的機能

形容詞の述語になる機能と名詞を修飾する機能を以下に示す．

8.2.1. 述語になる形容詞

形容詞が述語として用いられるとき，形容詞は動詞のように主語代名詞に先行される[1]．形容詞を述語とする形容詞述語文は，いずれも主語の状態をあらわす．

述語になる

(1) viae leŋ ma=matua
  木　 DX　 3SG.R=堅い
  「あの木は固い」

(2) vamol-de ma=rata
  オレンジ-REF　3SG.R=甘い
  「そのオレンジは甘かった」

(3) viriu bula-ku mo=vso
  犬　 CLASS-1SG.POSS　3SG.R=白い
  「私の飼っている犬は白い」

---

[1] 形容詞が述語になるときに共起しうる法や相，否定の小詞については 8.6.「法，相，否定との共起制限」で説明する．

(4) ma̰ta-na	me=siati
目-3SG.POSS	3SG.R=悪い
「彼女の視力は弱い」（直訳．彼女の目は悪い）

8.2.2. 名詞を修飾する形容詞

形容詞が名詞を修飾するとき，形容詞は名詞に後続する．

(5) sara	lamlabiti
道	でこぼこな
「でこぼこ道」

(6) uluvoe	saia
青年	愚かな
「愚かな青年」

(7) asi	makel
縄	長い
「長い縄」

ただし名詞句の主要部がvulu-「髪」，uri-「肌」のように拘束名詞のとき，形容詞は自由名詞を修飾するときとは異なり，拘束名詞に後続してこれを修飾することができない．例えば(7)のように「長い縄」というときには，自由名詞「縄」に形容詞「長い」が後続するが，「長い髪」のように常に所有者代名詞接辞が付加される拘束名詞「髪」を修飾するときには，形容詞は主語代名詞に先行され，形式的には「髪」を主語とする述語として現れる．

(8) vulu-ku　　　　ma=makel
　　 髪-1SG.POSS　　3SG.R=長い
　　 「私の髪は長い」

(9) vulu-m　　　　 ma=maso
　　 髪-2SG.POSS　　3SG.R=まっすぐな
　　 「あなたの髪はまっすぐだ」

(10) uri-m　　　　　ma=aŋoa
　　 肌-2SG.POSS　　3SG.R=黄色い
　　 「あなたの肌は黄色い」

(11) tia-na　　　　 ma=lavoa
　　 腹-3SG.POSS　　3SG.R=大きい
　　 「彼のお腹は大きい」

8.3. 形態と意味との相関関係

　先の8.2.「形容詞の基本的機能」では，形容詞の基本的な機能について述べたが，続くこの節では形容詞の形態的な変化とそれに伴う意味の変化について記述する．

　形容詞には他の品詞と区分されるような形態的な特徴が存在しない．また形容詞には述語になる，名詞を修飾するといった二つの基本的な機能があるが，この二つの機能は母音交代や接辞の付加により形態的に明示されるものではない．ツツバ語の形容詞に生じる形態的プロセスには次の二つがあり，いずれも義務的なものではなく随意的なものである．

① 重複
② 接尾辞の付加

8.3.1. 重複

　名詞，動詞，副詞の語全体または語の一部分が重複すると，重複した語は重複元，すなわち基本形よりも規模や程度，範囲，数が甚だしいことをあらわすようになる．形容詞にも重複によって意味が変化する語が二つだけ存在しており，その二語とは masa「乾いた」と alu「熱い，暑い」である．前者の重複形は修飾する名詞の数が複数であることを示唆し，後者の重複形は熱さの程度が甚だしいことを示す．

masa	「（単数の何かが）乾いた」
ma-masa	「（複数の何かが）乾いた」
alu	「熱い，暑い」
alu-alu	「とても熱い，とても暑い」

　ツツバ語の多くの名詞は単数と複数が同形で，接頭辞 na- や ra- が付加されることにより複数であることが明示されるが，この複数をあらわす接辞の付加は義務的ではない[2]．形容詞 ma-masa「（複数の何かが）乾いた」が名詞を修飾するとき，修飾される名詞は，複数をあらわす接頭辞が付加されているかどうかに関わらず，複数と解釈される．ゆえに以下の二文は同じ意味になる．

---

2) 接頭辞 na- は親族をあらわす拘束名詞に，ra- はそれ以外の自由名詞に付加する．

名詞に複数をあらわす接頭辞が付加されていない
- (12)　　ruru　　ma-masa
　　　　服　　　RED-乾いた
　　　　「乾いた服（複数）」

名詞に複数あらわす接頭辞が付加されている
- (13)　　ra-ruru　　ma-masa
　　　　PL-服　　　RED-乾いた
　　　　「乾いた服（複数）」

　名詞に複数をあらわす接頭辞が付加されている場合，上の例 (13) のように，その名詞を修飾する形容詞は，常に重複形つまり複数形でなくてはならない．すなわち，形容詞が重複形でない次の文は容認されない．

- (14)　　　*ra-ruru　　masa
　　　　　PL-服　　　乾いた

　形容詞 masa の重複形 ma-masa は，名詞を修飾するときにのみ用いられ，文の述語として動詞的に用いられるのは基本形 masa の方である．動詞的用法のとき，masa には主語の人称・数・法を示す主語代名詞が先行する．
　主語は明示されないことが多いが，次の二例のように主語が ruru「服」であると明示されることもある．この場合，複数をあらわす接辞の付加は随意的であるため主語の数が必ずしも示されるわけではない．しかし聞き手は主語代名詞から主語の数が単数か複数かを知ることができる．

主語代名詞により主語の数が示される
単数

(15)　ruru　　ma=masa
　　　服　　　3SG.R=乾いた
　　　「服（単数）が乾く，乾いている」

複数

(16)　ruru　　ro=masa
　　　服　　　3PL.R=乾いた
　　　「服（複数）が乾く，乾いている」

8.3.2. 形容詞に付加する接尾辞

本来，形容詞ではなく他の品詞に付加する接尾辞が，形容詞に付加することがある．形容詞に付加するこのような接尾辞には次の二つがある．

1. 名詞に付加して前方照応をあらわす接尾辞 -i/-de
2. 動詞に付加して名詞を派生させる接尾辞 -a

8.3.2.1. 名詞に付加する接尾辞

普通名詞には前方照応の接尾辞 -i/-de が付加しうるが，普通名詞を形容詞が修飾するとき，この前方照応の接尾辞は名詞ではなく形容詞に付加する (6.4.3. 参照)．

(17)　dav-davsai　　suia-i　　　no-ku
　　　RED-思う　　　強い-REF　　CLASS-1SG.POSS
　　　「私の信念」

(18) tamol　dui-de　　mo=tuan　　nao
　　 人　　良い-REF　3SG.R=助ける　1SG
　　「その親切な人は私を助けてくれたのです」

8.3.2.2. 動詞に付加する接尾辞

　ツツバ語では，動詞に接尾辞 -a が付加すると名詞が派生する．形容詞には名詞を修飾する働きがあり，形容詞が修飾する対象には，動詞から派生した名詞も含まれる．形容詞が名詞を修飾するとき，前方照応の接尾辞が名詞ではなく形容詞に付加するように (8.3.2.1. 参照)，動詞から派生した名詞を形容詞が修飾するときも，動詞から名詞を派生させる接尾辞 -a が，動詞ではなく形容詞に付加する．つまり本来ならば [動詞–名詞を派生させる接辞　形容詞] のように，派生した名詞に形容詞が後続するところであるが，名詞を派生させる接尾辞が形容詞に付加するため，[動詞　形容詞–名詞を派生させる接辞] となる．

動詞から派生した名詞の例 ([動詞–名詞を派生させる接辞])

(19)　roŋo-a
　　　感じる-NMLZ
　　　「感情」

形容詞に修飾された場合 ([動詞　形容詞–名詞を派生させる接辞])

(20)　ka=reti　　　roŋo　　dui-a　　　　no-ku
　　　1SG.IR=言う　感じる　良い-NMLZ　CLASS-1SG.POSS
　　　「私は感謝の念を伝えたい」

　さらに動詞から派生した名詞には，(21) のように前方照応の接尾辞 -i/-de が付加しうる．これを形容詞が修飾するときには，動詞語基に付加していた名詞派生接辞と前方照応の接尾辞の両方が形容詞に付加するようになる．

従って動詞語基には何も付加せず，［動詞　形容詞-名詞を派生させる接辞-前方照応の接尾辞］という形式であらわされる (22), (23).

(21)　lai-a-i
　　　結婚する-NMLZ-REF
　　　「その結婚」

(22)　lai　　　　dui-a-i
　　　結婚する　良い-NMLZ-REF
　　　「その素晴らしい結婚」

(23)　ka=reti　　　roŋo　　dui-a-i　　　　　　no-ku
　　　1SG.IR=言う　感じる　良い-NMLZ-REF　　CLASS-1SG.POSS
　　　「私はその感謝の念を伝えたいのです」

　前方照応の接尾辞 -i/-de には，この接辞に付加される語句が名詞句であることを示唆する働き，つまり名詞句標識としての機能もある．例えば (23) の名詞を派生する接尾辞 -a が省略されて次の (24) のように，名詞に付加する前方照応の接尾辞 -i/-de だけが形容詞に付加すると，接尾辞 -i/-de に付加される形容詞とそれの修飾する要素が一つの名詞句を形成していることが示唆される．このとき (23) と比較すると分かるように，(24) では単に接尾辞 -a が省略されているだけでなく，前方照応の接尾辞が -i から -de に変化している．これは 3.2.2.1.「名詞に付加する接尾辞」や 6.4.「前方照応の接尾辞が付加する要素」で述べたように，名詞句末 ((23) では dui-a の a，(24) では dui の i) が中・低母音のときは前方照応の接尾辞 -i が付加し，子音またはそれ以上狭めることができない高母音 i, u のときには接尾辞 -de が付加する

という規則があるためである[3].

(24) ka=reti　　　NP[roŋo　　dui]-de　　no-ku
　　　1SG.IR=言う　　感じる　　良い-REF　　CLASS-1SG.POSS
　　　「私はその感謝の念を伝えたいのです」

　次も上の例と同様に，付加することが予期される名詞派生の接尾辞-aが省略され，形容詞 siati「悪い」に前方照応の接尾辞が直接付加した例である．仮に動詞から名詞を派生させる接尾辞-aが，省略されずに形容詞 siati「悪い」に付加していたならば，この形容詞に付加する前方照応の接尾辞は -de ではなく，-i となる (26).

(25)　　NP[davsai　　siati]-de　　no-ku
　　　　思う　　　　悪い-REF　　CLASS-1SG.POSS
　　　「私のその嫉妬」（直訳．私の悪い考え）

(26)　　NP[davsai　　siati-a]-i
　　　　思う　　　　悪い-NMLZ-REF
　　　「その嫉妬」

8.3.2.3. 修飾される名詞に生じる形態変化

　形容詞が名詞を修飾するとき，いくつかの名詞には母音の脱落が生じることがある．形容詞に修飾されるときに形態が変化するのは，次のような名詞である．

　a. 三音節以上の音節から構成され，語末の二音節が CV.V，そして C が r

---

3) 名詞句末と書いたが，名詞句末のすべての要素に前方照応の接尾辞が付加しうるわけではない．名詞句末の要素と名詞句の構成要素により，この接尾辞が付加する位置は異なる (6.4. を参照).

や l の名詞．このような名詞が形容詞に修飾されると，語末の二つの母音が脱落する．

b. 二音節以上の音節から構成され，語末の音節が NV，そして N が軟口蓋鼻音の名詞．形容詞に修飾されると語末の母音が脱落する．

a の例
tamol<u>oi</u>「人」

(27)　　tamol　　dui
　　　　人　　　良い
　　　　「良い人」

vor<u>ae</u>「兄弟」

(28)　　vor　　dui
　　　　兄弟　　良い
　　　　「善良な兄弟」

b の例
taŋ<u>a</u>

(29)　　taŋ　　nmea
　　　　鞄　　　赤い
　　　　「赤い鞄」

8.4. 意味に基づく下位分類

これまで形容詞の主要な機能や形態について記述してきたが，この節では Dixon (1982) の分類に基づいてツツバ語の形容詞を意味的に分類し，反義語

や反意の表現，複数の形容詞が一つの名詞を修飾するときの意味と語順について記述する．

8.4.1. 形容詞の意味グループ

Dixon (1982: 16) は，形容詞を次の七つのグループに分類している．

> 1. Dimension
> 2. Physical property
> 3. Colour
> 4. Human propensity
> 5. Age
> 6. Value
> 7. Speed

Dixon (1982: 16) が七番目の項目として挙げた「速さ」(speed) をあらわす語は，ツツバ語では副詞に分類される．また Dixon (1982) は，位置をあらわす「高い，低い，右，左，近い，遠い」などは英語では形容詞に分類されるものの，他の言語では副詞に分類されることが多いため，位置 (position) を項目から除くと述べている．ツツバ語では「高い，低い，近い，遠い」が副詞，「右，左」が名詞であることから，彼の分類同様，上記の形容詞の項目には位置を加えないことにする．

Dixon (1982) が示した形容詞の七つの意味的なグループに倣い，ツツバ語の形容詞を分類すると次のようになる．それぞれのグループが統語的にどのようなふるまいをするかについては 8.5. や 8.6. で述べる．

1. Dimension「大きさをあらわす形容詞」

　　　　大きさ　　　　lavoa「大きい，多い，激しい，重い，重要な」

	vorvor	「小さい，少ない，若い，軽い，些細な」
	vatina	「大きい」．
長短	makel	「長い」
	milodo	「短い」
太さ	nini	「太い」
	madua	「細い」

2. Physical property「物，身体の性質をあらわす形容詞」

固さ，強さ	matua	「固い，丈夫である，難しい」
	suia	「強い」
重さ	bohon	「重い（無生物）」
暑さ，熱さ	alu	「熱い，暑い」
	mariri	「冷たい，寒い」
甘さ	rata	「甘い」
	ona	「苦い」
乾燥	masa	「乾いた」
	kolu	「干上がった」
	aira	「濡れた」

3. Colour「色をあらわす形容詞」

色合い	maeto	「黒い，汚れた」
	vuso	「白い」
	aŋoa	「黄色い」
	nmea	「赤い」
	esa	「青緑」

4. Human propensity「人の性質をあらわす形容詞」

| 善悪 | dui | 「良い，幸せな，親切な」 |

		siati	「悪い」
賢明さ		batua	「賢い」
		saia	「愚かな」

5. Age「新古をあらわす形容詞」
   新古　　rabe　　「新鮮な」
   　　　　nobaro　「新しい」
   　　　　tuae　　「古い，昔の」
   成熟　　mena　　「(果物が)熟した」

6. Value「価値をあらわす形容詞」
   適切さ　maso　　「適切な，まっすぐな」
   　　　　tinabua「異なった」

7. Speed「速さをあらわす形容詞」
   　　　　なし

8.4.2. 形容詞の意味

　ツツバ語のすべての形容詞は，上の Speed「速さをあらわす形容詞」を除く六項目のいずれかに分類可能である．本書では便宜上ひとつの語をひとつの意味グループに分類しているが，実際にはひとつの語が複数の意味グループに該当することもある．例えばツツバ語の vorvor には「小さい，少ない，若い，軽い些細な」という複数の意味があり，この中の「小さい」は項目 Dimention「大きさをあらわす形容詞」に該当し，「若い」は Age「新古をあらわす形容詞」に該当すると考えられる．

　また Givon (1984: 73) が「多くの形容詞は反義語のペアを持っているもの

であるが，いくつかの形容詞は反義語を持たない」と述べているように，この言語でも dui「良い」には反義語 siati「悪い」が存在しているが，rata「甘い」や maso「適切な，まっすぐな」の反義語は存在していない．反義語が存在しないこれらの形容詞の対は，rata「甘い」や maso「適切な，まっすぐな」を述語とする文の否定形であらわされる．

(30)　　mako　　　rata
　　　　マンゴー　甘い
　　　「甘いマンゴー」

否定形
(31)　　mako　　　me=te=rata
　　　　マンゴー　3SG.R=NEG=甘い
　　　「マンゴーは甘くない」

また，一語が複数の意味を持つということもあり，この言語では必ずしもある語の反義語が一語であるとは限らない．例えば先の vorvor には「軽い」以外にも「小さい」という意味があるが，この「軽い」と対をなす「重い」という意味の bohon に「大きい」という意味はない．vorvor が「小さい」という意味で解釈される場合の反義語は lavoa「大きい」である．

8.4.3. 名詞修飾時の形容詞の語順

基本的に一つの形容詞は一つの名詞を修飾するが，二つ以上の形容詞が一つの名詞を修飾することも可能である．ただし先に示したすべての意味グループの形容詞が自由に連続できるというわけではなく，連続できる組み合わせと連続できる形容詞の数は次のように決まっている．

8.4.3.1. 三つの形容詞による名詞修飾

　形容詞の連続は最大三つまで可能であり，その三つは連続の順に，固さ，暑さ，重さなどのPhysical property「物，身体の性質をあらわす形容詞」，Age「新古をあらわす形容詞」，そして大小や長短などのDimention「大きさをあらわす形容詞」である．

　三つの形容詞の語順
　　1　Physical property　「物，身体の性質をあらわす形容詞」
　　2　Age　　　　　　　　「新古をあらわす形容詞」
　　3　Dimention　　　　　「大きさをあらわす形容詞」

例えば「新鮮で苦味のある大きなマンゴー」は，次のように名詞mako「マンゴー」の後ろに，これを修飾する三つの形容詞が並置される．形容詞と形容詞のあいだには休止や等位接続詞が置かれない．

(32)　ka=an　　　　te　　mako　　ona　　rabe　　lavoa
　　　1SG.IR=食べる　ART　マンゴー　苦い　新鮮な　大きい
　　　「私は新鮮で苦味のある大きなマンゴーが食べたい」

　形容詞はこの順でしか連続することができず，上の例で示した以外の形容詞の順，つまり「rabe 新鮮な　ona 苦い　lavoa 大きい」や「lavoa 大きい　rabe 新鮮な　ona 苦い」などは子供の発話とみなされる．

8.4.3.2. 二つの形容詞による名詞修飾

　二つの形容詞が一つの名詞を修飾するときには，Dimention「大きさ」，Physical property「物，身体の性質」，Colour「色」，Human propensity「人の性格」，Age「新古」，をあらわす五グループの形容詞が，次に示す四通りの組み合わせで現れる．二つの連続する形容詞の順番を入れ替えることはで

きない．

形容詞の組み合わせ

a. 1. Colour   「色をあらわす形容詞」
   2. Dimension   「大きさをあらわす形容詞」

b. 1. Colour   「色をあらわす形容詞」
   2. Age   「新古をあらわす形容詞」

c. 1. Dimension   「大きさをあらわす形容詞」
   2. Human propensity 「人の性質をあらわす形容詞」

d. 1. Dimension   「大きさをあらわす形容詞」
   2. Physical property 「物，身体の性質をあらわす形容詞」

以下に a から d のそれぞれの例を示す．

a. (33)　　ima　　vso　　lavoa
　　　　　　家　　白い　　大きい
　　　　「大きな白い家」

b. (34)　　taŋ　　nmea　　tuae
　　　　　　鞄　　赤い　　古い
　　　　「古くて赤い鞄」

c. (35)　　ima　　vorvor　　dui[4]
　　　　　　家　　小さい　　良い
　　　　　「心地よい小さな家」

d. (36)　　ima　　lavoa　　matua
　　　　　　家　　大きい　　固い
　　　　　「頑丈で大きな家」

8.5. 拡張された形容詞

　ツツバ語のすべての形容詞には，名詞を修飾するという最も基本的な機能に加え，動詞のように述語になるという機能がある．さらに拡張された機能として，いくつかの形容詞の中には，動詞を修飾する，名詞句の主要部になるなど，副詞的ふるまいや名詞的ふるまいをするものもある．本節では，これらの拡張された形容詞の機能と意味について考察する．

8.5.1. 動詞的機能の拡張

8.5.1.1. 肯定

　7.6.2.3. Jで記したように，動詞的用法の形容詞には，動詞を述語とする節に後続し，この先行する節を修飾する機能がある．形式的には動詞を述語とする節（C_1）に動詞的用法の形容詞を述語とする節（C_2）が並置され，[C_1　C_2]のようになる．並置されたこの二節は，意味的に一つの大きなまとまりを形成することから，ツツバ語ではこれを述部連結と呼んでいる．この連結構造における動詞的用法の形容詞は，独立した主語をとることができ

---

[4] dui には「良い」以外にも「親切な」，「幸せな」という意味があるため，Human propensity「人の性質をあらわす形容詞」に分類している．

ず，義務的に三人称・単数の主語代名詞に先行される．

以下に C_1 の述語が自動詞の例と他動詞の例をそれぞれ示す．

C_1 の述語が自動詞

(37) [o=maturu]$_{C1}$　　[mo=dui?]$_{C2}$
　　　2SG.R=眠る　　　3SG.R=良い
　　　「良く眠れましたか？」

(38) [ma=annan]$_{C1}$　　[ma=lavoa]$_{C2}$
　　　3SG.R=食べる　　　3SG.R=大きい
　　　「彼が食べる量は多い（彼は大食いだ）」

C_1 の述語が他動詞

(39) [e=vai　　　　asi-de]$_{C1}$　　[a=maso!]$_{C2}$
　　　2SG.IMP=作る　縄-REF　　　　3SG.IR=まっすぐな
　　　「縄をまっすぐにしなさい！」

(40) [me=redi=a]$_{C1}$　　　[mo=dui]$_{C2}$
　　　3SG.R=縫う=3SG.OBJ　　3SG.R=良い
　　　「彼女はそれを縫うのが上手い」

8.5.1.2. 否定

二つの節 C_1C_2 が連結し C_2 が C_1 を修飾する文の否定，すなわち上の (37) から (40) の否定は，C_2 の述語の前に否定 te= が置かれることによってあらわされる．

(41)　　[o=maturu]_C1　　[me=te=dui?]_C2
　　　　2SG.R=眠る　　　3SG.R=NEG=良い
　　　　「良く眠れなかったのですか？」

(42)　　[ma=annan]_C1　　[me=te=lavoa]_C2
　　　　3SG.R=食べる　　　3SG.R=NEG=大きい
　　　　「彼が食べる量は多くない（彼は大食いではない）」

(43)　　[e=vai　　asi-de]_C1　　[a=te=maso!]_C2
　　　　2SG.IMP=作る　縄-REF　　3SG.IR=NEG=まっすぐな
　　　　「縄をまっすぐにするな！」

(44)　　[me=redi=a]_C1　　　[me=te=dui]_C2
　　　　3SG.R=縫う=3SG.OBJ　3SG.R=NEG=良い
　　　　「彼女はそれを縫うのが上手くない」

　ツツバ語では，料理の出来や体調などについて，聞き手の感想や第三者の情報を求めるときには，形容詞を第二節の述語とする述部連結の文が用いられる．例えば(45)のように気分について質問した場合，それに対する否定の答えは(46)のようにC_2の述語の前に否定te=が置かれるか，または(47)のように(46)のC_2の述語dui「良い」と対をなす語が置かれて意味的に否定があらわされる．

(45)　　[o=roŋo]_C1　　[mo=dui?]_C2
　　　　2SG.R=感じる　　3SG.R=良い
　　　　「気分は良いですか？」

(46) me=dere,　　　[nno=roŋo]$_{C1}$　　[me=te=<u>dui</u>]$_{C2}$
　　　3SG.R=違う　　　1SG.R=感じる　　　3SG.R=NEG=良い
　　　「いいえ，良くありません」

(47) me=dere,　　　[nno=roŋo]$_{C1}$　　[me=<u>siati</u>]$_{C2}$
　　　3SG.R=違う　　　1SG.R=感じる　　　3SG.R=悪い
　　　「いいえ，悪いです」

しかし，C_1にどのような意味の動詞が生起するかにより，C_2に意味的に対立する語ではなく義務的に否定 te= が置かれることもある．例えば(48)のように「よく眠れましたか」と聞かれた場合，日本語と同様にツツバ語でも「悪く眠った」と言うことはできないため，C_1 の述語が maturu「眠る」のときは siati「悪い」が C_2 の述語として生起して C_1 を修飾することはできない．この問いに対する否定的な回答は (50) のように C_2 の述語 dui「良い」の前に否定 te= が置かれてあらわされる．

(48) o=maturu　　　mo=dui?
　　　2SG.R=眠る　　　3SG.R=良い
　　　「良く眠れましたか？」

(49) *nno=maturu　　me=<u>siati</u>
　　　1SG.R=眠る　　　3SG.R=悪い
　　　「私は昨晩，悪く眠った」

(50) me=dere,　　　nno=maturu　　me=te=<u>dui</u>
　　　3SG.R=違う　　　1SG.R=眠る　　　3SG.R=NEG=良い
　　　「いいえ，良く眠れませんでした」

8.5.2. 副詞的用法

　形容詞の中には，副詞のように動詞に後続し，先行する動詞を修飾するものがある．このような副詞的用法で用いられるのは，Age「新古をあらわす形容詞」以外の意味グループに属するいくつかの形容詞である．なお8.4.1.で前述したようにSpeed「速さをあらわす形容詞」に属する形容詞は存在しない．

Dimension「大きさをあらわす形容詞」

(51)　　da=mabu　　　　　vorvor　aevro　　da=reti-reti
　　　　1PL.INC.IR=休憩する　小さい　CONJN　1PL.INC.IR=RED-言う
　　　　「少し休憩してからまた話そうね」

Physical property「物，身体の性質をあらわす形容詞」

(52)　　nao　nno=te=masiŋa　　　　nna　ma=batu　matua
　　　　1SG　1SG.R=NEG=同意する　　3SG　3SG.R=頭　固い
　　　　「彼女は言うことを聞かないので彼女の意見には同意できない」
　　　　（直訳．私は彼女に同意できない，（なぜなら）彼女は固い頭をしているからだ）

Colour「色をあらわす形容詞」

(53)　　mo=do　　　maeto
　　　　3SG.R=暗くなる　黒
　　　　「真っ暗になった」

Human propensity「人の性質をあらわす形容詞」

(54)　mo=bosibosi　　dui
　　　3SG.R=ふるまう　良い
　　　「彼は礼儀正しい」

Value「価値をあらわす形容詞」

(55)　me=liliai　　nentovon　　ro　　　ma=va　　　maso
　　　3SG.R=戻る　　今　　　　CONJ　 3SG.R=行く　まっすぐな
　　　na　　　　reti-reti-a-i
　　　PP　　　 RED-言う-NMLZ-REF
　　　「彼は戻るやいなや，すぐに寄合に行った」

8.5.3. 名詞的用法

いくつかの形容詞は，名詞のように前方照応の接尾辞が付加され，名詞句の主要部になりうる．前方照応の接尾辞 -i/-de は自由名詞，動詞から派生した名詞，形容詞から派生した名詞，名詞を修飾する形容詞に付加するだけでなく，ごくまれに形容詞語基にも付加する．形容詞は単独では名詞句の主要部にはなりえないが，前方照応の接尾辞に付加されると名詞句の主要部として生起できることから，このときの前方照応の接尾辞は名詞標識として機能していると考えられる．

(56)　tinabua-i　　　ro=va
　　　異なった-REF　3PL.R=行く
　　　「他の人が行ったよ」

8.6. 法，相，否定との共起制限

形容詞が動詞的に用いられるとき，つまり形容詞が述語として用いられるときにどの法，相，否定の小詞と共起しうるのかを形容詞の意味の観点からまとめると次のようになる．それぞれの共起関係については 8.6.1. 以降で記述する．

法	既然法	すべての形容詞は既然法と共起可能である
	未然法	すべての形容詞は未然法と共起可能である
	命令法	Physical property「物，身体の性質をあらわす形容詞」に分類される一語だけは命令法と共起可能であるが，それ以外の形容詞は共起できない．
相	進行相	Age「新古をあらわす形容詞」以外の形容詞は進行相と共起可能である
	反復相	すべての形容詞は反復相と共起可能である
	未完了相	いくつかの形容詞は未完了相と共起可能である
否定		すべての形容詞は否定と共起可能である

8.6.1. 既然法と未然法

意味に関係なくすべての形容詞は既然法，未然法との共起が可能である．

既然法

(57)　　tia-na　　　　　　ma=lavoa
　　　　腹-3SG.POSS　　　3SG.R=大きい
　　　　「彼は腹が出ている」(直訳．彼の腹は大きい)

未然法

(58)　e=vasevui=a　　　　　na　asi-de,　ro
　　　2SG.IMP=干す=3SG.OBJ　　PP　縄-REF　CONJN

　　　ae　　　　　　a=masa!
　　　多分〜だろう　3SG.IR=乾く

　　　「縄に干しなさい，そうすれば乾くだろうから！」

8.6.2.　命令法

　一例を除き，動詞的用法の形容詞は命令法と共起できない．唯一共起できるのは Physical property「物，身体の性質をあらわす形容詞」に分類される masa「乾いた」である．このとき，発話の対象は人に限定され，タオルや服などの非人間を対象に命令法を用いることはできない．

　発話の対象が人である場合，対象は濡れている体を自ら拭くか，または誰かに頼んで拭いてもらうことにより「乾いた状態」になりうるが，意志や手段を持たない非人間が対象の場合，対象が「乾いた状態」になるには，日光または風により自然に乾かされるよりほかない．このように，非人間は命令された内容を自力で，または何かに働きかけて実現することができないため，発話の対象が人間に限定されていると考えられる．日本語では「風よ吹け！　雨よ降れ！」など自然現象に対しても命令形が用いられることがあるが，ツツバ語では形容詞に限らず，自然現象をあらわす非人称の動詞も命令法の小詞とは共起できない．

対象が人間

(59)　e=va　　　　　　e=masa　　　　to!
　　　2SG.IMP=行く　　2SG.IMP=乾いた　早く

　　　「早く拭きに行きなさい！」
　　　（直訳．早く乾いた状態になるために行きなさい！）

対象がタオルや服などの非人間

(60)　　*e=masa　　　　to!
　　　　2SG.IMP=乾いた　早く

8.6.3. 進行相

　形容詞が進行相と共起すると「まだ～の状態である」のように，状態の継続があらわされる．ほぼすべての形容詞は進行相と共起できるが，共起できない形容詞も一つ存在する．それは tuae「古い，昔の」で，意味グループの Age「新古をあらわす形容詞」に分類される語である．これと同じ意味グループに分類される nobaro「新しい」は，進行相と共起して「まだ新しいままである」と言えるが，日本語でも「まだ古いままである」とは言わないように，一般的に物は時間の経過とともに古くなるのが当然であるため，tuae「古い，昔の」は進行相とは共起できないのだと考えられる．

　進行相と共起可能な形容詞の中でも，Physical property「物，身体の性質をあらわす形容詞」に分類される aira「濡れた」は共起の頻度が高い．

(61)　　ruru　　ro=lo=aira
　　　　服　　　3PL.R=PROG=濡れた
　　　　「服はまだ濡れたままだ」

8.6.4. 反復相

　ほぼすべての形容詞は反復相と共起できるが，意味グループの Colour「色をあらわす形容詞」に分類される語だけは共起できない．ツツバ島には塗料がなく，色を人工的に変化させることはできないため，色について言及するときは，対象が自然界の物に限定される．色をあらわす形容詞は，マンゴーやパパイヤなどの果物や海の色を描写するときに用いられており，一度色づ

いた果物が再度熟す前の色に変化する，または熟しすぎて変色した果実が再度熟したときと同じ色に変化することはないため，色をあらわす形容詞は反復相とは共起できないのだと考えられる．一方，反復相と頻繁に共起する形容詞には，善悪をあらわす dui「良い」と siati「悪い」の二語がある．これらの語が反復相と共起すると，病状が良くなる，悪くなるという意味に解釈される．

(62) nna　　me=le=dui
　　　3SG　　3SG.R=REP=良い
　　　「彼は回復した」（直訳．彼はまた良くなった）

(63) tamanatu-n　　vatari　　me=le=siati
　　　夫-LINK　　　V　　　　3SG.R=REP=悪い
　　　「ヴァタリの夫の病状がまた悪化した」

8.6.5. 未完了相

すべての形容詞は未完了相との共起が可能である．

(64) vamol　　a-na　　　　　　e-rua　　ro=telo=mena
　　　オレンジ　CLASS-3SG.POSS　CDN-2　　3PL.R=IMPF=熟した
　　　「彼女の二つのオレンジはまだ熟していない」

8.6.6. 起動相

起動相をあらわす特別な語はツツバ語には存在しておらず，起動相は自動詞 ma「来る」が述語である節に動詞的用法の形容詞が後続する述部連結の形式であらわされる．

(65) o=ma　　　me=<u>nini</u>
　　 2SG.R=来る　3SG.R=太る
　　 「あなたはだんだん太ってきましたね」

(66) ma=ma　　　ma=<u>lavoa</u>
　　 3SG.R=来る　3SG.R=大きい
　　 「徐々に膨れてきた」

8.6.7. 否定

すべての形容詞は否定との共起が可能である．しかしこのとき，否定と相は共起しえない．

既然法

(67) hei　　　 nno=inu　　　me=te=robe
　　 カヴァ　 1SG.R=飲む　 3SG.R=NEG=新鮮な
　　 「私が飲んだカヴァは新鮮ではなかった」

未然法

(68) nno=ŋ　　　　ka=usi　　　tari　　na
　　 1SG.R=欲する　1SG.IR=頼む　T　　 CONJN
　　 a=te=maso
　　 3SG.IR=NEG=まっすぐな
　　 「私はタリに頼むつもりだが，しかし実のところ彼は適任ではない」

命令法

先に述べたように，唯一命令法と共起しうる形容詞は masa「乾いた」で

ある．述語が mesa「乾いた」のとき，命令法とこの述語の間に否定 te= を置くことは可能ではあるが，実際にはこのように形容詞を述語とする命令法の否定が発話されることはほとんどない．

(69)　e=te=mesa!
　　　2SG.IMP=NEG=乾いた
　　「濡れたままでいなさい！」（直訳. 乾いた状態になってはいけない！）

8.7. 形容詞まとめ

表1にツツバ語の形容詞の意味とその機能をまとめる．

表1　形容詞の意味と機能の関係

	形容詞の意味グループ					
	1 大きさ	2 物,身体の性質	3 色	4 人の性質	5 新古	6 価値
名詞を修飾する	○	○	○	○	○	○
述語になる	○	○	○	○	○	○
複数形がある	—	△	—	—	—	—
他の形容詞と名詞を修飾する	○	○	○	○	○	—
拡張された形容詞						
動詞的用法がある	○	○	○	○	○	○
副詞的用法がある	△	△	△	△	—	△
名詞的用法がある	△	△	△	△	△	○
述語になるとき						
既然法と共起する	○	○	○	○	○	○
未然法と共起する	○	○	○	○	○	○
命令法と共起する	—	△	—	—	—	—
進行相と共起する	○	○	○	○	△	○
反復相と共起する	○	○	—	○	○	○
未完了相と共起する	○	○	○	○	○	○
否定と共起する	○	○	○	○	○	○

○…可能，△…一部可能，—…不可能

COLUMN

記述言語学の現場から

医療

　ヴァヌアツ共和国にはマラリア，デング熱など蚊を媒介とする恐ろしい感染症がある．これらの疾病にツツバ島の人々もしばしば苦しめられる．しかし感染症に対する人々の関心は至って低く，対策はほとんどとられていない．またけっして良いとは言えない衛生状態から，皮膚病や肝炎などの発症もある．病院がないので，人々は傷口に薬草を巻きつけたり，治癒を早めるために膿んだ傷口に薬草の灰をつけて乾燥させたりしている．日常生活に支障をきたさない病気はこのように自分で処置するかまたは放置することが多く，そうでない病気の場合は，水と祈りで対処することが多い．

年に一度の出張診療．

「抜歯あとに風があたって痛む」と布で口を覆う.

　ツツバ島では重い病気にかかると，それは悪魔のせいだと考える．そのため家族は病人を火のそばに寝かせ容器に雨水を入れて，親族も加わり全員で神に祈る．祈りをささげた水には神が特別な力を授けてくれ，病人はその水を飲むとすぐに回復すると信じられている．しかしどんなに祈りをささげても回復しない場合は，最後の手段としてボートで副都心の病院に連れて行く．病院に行くのは，病状がかなり悪化してからである．

　また年に1度，副都心の病院から看護師が出張診療にやって来る．ツツバ島民の中には隣島の病院に行かず，この出張診療の日をひたすら待って治療を受ける人も少なくない．診療は小学校の教室を利用して行われ，歯が痛い人からは歯を抜き，やけどの人には薬を塗布したガーゼをあてるなど，経験を積んだ看護師がさまざまな症状に対処する．ヴァヌアツ共和国には医学部がないため，看護師が診療にあたることが多い．診療は，教室の小さな窓から射し込む太陽光と，懐中電灯の光を頼りに行われる．

　出張診療の日，1児の母マッドレンが口を緑の布で覆っていた．「歯が痛かったので診てもらったら，すぐに麻酔を打たれてペンチで歯を抜かれたの．止血のためにまず塩を入れたぬるま湯でうがいをして，そのあと冷たいアイスクリームを食べるように言われたけど，アイスクリームなんてものがこの島にあるわけないじゃない．仕方ないからさっきオレンジを食べて，今ちょうど血が止まったところよ」．抜歯あとに風があたって痛むと言ってマスク代りに布をあてていた．

　ツツバ島の人々は水への祈りと看護師の技術でもってさまざまな病気に対処している．

9章　副詞

9.1. 文修飾の副詞
9.2. 動詞修飾の副詞
9.3. 副詞まとめ

ツツバ語の副詞には，文の始まりか終わりに現れて文全体を修飾し制限するものと，動詞補語の直前または直後に現れて，動詞の様態や程度を修飾するものとがある．本書では前者を文修飾の副詞，後者を動詞修飾の副詞と呼ぶことにする．

本章では 9.1. で文修飾の副詞について記し，続く 9.2. で動詞修飾の副詞について記述する．動詞修飾の副詞は，他動詞補語の直前に生起して補語の格を支配するものと，補語の直後に生起して補語の格を支配しないものとに二分できることから，前者について 9.2.1. で，後者について 9.2.2. で述べる．そして 9.2.3. では副詞の拡張された機能について記し，最後に 9.3. ですべての副詞とその機能をまとめた表を示す．

9.1. 文修飾の副詞

文修飾の副詞には生起する位置が文頭に限定されているものと，文頭または文末のどちらにも生起しうるものとがある．

9.1.1. 文頭に現れる副詞

文頭に現れ，命題を修飾し制限する副詞には，話者の心的態度をあらわす balva と話者の意志や推測をあらわす ae がある．

```
balva   「おそらく，もしかすると」
ae      「～するつもり，多分～だろう」
```

(1)　　balva　　　　a=in　　　　　te　　　hae
　　　おそらく　　3SG.IR=飲む　　ART　　カヴァ
　　　「おそらく彼はカヴァを飲むだろう」

(2)　　ae　　　　　　ka=vol　　　　te　　　suɲa
　　　するつもり　　1SG.IR=買う　　ART　　砂糖
　　　「私は砂糖を買うつもりだ」

(3)　　ae　　　　　　a=usa
　　　多分〜だろう　3SG.IR=雨が降る
　　　「多分，雨が降るだろう」

9.1.2. 文頭または文末に現れる副詞

　文頭または文末に現れる文修飾の副詞には，masibon「朝」や nabar「今日」のように日昇と日没を基準とした一日，あるいは一週間の一時点をあらわすものと，asaraŋaraŋa「木の葉が色づき始める時期」や subeliu「ヤムイモの蔓の伸びが止まり，乾燥させるのに適した時期」，など，一年のうちのある時期（季節）をあらわすものとがある．これらの語は主語や補語として用いられないことから，ツツバ語ではこれを名詞ではなく副詞に分類する．

一時点をあらわす副詞	
nentovon	「今」
nabar	「今日」
nanov	「昨日」
avvo	「明日」
noisa	「先週」

aisa	「来週」
tuai	「昔」
masibon	「朝」
raviravi	「夕方」
dodo	「夜」
uluran	「夜明け」
maran	「昼間」

時期をあらわす副詞

1	eltutun	暑く，最も湿度が高い時期
2	elmariri	湿度が下がり，汗ばむというよりもむしろ肌寒く感じるくらいの温度が続く時期
3	adivorvor	天候が崩れがちで，よく雷が落ちる時期
4	adilavoa	あちこちで雷が落ち，小型のサイクロンがやって来る時期
5	subeliu	ヤムイモの蔓の伸びが止まり，乾燥させるのに適した時期
6	sarako	ヤムイモが乾燥し，蔓が無い状態になる時期
7	asaraŋaraŋa	木の葉が色づき始める時期
8	raralavoa	木の葉がすべて落ち，すぐに花が咲く時期
9	turlesiuta	土地を耕すなど畑作りを開始する時期

10	vatureovo	すべての作物に関する畑作業が終わる時期
11	eleser	新月の頃
12	elvorvor	新月を過ぎ，月が見える頃
13	ellavoa	満月の頃

これらの時期をあらわす副詞は今では高齢者にのみ用いられる．それ以外の世代は西洋暦を多用する．

9.2. 動詞修飾の副詞

動詞修飾の副詞には，①自動詞の直後，他動詞補語の直前に生起するものと，②自動詞の直後，他動詞補語の直後に生起するものがある．

9.2.1. 補語の直前に現れる副詞

ツツバ語の他動詞は補語として現れる代名詞の格を支配する．すべての他動詞は対格，主格，斜格のいずれかを支配し，どの動詞がどの格を支配するかは動詞によって決まっている．しかしながら他動詞と補語のあいだに動詞修飾の副詞が置かれると，他動詞ではなく，補語直前の副詞が補語の格を支配するようになる．例えば以下の例文 (4) の述語 an「食べる」は主格の形を要求する他動詞であるが，これが対格を支配する副詞 baroi「生で」に修飾されると，補語の格は対格となる (5)．他動詞が三つの格を支配するのに対し，副詞が支配するのは対格または主格に限られる．

(4) nno=an　　　　nna
　　 1SG.R=食べる　　3SG
　　「私はそれを食べた」

(5) nno=an　　　　baroi=a
　　 1SG.R=食べる　　生で=3SG.OBJ
　　「私はそれを生のまま食べた」

(6) *nno=an　　　　baroi　nna
　　 1SG.R=食べる　　生で　3SG

このように文の述語が自動詞のときには述語の直後に現れ，述語が他動詞であるときには，他動詞と補語のあいだに現れて補語の格を支配する副詞を以下に示す．これらは様態や頻度，程度，そして話者の態度をあらわす四つの意味的なグループに分類できる．

表1　補語の直前に現れる副詞

	副詞	意味	格支配
様態	to	「素早く」	主格
	mausi/mousi	「上手に」	対格
	bulu	「一緒に」	主格
	vatea[1]	「一斉に，一度（頻度）」	主格
	malum	「ゆっくり，やわらかく」	主格
頻度	turuvatea	「いつも」	主格
	vavun	「初めて」	主格
程度	talsea	「とても」	主格
	losi[2]	「とても」	主格
	sea	「より一層」	主格
態度	ruŋo	「試みて」	対格

代名詞の対格を支配する副詞には mausi/mousi「上手に」と ruŋo「試みて」があり，それ以外の副詞はすべて主格を支配する．7.3.2.1. で先述したように，補語が代名詞のとき，対格を支配する語末が i でないいくつかの他動詞には接尾辞 -i が付加する (7)．しかし，対格を支配する副詞がこの他動詞を修飾するときには，副詞の語末音に関わらず他動詞にも副詞にも接尾辞 -i は付加しない (8)．

(7) e=taur-i=a!
2SG.IMP=つかむ-OBJ=3SG.OBJ
「それをつかめ！」

---

1) 様態の副詞 vatea「一斉に」は，出来事や行為が複数の人や生物によって一斉に行われることを意味し，主語の名詞および代名詞に複数形を要求する．
   (1') ro=valao   vatea
        3PL.R=走る   一斉に
        「彼らは一斉に走った」
   (2') da=an   vatea   na   masi-de
        1PL.INC.R=食べる 一斉に   ART   魚-REF
        「私たちは一斉に魚を食べ始めた」
   副詞 vatea には「一度」という意味もあり，これは頻度をあらわす副詞として用いられている．この二つはオセアニア祖語の使役動詞 *fa「作る，作用する」と「1」をあらわす拘束名詞 -tea に由来すると考えられる．
   (3') ka=si   tutuba   vatea   boŋ   e-bitu
        1SG.IR=下る   T   一度   日   CDN-7
        「私は週に一度，ツツバ島に行きます」
2) 程度をあらわす副詞としては talsea「とても」と losi「とても」，sea「より一層」があり，talsea の方が losi よりも程度が強い．以下にそれぞれの例を示す．
   talsea
   (4') masi   le   ma=vai   moli ma=sao   talsea
        魚   DX   3SG.R=作る M   3SG.R=病気である とても
        「あの魚のせいでモリは重い病気になった」
   losi
   (5') mo=usa   losi,   o=sa   tel   vemol   o=aira
        3SG.R=雨が降る   とても 2SG.IR=上る PP   V   2SG.IR=濡れた
        「雨がひどいので，ヴェモルのところに着くまでに濡れてしまう」

(8) e=taur　　　　　ruŋo=a!
　　2SG.IMP=つかむ　試みる=3SG.OBJ
　　「それをつかんでみなさい！」

　表1に示した格を支配する副詞の中には，重複により意味が拡張されるものが三つ存在している．その一つである to は動作や行為が素早いことをあらわす副詞で，この語の重複形 to-to「とても素早く」は素早さの程度が基本形よりも強いことを示す．さらに二つの重複形が等位接続詞 ro「そして」で繋がれると to-to ro to-to「これ以上にないくらい素早く」となり，重複形であらわされる以上に程度が甚だしいことを示すようになる．

(9) balro　　　me=liliai　　　to
　　CONJN　　 3SG.R=戻る　　 素早く
　　「そういうわけで彼は急いで戻ってきたのです」

(10) biti　　　nao　 mo=ulua　　　 to-to
　　 小ささ　 1SG　 3SG.R=成長する　RED-素早く
　　「私の赤ん坊はみるみるうちに大きくなりました」

(11) tura,　　o=annan　　 to-to　　　　ro　　　 to-to!
　　 T　　　 2SG.R=食べる　RED-素早く　CONJN　 RED-素早く
　　「ツラ，あなたの食べる早さといったら！」

　このように重複すると程度の強さを示すようになる副詞には，mausi「上手に」と turuvatea「いつも」がある．上で見た to は，語全体が重複するが，三音節以上の音節からなる mausi/mousi と turuvatea は，それぞれ語頭からの二音節部分が重複する．

mau-mausi 「とても上手に」
turu-turuvatea 「常に，絶えず」

(12) mo=uli　　　　mau-mausi=a
　　　3SG.R=描く　　RED-上手に=3SG.OBJ
　　　「彼はとても上手にそれを描いた」

(13) lo=ovovo　　　turu-turuvatea
　　　PROG=罵る　　RED-いつも
　　　「彼女は常に罵っていた」

9.2.2. 補語の直後に現れる副詞

　自動詞や他動詞の補語に後続し，補語の格を支配しない副詞とその例を以下に示す．これらは行為や動作の様態，程度，距離，場所，義務のいずれかをあらわす．

表2　補語の直後に現れる副詞

様態	bal	「このように」
	turanma	「初めに」
	vati	「たった」
程度	ŋa	「ただ〜だけ」
距離	asao	「離れて」
	maruvitu	「近くで」
場所	a-ia	「そこに，そこで」
	a-ima	「家に，家で」
	a-uta	「丘に，丘で，畑に，畑で」
	a-lao	「海岸に，海岸で」
	a-ulu	「上に，上で」
義務	lavi	「するべき」（否定 te=との共起が生起の条件）

(14) nno=reti   nna   bal
    1SG.R=言う   3SG   このように
    「私はこのように言った」

(15) ka=an   te   boe   turanma
    1SG.IR=食べる   ART   豚   初めに
    「私は豚から食べようと思う」

9.2.3. 副詞の拡張された機能

動詞修飾の副詞の中には，次のように拡張された機能を有するものがある．

(1) 述語になる
    a. 動詞のように主語代名詞を伴う（動詞的用法の副詞）
    b. 単独で述語になりうる

(2) 動詞以外の品詞を修飾する
    c. 名詞を修飾する（形容詞的用法の副詞）
    d. 他の副詞を修飾する

以下にaからdのそれぞれの機能を持つ副詞を示す．ここで挙げる以外の例は5.4.3.に示している．

(1) 述語になる
a. 動詞のように主語代名詞を伴う

動詞のように主語代名詞に先行されて文の述語となりうる副詞には，補語の直前に現れる副詞vavun「初めて」とbulu「一緒に」がある．

(16)　do=bulu
　　　1PL.INC.R=一緒に
　　　「私たちはみんな一緒だ」

　ツツバ島には小学校が一校存在し，その名称は dobulu primary school である．これは主語代名詞の一人称・複数（包括形）・既然法 do=「私たち」が動詞的用法の bulu「一緒に」に先行し，それに場所をあらわす名詞 primary school が付加詞として置かれたものと考えられる．

(17)　do=bulu　　　　　　　primary school
　　　1PL.INC.R=一緒に　　小学校
　　　「私たちは小学校でみんな一緒だったね」

　同様に，他動詞の補語の直後に現れる副詞のうち，bal「このように」，turanma「初めに」，asao「離れて」，maruvitu「近くで」の四語も動詞的に用いられる．

(18)　veasi　　me=r　　 'io　　ae　　　　　a=bal'
　　　灌木の精　3SG.R=言う　はい　するつもり　3SG.IR=このように
　　　「灌木の精は『ええ，そうしましょう』と言った」

(19)　e=turanma!
　　　2SG.IMP=初めに
　　　「先陣を切れ！」

b.　単独で述語になりうる

　動詞的機能を持つ語のうち，asao, maruvitu の二語は主語代名詞に先行されず単独で述語となりうる．これらが動詞的に用いられるときと，単独で

述語として用いられるときの例と意味の違いについては，5.3.4.「副詞述語文」に示している．

(2) 動詞以外の品詞を修飾する
c. 名詞を修飾する

補語の前に現れる副詞のうち，malum「ゆっくり，やわらかく」と losi「とても」には名詞を修飾するという形容詞的な機能がある．

(20) laŋ　　loši　　mo=lsu　　niu
　　　風　　とても　3SG.R=叩く　ココナツ
　　　「強い風がココナツをだめにした」

同様に補語の後ろに現れる副詞の ŋa「ただ～だけ」も名詞を修飾することができる．

(21) novar-de　　ŋa　　　　ro=ŋ　　　　ra=an　　　　te
　　 子供-REF　 ただ～だけ　3PL.R=欲する　3PL.IR=食べる　ART
　　 raisi
　　 米
　　「子供たちだけが米を食べたいと思っている」

d. 他の副詞を修飾する

補語の前に現れる副詞のうち，様態をあらわす vati「たった」と程度をあらわす ŋa「ただ～だけ」の二語は，他の副詞の後ろに現れ，先行する副詞と動詞を修飾することができる．

(22) tamanatu-n　　norin　lo=eno　　bal adv1　　ŋa adv2
　　 夫-LINK　　　N　　PROG=眠る　このように　ただ〜だけ
　　「ノリンの夫はただこのように眠っているばかりだ」

またŋaは副詞的用法の形容詞に後続し，これと動詞を修飾することもできる．

(23) nno=sao　　　　vorvor　　ŋa
　　 1SG.R=病気である　小さい　ただ〜だけ
　　「たいした病気ではない」

9.3. 副詞まとめ

ツツバ語の副詞と，それぞれの基本的な機能，拡張された機能についてまとめたものを表3に示す．表の左から順に項目は次の通りである．

基本機能
① 文を修飾し制限するか動詞を修飾するか
② 動詞を修飾する場合，副詞の位置は補語の直前か，補語の直後か
③ 他動詞の補語が名詞句ではなく代名詞で実現され，補語の直前に副詞が現れるとき，副詞は代名詞の主格と対格のどちらを支配するか

拡張機能
④ 述語として機能するとき，単独で述語として生起しうるか，それとも主語代名詞を伴うか
⑤ 名詞を修飾するか
⑥ 副詞を修飾するか

表3 副詞とその機能

		文を修飾,制限	動詞を修飾			述語になる		名詞を修飾	副詞を修飾
			補語前		補語後	単独で	主語代名詞と		
			主格	対格					
心的態度	balva「おそらく」	○	—	—	—	—	—	—	—
意志, 推測	ae「するつもり」	○	—	—	—	—	—	—	—
日時, 時期	nentovon「今」など	○	—	—	—	—	—	—	—
様態	to「すばやく」	—	○	—	—	—	—	—	—
	mausi/mousi「上手に」	—	—	○	—	—	—	—	—
	bulu「一緒に」	—	○	—	—	—	○	—	—
	vatea「一斉に」	—	○	—	—	—	—	—	—
	malum「ゆっくりと, やわらかく」	—	○	—	—	—	—	○	—
頻度	vatea「一度」	—	○	—	—	—	—	—	—
	turuvatea「いつも」	—	○	—	—	—	—	—	—
	vavun「初めて」	—	○	—	—	—	○	—	—
程度	talsea「とても」	—	○	—	—	—	—	—	—
	losi「とても」	—	○	—	—	—	—	○	—
	sea「より一層」	—	○	—	—	—	—	—	—
態度	ruŋo「試みて」	—	—	○	—	—	—	—	—
様態	bal「このように」	—	—	—	○	—	○	—	—
	turanma「初めに」	—	—	—	○	—	○	—	—
	vati「たったの」	—	—	—	○	—	—	—	○
程度	ŋa「ただ〜だけ」	—	—	—	—	—	—	○	○
距離	asao「離れて」	—	—	—	○	○	○	—	—
	maruvitu「近くで」	—	—	—	○	○	○	—	—
場所	a-ia「そこに, で」	—	—	—	○	—	—	—	—
	a-ma「家に, で」	—	—	—	○	—	—	—	—
	a-uta「丘, 畑に, で」	—	—	—	○	—	—	—	—
	a-lao「海岸に, で」	—	—	—	○	—	—	—	—
	a-ulu「上に, で」	—	—	—	○	—	—	—	—
義務	lavi「するべきだ」	—	—	—	○	—	—	—	—

9章 副詞

[上] 井戸端会議
一本道を歩いていると，若者のおしゃべりに出会うことがたびたびある．シャイで対面を避け，誰もが同じ方向にしゃがむこのスタイルはよく見られる．

[下] 拾い物
調査協力者の一人，サラさん．大時化のあとサラさんの息子は島の裏手の浜へ魚獲りに出かけた．そこには見たこともないボートがほとんど砂に埋もれて打ち揚げられていた．届け出て待つこと二ヶ月，所有者不明であったボートは今やサラさん一家の財産となった．

COLUMN

記述言語学の現場から

ツツバ島のお礼

ツツバ島には年に1度,副都心のサント島から看護師が出張診療にやって来る.病院のない島では,このときだけが診察・治療を受けられる機会である.病気の不安を抱える人々が島のあちらこちらから集まって来て,看護師に歯や目を含む身体のあらゆるところを診てもらう.

数日前にその出張診療で看護師に世話になった島の人々は,彼女に感謝の意をあらわすことにした.人々は集まって「豚にするか,鶏にするか,それともヤムイモにするか」と贈り物の相談をした.その結果,鶏と決まった.紅色の立派な鶏冠を誇る元気な鶏を贈ることにし

「お礼を渡してくるよ」.

た．

　ツツバ島ではお礼として，大切に育てている家畜を生きたまま贈ることが多い．その昔，オセアニアに住む人々の祖先は丸木舟で島から島に移動して来たときに三種の動物すなわち豚と鶏と犬を携えていたと考えられている．現在でもツツバ島のほとんどの家庭で飼われているのが，豚と鶏そして犬である．なかでも豚は特に値打あるものとして特別扱いされている．それは言葉にもあらわれている．ツツバ語では鶏や犬は家畜のグループに分類されるのに対し，豚は土地や家などと同じく個人財産，一般所有物のグループに分類される．ツツバ島では豚をかわいがるあまり洗ったりマッサージしたりするので，どの豚も毛並みがつやつやとしているし，またココナツを餌としているためか，少しも臭わず放し飼いにされている．

　このようにまるで家族の一員のような豚は，特に他島の人に非常に世話になった場合にお礼として捧げられる．例えばツツバ島の首長の1人バナンバスは自分が首長に任命された際，隣島の首長タカオに豚を捧げた．これは首長タカオがバナンバスの人柄と伝統に対する姿勢・

ココヤシの葉を編んで屋根を作る．

知識を高く評価し，ツツバ島の首長として彼を推薦したことに対するお礼であった．

　一方，島内の人に世話になった場合には家畜ではなく，例えば相手が新しく家を建てるときに竹を編んで壁作りの手伝いをしたり，ココヤシの葉っぱを編んで屋根作りの加勢をするなど，労働をもってお礼とすることが多い．いずれにしてもお礼に現金を渡すことはない．

10章　前置詞と前置詞句

10.1. 方向，対象，受益をあらわす tel

10.2. 受益をあらわす lave

10.3. 起点をあらわす tiu

10.4. 理由，目的，話題をあらわす sur

10.5. 理由，目的，話題をあらわす matan

10.6. 方向，場所，時をあらわす na

10.7. 随伴をあらわす tuan

10.8. 前置詞まとめ

本章では前置詞と前置詞句について記述する．先に 4.6.「前置詞」でも示したように，ツツバ語には以下に示す七つの前置詞が存在しており，これらの前置詞は名詞句の前に置かれて前置詞句を形成する．ツツバ語の前置詞は動詞のように補語の格を支配し，代名詞の主格を支配するものと対格を支配するものに二分できる．さらに七つの前置詞のうち，補語に生物を要求するものと無生物を要求するものがそれぞれ一つずつ存在する．

文中において，前置詞句は場所や方向，因果関係，目的，時などを示す句として副詞的に用いられるばかりでなく，他動詞の斜格補語としても用いられる．本章では，それぞれの前置詞の意味と機能，前置詞が要求する補語の格と種類，そして前置詞句の機能について 10.1. から 10.7. で記述し，最後に 10.8. で前置詞とその機能についてまとめた表を示す．

前置詞

tel/tel-ei	「〜に，〜へ」
lave	「〜に，〜へ」
tiu	「〜から」
sur/sur-i	「〜なので，〜のために，〜について」
matan	「〜なので，〜のために，〜について」
na	「〜で，〜のとき」
tuan	「〜と一緒に」

10.1. 方向，対象，受益をあらわす tel

前置詞 tel/tel-ei は方向や対象，受益をあらわす．tel は，補語が代名詞以外の名詞で実現されるときに用いられ，その異形態 tel-ei は，補語が代名詞で実現されるときに用いられて対格を支配する．この前置詞の補語は生物，無生物のどちらでもよい．

10章 前置詞と前置詞句

　前置詞 tel/tel-ei を主要部とする前置詞句には，動詞を修飾するという副詞的な働きと，sobe-sobe-leo「批判する」のような特定の他動詞の斜格補語になるという働きがある．

- 方向

(1) 　　ka=bulai　　　　　　nna　　a=va　　　　　tel-ei=o?
　　　　1SG.IR=放り投げる　　3SG　　3SG.IR=行く　　PP-OBJ=2SG.OBJ
　　　　「これをあなたのところに向けて投げようか？」

(2) 　　e=reti　　　　　nna　　tel-ei=ao!
　　　　2SG.IMP=言う　　3SG　　PP-OBJ=1SG.OBJ
　　　　「私にそれを伝えなさいよ！」

- 対象

(3) 　　lo=sobe-sobe-leo　　　　　tel-ei=ra
　　　　PROG=RED-首長-言葉　　　　PP-OBJ=3PL.OBJ
　　　　「彼女は彼らを批判している」

- 受益

(4) 　　e=sile　　　　　noannan　　tel　　tamol　　tinabua-i!
　　　　2SG.IMP=与える　食べ物　　　PP　　人　　　異なった-REF
　　　　「他の人にも食べ物をあげなさい！」

(5) 　　nno=l　　　　vamol　　　tel　　vemol
　　　　1SG.R=取る　　オレンジ　　PP　　V
　　　　「私はヴェモルにオレンジをあげた」

10.2. 受益をあらわす lave

前置詞 lave は受益をあらわす．この前置詞は 10.1. で示した tel と同様，代名詞の対格を支配するが，前置詞 tel の補語は生物，無生物のどちらでも良いのに対し，前置詞 lave の補語は人に限定されるという違いがある．lave を主要部とする前置詞句は，拡張された他動詞 lav「取る」や sile「与える」などの授与動詞の斜格補語として用いられることが多い．

(6) e=lav-i=a   lave=ao!
    2SG.IMP=取る-OBJ=3SG.OBJ   PP=1SG.OBJ
    「私にそれを頂戴！」

(7) nao   ka=tabe   lave=o   e=inu
    1SG   1SG.IR=水を汲む   PP=2SG.OBJ   2SG.IR=飲む
    「あなたが飲むための水を汲んであげましょう」

10.3. 起点をあらわす tiu

前置詞 tiu は起点をあらわす．この前置詞は補語が代名詞のとき対格を支配し，補語は生物，無生物のどちらでも良い．前置詞 tiu を主要部とする前置詞句には，文中で他の動詞を修飾する副詞的な機能と，拡張された他動詞の斜格補語になるという機能の両方がある．

(8) ma=rati   na   karu-na   tiu   mavi-de
    3SG.R=持ち上げる   ART   足-3SG.POSS   PP   大地-REF
    「彼女はかかとを上げた」

(9) vodomi　　ma=lav-i=ra　　　　　　tiu=a
　　 V　　　 3SG.R=取る-OBJ=3PL.OBJ　　PP=3SG.OBJ
　　「ヴォンドミは彼からそれらを取り上げた」

10.4. 理由，目的，話題をあらわす sur

　sur/sur-i は理由，目的をあらわす従属接続詞 sur と同じ形であるが，この前置詞は理由，目的だけでなく話題もあらわす．先に 10.1. で示した前置詞 tel と同様，前置詞 sur にも異形態が存在し，sur は補語が代名詞以外の名詞で実現されるときに用いられ，その異形態 sur-i は補語が代名詞で実現されるときに用いられる．なお sur-i が支配するのも tel-ei 同様，代名詞の対格である．この前置詞の補語は生物，無生物のどちらでも良く，sur を主要部とする前置詞句は，拡張された他動詞の補語として用いられるかまたは副詞的に用いられる．

● 理由

(10)　nno=te=va　　　sur　　sao-a
　　　1SG.R=NEG=行く　PP　　病気である-NMLZ
　　「私は病気のため行かなかった」

● 目的

(11)　ro=lsu　　toa　e-yati　　sur　　annanna-i
　　　3PL.R=殺す　鶏　CDN-4　　PP　　宴-REF
　　「彼らは宴のために 4 羽の鶏を殺した」

- 話題

(12) vavine-i　　　do=reti　　　　　sur-i=a　　　　　　　nanov
　　　女性-REF　　　1PL.R.INC=言う　　PP-OBJ=3SG.OBJ　　　昨日
　　　ma=mae
　　　3SG.R=来る
　　　「昨日私たちが話していた女性が来た」

10.5. 理由，目的，話題をあらわす matan

　matan は理由，目的をあらわす従属接続詞 matan「〜なので，〜のために」と同じ形で，この前置詞は理由，目的だけでなく話題もあらわす．前置詞 matan はこれまで見てきた他の前置詞とは異なり，代名詞の主格を支配する．この前置詞の補語は生物，無生物のどちらでもよく，matan を主要部とする前置詞句は上記の他の前置詞と同様，拡張された他動詞の斜格補語として用いられるか，または副詞的に用いられる．

- 理由

(13) nira　　ro=te=masiŋa　　　　matan　　nna
　　　3PL　　3PL.R=NEG=同意する　　PP　　　3SG
　　　「そのために彼らは同意しなかった」

(14) ma=maanuanu　　　matan　　tamoloi　　tarina
　　　3SG.R=恥ずかしい　　PP　　　　人　　　　たくさん
　　　「たくさんの人がいるので彼は恥ずかしがっている」

- 目的

(15) masiⁱ evisa o=isi=aⁱ matan nabar
　　 魚　　いくつ　2SG.R=つかむ=3SG.OBJ　PP　　今日
　　 raviravi?
　　 夕方
　　「今夜の夕食のため魚を何匹とりましたか？」

- 話題

(16) ae nentovon ka=reti matan na
　　 するつもり　今　　　1SG.IR=言う　　PP　　ART
　　 veasi-de
　　 灌木の精-REF
　　「今から灌木の精についてお話するとしよう」

10.6. 方向，場所，時をあらわす na

前置詞 na は方向や場所，時をあらわし，補語には無生物の普通名詞を要求する．前置詞 na を主要部とする前置詞句には動詞を限定する副詞的な機能があるが，他動詞の補語としての機能はない．またこの前置詞は代名詞を補語にとることができない．

- 方向

(17) nna ma=valao me=si na tasi
　　 3SG　3SG.R=走る　3SG.R=下る　PP　海
　　「彼は走りながら海へと下っていった」

(18) ka=sa　　　　　na　　madal
　　 1SG.IR=上る　　 PP　 古い畑
　　「私は古い畑に行って来る」

(19) nno=va　　　 na　vatavui-a-i　　　　　na　　　ra-tamoli-de
　　 1SG.R=行く　 PP　話し合う-NMLZ-REF　　CONJN　 PL-人-REF
　　 ro=te=ma
　　 3PL.R=NEG=来る
　　「私はその話し合いに行ったが，多くの人は来なかった」[1]

● 場所

(20) o=tau　　　　te　　suŋa　　na　ti-de　　　　 me-ev?
　　 2SG.R=置く　 ART 　砂糖　 PP　紅茶-REF　　 3SG.R-終わる
　　「既に紅茶に砂糖を入れましたか？」

(21) ima-ku　　　　　　lo=ate　　　　malvitu　na　viae　 lavoa
　　 家-1SG.POSS　　　PROG=居る　　近くに　 PP　木　 大きい
　　「私の家は大きな木のそばにある」

　ツツバ語では上，外を除き，左，右，前，後，内，下のような位置をあらわす語はすべて拘束名詞である．位置をあらわす拘束名詞を主要部とする名詞句が前置詞 na の補語であるとき，この前置詞句は文頭または文末に現れ

---

1) 例文（19）には二つの na が現れるが，前者が前置詞の na である．ツツバ語では前置詞 na と反意の接続詞 na，定冠詞 na は同音異義語であり，4.8.1.「定冠詞 na」で先述したように，それぞれに次のような機能上の違いがある．このほかの同音異義語についても 4.8.1. で示している．
　反意の接続詞 na　　節と節のあいだ，または文頭に現れる．
　定冠詞の na　　　　他動詞の補語として現れる普通名詞に先行する．オセアニア祖語の冠詞で
　　　　　　　　　　 *na/*a に由来すると考えられる．
　前置詞の na　　　　無生物の普通名詞に先行し，付加詞として文や節の前後に現れ，場所，時を
　　　　　　　　　　 示す．

て，文全体を修飾する．

(22) na   lolo-n   ima-i
     PP   中-LINK   家-REF
     「家の中に，家の中で」

(23) na   ruirui-n   balubala
     PP   下-LINK   机
     「机の下に，机の下で」

(24) na   tavalu-n   sios
     PP   側面-LINK   教会
     「教会の脇に，教会の脇で」

(25) na   nao-n   sikul
     PP   正面-LINK   学校
     「学校の正面に，学校の正面で」

(26) na   baisa-n   wov
     PP   横-LINK   波止場
     「波止場の横に，波止場の横で」

(27) na   matua-da
     PP   右-1PL.INC.POSS
     「私たちの右に，私たちの右で」

(28)   <u>na</u>   marao-da
   PP   左-1PL.INC.POSS
   「私たちの左に，私たちの左で」

(29)   <u>na</u>   kare-n   ima-i
   PP   後ろ-LINK   家-REF
   「家の後ろに，家の後ろで」

前置詞 na は例文 (30) や (31) のように普通名詞には先行するが，国や島の名称などの固有名詞には先行しない (32)，(33)．

(30)   nna   me=te=ŋ   a=to   <u>na</u>   mareo
   3SG   3SG.R=NEG=欲する   3SG.IR=居る   PP   都心
   「彼女は都心には住みたがらないのです」

(31)   ka=sa   <u>na</u>   hospital
   1SG.IR=上る   PP   病院
   「私は病院に行く」

(32)   tasi-ku   e-tea   lo=to   vila
   兄弟-1SG.POSS   CDN-1   PROG=居る   V
   「私の兄（弟）の1人はヴィラに住んでいます」

(33)   ka=sa   olotu
   1SG.IR=上る   サント島
   「私はサント島へ行くつもりだ」

● 時

来年，土曜日，ある日といった時をあらわす名詞句の前には前置詞 na が置かれる．すべての時をあらわす語句の前に前置詞 na が現れるのではなく，朝，昼，夜，昨日，今日，明日をあらわす語の前には現れることができない (38)，(39)．これらは主語や補語として生起しえないため副詞に分類している (9.1.2「文頭または文末に現れる副詞」).

(34) a=ma   tel-ei=ao   <u>na</u>   sio   leŋ
     3SG.IR=来る   PP-OBJ=1SG.OBJ   PP   年   DX
     「彼は来年，私に会いにやって来るだろう」

(35) mo=vora   <u>na</u>   e-ono-n   boŋ-de
     3SG.R=産まれる   PP   CON-6-LINK   日-REF
     「彼は土曜日に産まれた」

(36) da=an   merei   e-tol   <u>na</u>   boŋ   e-tea
     1PL.INC.IR=食べる   いくつか   CDN-3   PP   日   CDN-1
     「いつか残りの三つを食べよう」

(37) ae   ka=le=vano   <u>na</u>   oktoba
     するつもり   1SG.IR=REP=行く   PP   10月
     「私はまた10月に行く予定です」

(38) ida   tarina   da=sa   a-uta   masibon
     1PL.INC   たくさん   1PL.INC.IR=上る   ADV-畑に   朝
     「今朝は私たちみんなで畑に行こう」

(39)　　o=maturu　　mo=dui　　<u>nanov</u>?
　　　　2SG.R=眠る　　3SG.R=良い　昨日
　　　「あなたは昨日よく眠れましたか？」

10.7. 随伴をあらわす tuan

　前置詞 tuan は随伴をあらわす．この前置詞は代名詞が補語のとき，代名詞の主格を支配する．なお補語は無生，有生のどちらでもよい．前置詞 tuan を主要部とする前置詞句は，補語の一部として，または副詞的に文末に現れる．

(40)　　nno=an　　　beta　　　<u>tuan</u>　　toa
　　　　1SG.R=食べる　タロイモ　　PP　　　鶏
　　　「私は鶏と一緒にタロイモを食べました」

(41)　　ae　　　　ka=si　　　tutuba　<u>tuan</u>　kamiu
　　　　するつもり　1SG.IR=下る　T　　　PP　　　2PL
　　　「私はツツバ島にあなたたちと一緒に行きたい」

　随伴の対象が二つである場合は，(40) のように二つの名詞のあいだに前置詞 tuan が現れるが，対象が三つ以上である場合，tuan の現れる位置は [N_1 N_2 tuan N_3] のように最後の名詞の前である．

(42) mo=tun   bibi masi tuan avera
     3SG.R=調理する 肉   魚   PP   キャベツ
     a-n   ra-voi
     CLASS-LINK   PL-客

「彼女はお客さんのために肉，魚をキャベツと一緒に調理した」

10.8. 前置詞まとめ

ツツバ語の七つの前置詞についてまとめたものを表1に示す．表の項目は左から順に次の通りである．

① 前置詞の補語として代名詞が用いられるとき，前置詞は代名詞の対格を支配するか，それとも主格を支配するか
② 前置詞は生物補語，無生物補語のどちらを要求するか，またはどちらでも良いか
③ 前置詞句は副詞的な機能と斜格補語としての機能のどちらを有しているか，またはどちらも有しているか

表1　前置詞の意味と機能

前置詞	前置詞の意味	①格支配		②補語の種類		③文中での機能	
		対格	主格	生物	無生物	副詞	斜格補語
tel/tel-ei	「方向，対象，受益」	○	—	○	○	○	○
lave	「受益」	○	—	○	—	—	○
tiu	「起点」	○	—	○	○	○	○
sur/sur-i	「理由，目的，話題」	○	—	○	○	○	○
matan	「理由，目的，話題」	—	○	○	○	○	○
na	「方向，場所，時」	—	—	—	○	○	○
tuan	「随伴」	—	○	○	○	○	○

○…可能
—…不可能

COLUMN

記述言語学の現場から

結婚式

島の人々にとって，結婚式は一大イベントである．「誰と誰がいついつ結婚する」という情報が親族から周囲に伝えられると，口から口にたちまちのうちに島中に知れ渡る．結婚式には誰もが自由に参列でき，参列者は1品ずつごちそうを持ち寄る．「何をお祝いに贈ろうか」，「ごちそうは何にしようか」とあちこちで結婚式の話題となり，島はお祝いムードに包まれる．

結婚式当日は，早朝からラプラプ作りにとりかかる．これは結婚式や首長任命式などの特別な日に作る伝統的な蒸し料理である．タロイモまたはヤムイモをすり下ろしたものにココナツミルクを混ぜ

結婚式当日は，新郎のところにごちそうを持ち寄る．

伝統的な贈答品であるヤムイモや当世風のマットレス，枕などがお祝いの品として積み上げられ，あとは新郎新婦の登場を待つのみ．

てバナナの大きな葉で包み，あらかじめ焼いておいた石でじっくりと蒸し上げる．もちもちとした食感で，1枚でたっぷり10人前はある．またお祝いに豪華な華を添える豚も焼く．

　結婚式は昼前から夕方にかけて行われる．朝は人々がごちそう作りに忙しく，夜は電気がないためである．人々は昼が近づくと，結婚する男性家族が住む敷地（庭）に，1人またひとりと集まる．そしてある程度の人数になったところで持ち寄ったごちそうがふるまわれる．このときには特に挨拶などはなく，人々はめいめいの皿や皿代わりの葉の上に，分け与えられたラプラプや豚などのごちそうを載せてゆく．そしてvevei（パンダナス）を編んだござの上に座り，食事を始める．喉が渇くと持参したココナツを飲み，話に興じながら食事をたのしむ．こうして宴が一段落するころ，新郎と新婦の父親が現れる．新郎は島中の人々が見守る中，手を伸ばして新婦の父親にいくらかの現金を捧げる．そして人々の歓声をあとに彼らは家の中へ姿を消す．挙式の続きは近くの浜辺で行われる．人々はいったん自分の家に戻り，各々前もって準備していた祝いの品々を持って，今度は浜辺へ移動する．

　広々とした浜辺に場所を移して結婚式は続行される．人々は副都心で購入してきたマットレスや皿やバケツなど，新郎新婦の明日からの生活に必要な品々を贈答品として持ち寄る．豚は生きたまま両足を木に括りつけられ，男2人に担がれて来る．またたくさんのヤムイモやタロイモも同じように木に結わえられ，2人組の男たちに次々と担がれて来る．

　浜辺では新郎新婦が登場したのち，神父や首長の祝いの演説が始まる．それが終わると，新郎新婦が座る1枚のござの隣に，1人ずつ祝いの品を運んで贈る．1人が立ち上がり恥ずかしそうに祝いの品を置いて戻って来ると，また別の1人が贈り物を置きにはにかんで立ち上がる．ござ1枚敷いただけの宴は真っ暗な闇になるまで続く．

11章 重文

11.1. 等位接続詞の文
11.2. 並置
11.3. 繰り返しによる接続

本節ではツツバ語の重文について記述する．重文とは，二つの対等な関係にある節が結びついた文のことで，この言語では次に示す三通りの方法により二節が結び付けられる．

1) 二つの節の間に等位接続詞が置かれる
2) 二つの節が単純に並置される
3) 二つの節が並置され，二つ目の節が先行する節の全体または一部分を繰り返す

結び付けられる二節があらわす内容は，添加・順接，反意，選択，時の経過，因由である．これらが上記のどの接続の方法によりあらわされるのかをまとめたものが次の表1である．

表1 接続方法と二節の関係

	添加・順接	反意	選択	時の経過	因由
1) 等位接続詞による接続	○	○	○	○	○
2) 並置による接続	○	○	―	―	―
3) 繰り返しによる接続	○	○	―	―	―

本章ではそれぞれの重文の構造と意味について，11.1. から 11.3. で順に記述する．

11.1. 等位接続詞の文

等位接続詞の文とは，二つ以上の同等の語句や独立した節が等位接続詞で結びつけられる文のことである．ツツバ語には七つの等位接続詞が存在しており，そのうちの一つ me「〜と」には，語や句を結びつける働きがあり

(4.7.1. 参照)[1]，残る六つの等位接続詞には独立した節を結びつける働きがある．これら六つの等位接続詞は，意味に応じて次の五つのタイプに分類できる．

表2　等位接続詞

添加・順接の接続詞	ro	「そして，それゆえ」
反意の接続詞	na	「しかし」
選択の接続詞	te	「または」
時の経過の接続詞	mevro	「そのあとで」
	aevro	「そのあとで」
因由の接続詞	balro	「それで」

表3は，ツツバ語の等位接続詞が名詞句や副詞句，前置詞句，節，さらに文のいずれを結びつけるかをまとめたものである．

表3　接続詞が結びつける句や節

		名詞句	副詞句	前置詞句	節	文[2]
添加・順接	me	○	—	—	—	—
	ro	—	○	—	○	○
反意	na	○	—	—	○	○
選択	te	○	—	○	○	—
時	mevro	—	—	—	○	○
	aevro	—	—	—	○	○
因由	balro	—	—	—	—	○

二つの節を結び付けることのできる六つの等位接続詞のうち，時をあらわす mevro は既然法の二節を，aevro は未然法や命令法の二節を結ぶ．この二

---

[1] 接続詞 me と同様に tuan「～と」も随伴をあらわすが，me は格支配をしないのに対し tuan は代名詞の主格を支配する．ゆえに本書では tuan を前置詞に分類している．
[2] 文と文を結ぶことができる接続詞という意味である．本章では以下，節に焦点をあてて論じる．

つの接続詞と法については11.1.4. で記すことにする．それ以外の等位接続詞によって結び付けられた二節や並置，繰り返しによる接続で結び付けられた二節の法や相の一致は義務的ではない[3]．

11.1.1. 添加・順接の接続詞 ro

　接続詞 ro は，二つ以上の副詞句や節を結ぶ．ro によって結び付けられた副詞句の意味については既に9.2.1. で記述しているため，本節では ro によって結び付けられた節について記述する．

　接続詞 ro によって異なる二つの節が結び付けられると，時系列に沿った主語の行為や動作，出来事があらわされる．この接続詞には，前の節から切り離されて新しい文の文頭に立ち，前文の意味を受けて文を接続する分離接続詞の働きもある (3)，(4)．

(1)　tamol　　dui　　me=le=solati=a　　　　ro
　　　人　　　良い　　3SG.R=REP=抱える=3SG.OBJ　CONJN
　　　me=tidove　　　nna　　me=si　　　na　　lolo-n　　ima
　　　3SG.R=投げる　　3SG　　3SG.R=下る　PP　　中-LINK　　家
　　「その親切な人は彼女を抱え上げ，そして家の中へと投げ込んだ」

---

[3] 一致は義務的ではないが，二節の法や相は一致していることが多い．

(2) ma=basi-basi   nna   ro   ma=va   mo=tur
    3SG.R=RED-塗る   3SG   CONJN   3SG.R=行く   3SG.R=立つ
    na   vaba-n   maradi-de
    PP   穴-LINK   石-REF
    「彼はそれをあちこち自分に塗り，そして彼は岩の穴の前に立ちに行った」

(3) ro   ma=taur   veasi-de
    CONJN   3SG.R=つかむ   灌木の精-REF
    「そして彼はその灌木の精をつかんだ」

(4) ro   me=r   mo=dui   me=ma   da=eno
    CONJN   3SG.R=言う   3SG.R=良い   2PL.IR=来る   1PL.INC.IR=眠る
    「そして彼は言いました，『良いでしょう，あなたたちこちらにおいで，私たちは一緒に眠りましょう』」

次の三例のように ro を介して同一の述部が繰り返されると，述部の強調があらわされ，(8)のように ro に後続する二つ目の述部が省略されると，ro は感嘆詞のように話し手の感情をあらわす語として機能する((5)と比較)．このとき ro の o は長母音化し，ピッチが高くなる．

(5) arivinirnir e-tea   ma=daŋa   ro   ma=daŋa
    ねずみ   CDN-1   3SG.R=臭う   CONJN   3SG.R=臭う
    「そのねずみの臭うこと臭うこと」

(6) urede   nen   mo=dui   ro   mo=dui
    ラプラプ   DX   3SG.R=良い   CONJN   3SG.R=良い
    「このラプラプはとてもおいしい」

(7) ro=taur-taur　　　　raoa　　　ro
　　3DUAL.R=RED-つかむ　3DUAL　　CONJN
　　ro=taur-taur　　　　raoa　　　ro
　　3DUAL.R=RED-つかむ　3DUAL　　CONJN
　　ro=taur-taur　　　　raoa
　　3DUAL.R=RED-つかむ　3DUAL
　　「彼ら二人は互いに相手を強くつかみ合った」
　　（直訳．彼ら二人は互いに相手をつかみ，そして互いに相手をつかみ，そして互いに相手をつかんだ）

(8) arivinirnir　　e-tea　　　ma=daŋa　　　ro
　　ねずみ　　　CDN-1　　3SG.R=臭う　　CONJN
　　「そのねずみの臭うことと言ったら…」

11.1.2.　反意の接続詞 na

na は相反する内容の二節を結びつける反意の接続詞である．

(9) nno=lo=to　　　　　　tutuba
　　1SG.R=PROG=居る　　T
　　na　　　nno=lo=sa　　　　　olotu　　　　va-te-tea-i
　　CONJN　1SG.R=PROG=上る　サント島　　CAUS-RED-1-REF
　　「私はいつもはツツバ島に居るが，ごくたまにサント島にも行く」

(10)　　ra-uluvoe　　ro=tov-i=ao　　　　　　nanov　　dodo
　　　　PL-青年　　　3PL.R=呼ぶ-OBJ=1SG.OBJ　昨日　　夜

　　　　<u>na</u>　　　nno=malei　　　　nno=te=ŋ　　　　　ka=avtai
　　　　CONJN　　1SG.R=望まない　　1SG.R=NEG=欲する　1SG.IR=出る
　　　　「昨晩その青年たちは私の名を呼んだのだが，私は出て行きたくなかった」

接続詞 na には添加・順接の接続詞 ro のように，前の節から切り離されて新しい文の文頭に立ち，前文の意味を受けつつ新たな文を接続させる働きもある．文頭に現れる na が分離接続詞であるか，それとも同音異義である間投詞 na「えー，あのー」であるかは，na の前後に生起する文の内容から判断される．

(11)　　<u>na</u>　　　nno=te=davsai　　nno=ma　　　ha-ne
　　　　CONJN　　1SG.R=NEG=知る　　1SG.R=来る　場所-DX
　　　　「しかし私はここに来たかどうかは分からない」

11.1.3. 選択の接続詞 te

選択をあらわす接続詞 te は，二つの独立した節や名詞句を結ぶ．

(12)　　o=ma　　　　na　　aka　　　<u>te</u>　　　o=ma　　　　na　　plen?
　　　　2SG.R=来る　　PP　　カヌー　　CONJN　　2SG.R=来る　　PP　　飛行機
　　　　「あなたはカヌーで来ましたか，それとも飛行機で来ましたか？」

(13)　　o=sa　　　　olotu　　　　te　　　　o=lo=to　　　　　　na　　ha-ne?
　　　　2SG.R=上る　サント島　　CONJN　2SG.R=PROG=居る　　PP　　場所-DX
　　　　「あなたはサント島に行きましたか，それとも今までずっとここに居ましたか？」

　日本語の「Aであるか否か」のように，選択の接続詞に続く節が，前の節の内容を単純に否定する文では，接続詞 te に続けて動詞 dere/de「違う」を主要部とする述部が置かれる．この述語は前節の主語に関わらず，常に形式主語つまり三人称・単数の主語代名詞をとる．

(14)　　ruru　　ma=maso　　　te　　　me=de?
　　　　服　　　3SG.R=適切な　　CONJN　3SG.R=違う
　　　　「この服は私に似合っていますか，それとも似合っていませんか？」

(15)　　tuan-na　　　　　　　mo=sikul　　　te　　　me=de?
　　　　異性の友達-3SG.POSS　　3SG.R=学校　　CONJN　3SG.R=違う
　　　　「彼女の友達（異性）は学生ですか，それとも違いますか？」

(16)　　datol　　da=va　　　　　　te　　　　a=dere?
　　　　1TRIAL　1TRIAL.INC.IR=行く　CONJN　　3SG.IR=違う
　　　　「私たち三人，行こうか行くまいか…？」

(17)　　a=sa　　　　olotu　　　　te　　　a=de?
　　　　3SG.IR=上る　サント島　　CONJN　3SG.IR=違う
　　　　「彼はサント島に行きますか，それとも行きませんか？」

　なお，接続詞 te は二節や二文だけでなく，名詞句を結ぶこともある．

(18) me-nede   te   me-l?
    物-DX   CONJN   物-DX
    「これ，それともあれ？」

(19) te   taro   novar-de   ro=an   vamol
    ART   時   子供-REF   3PL.R=食べる オレンジ
    e-tea   te   e-rua
    CDN-1 CONJN   CDN-2
    「たびたび子供たちは一つか二つオレンジを食べた」

11.1.4. 時の経過の接続詞 mevro と aevro

　接続詞 mevro と aevro は，ともに時の経過「そのあとで」を意味し，二つの独立した節を結ぶ働きをする．mevro も aevro も，形態的には自動詞 ev「終わる」を中心とした三つの成分 me-ev-ro, a-ev-ro から構成されている．この二つの語は，それぞれ自動詞 ev に主語代名詞の三人称・単数・既然法の me= と未然法の a= が先行し，それに接続詞 ro が後続した me=ev ro「それは終わる，そして」と a=ev ro「それは終わるだろう，そして」が語彙化したものと考えられる．

> mevro 「そのあとで」
>   me=ev   ro
>   3SG.R=終わる   そして
>   「それは終わる，そして」

> aevro 「そのあとで」
> a=ev　　　　　　ro
> 3SG.IR=終わる　　そして
> 「それは終わるだろう，そして」

　動詞 ev「終わる」は (20) のように文の述語として，また (21) のように述部連結 (7.6.「動詞連続」を参照) の V2 として現れる．このように述語として用いられる ev「終わる」の後ろに接続詞 ro が置かれた me=ev ro という連続と，語彙化した順接の接続詞 mevro や aevro とは，プロソディーや休止の有無において異なっている．me=ev ro では ev の後ろに休止が置かれるが (21)，一方の語彙化した mevro や aevro では，語中に休止は挟まれず，語の前後にのみ休止が置かれる (22)．

(20)　[nno=ev　　　　　sasa]
　　　 1SG.R=終わる　　労働
　　　「私は仕事を終えた」

(21)　nno=tunu　　　me=ev,　　　ro　　　nno=va　　　a-ima
　　　1SG.R=料理する　3SG.R=終わる　CONJN　1SG.R=行く　ADV-家
　　　na　　 mer　　 sara
　　　PP　　 土地　　 S
　　　「私は料理を終え，そしてサラの家に行きました」

(22)　ma=maturu　　　mevro　　　me=si　　　na　　　tasi
　　　3SG.R=眠る　　　CONJN　　　3SG.R=下る　PP　　　海
　　　「彼はまず眠り，そのあとで海に行った」

接続詞 mevro と aevro との違いは，前者は既然法の二節を結びつけ (23)，後者は未然法や命令法の二節を結び付けるという点である (24)，(25).

(23)　ma=annan　　　mevro　　me=si　　　　na　　tasi
　　　3SG.R=食べる　　CONJN　　3SG.R=下る　　PP　　海
　　　「彼はまず食べて，それから海に行った」

(24)　da=mabu　　　　vorvor　　aevro　　da=reti-reti
　　　1PL.INC.IR=休む　少し　　　CONJN　　1PL.INC.IR=RED-言う
　　　「私たちは少し休んで，それからまた話をしようではありませんか」

(25)　e=annan　　　　aevro　　e=loso!
　　　2SG.IMP=食べる　CONJN　　2SG.IMR=水浴びをする
　　　「食べてから水浴びをしなさい！」

mevro と aevro は，先に見た順接の接続詞 ro や反意の接続詞 na のように，前の節から切り離されて新しい文の文頭に立つことができる．このとき mevro に導かれる節は既然法であり，aevro に導かれる節は未然法や命令法である．

(26)　mevro　　　　　ma=ate　　　　me=reti-reti
　　　CONJN　　　　　3SG.R=座る　　3SG.R=RED-言う
　　　「それから，彼は座って話し始めた」

(27)　aevro　　　a=va　　　　a=vol　　　　te　　　suŋa
　　　CONJN　　　3SG.IR=行く　3SG.IR=買う　ART　　砂糖
　　　「それから，彼は砂糖を買いに行くだろう」

11.1.5. 因由の接続詞 balro

　因由の接続詞 balro は「そういうわけで，それで」を意味し，二つの独立した節や文を結ぶ．この語は副詞 bal「このように」と順接の接続詞 ro「それで」の二つの形態素からなる．balro を一語とみなして，bal ro と区別する理由は，mevro や aevro と同様，プロソディーと休止の有無である (28), (29).

　balro も先に見た順接の接続詞 ro や na, mevro, aevro のように，前の節から切り離されて新しい文の文頭に立つことができる (30). これは語彙化されても，依然としてこれらの語に順接の接続詞 ro の機能が残されているからであると解釈できる．

(28)　o=sa　　　　olotu　　　balro　　me=liliai　　to
　　　2SG.R=上る　サント島　CONJ　3SG.R=戻る　早く
　　「あなたがサント島に行くので，彼は急いで戻ってきたのだ」

(29)　ro=bosi　　　　ro=ma　　　　ro=lo=va
　　　3PL.R=振り向く　3PL.R=来る　3PL.R=PROG=行く
　　　bal,　　　　　ro　　　tina-na　　　　me=vidi
　　　このように　CONJ　母-3SG.POSS　3SG.R=飛ぶ
　　　ma=ma
　　　3SG.R=来る
　　「彼らはこのように振り向きながらも行こうとしていた．すると，彼女の母親が飛びながらやって来た」

(30)　balro　　tina-na　　　　　me=te=boi　　　nna
　　　CONJ　母親-3SG.POSS　3SG.R=NEG=好む　3SG
　　「だから彼女の母親は彼のことを疎ましく思っているのです」

11.2. 並置

　二つ以上の節が接続詞を介さずに並例されるとき，聞き手は節と節の関係が添加・順接であるか，それとも反意であるかを，節の内容や発話の状況から判断する．節の内容から判断される例として，調理を説明した文 (31) を挙げる．この文は三つの並置された節から構成されており，これらの節は，調理という行為や発話された状況から，時系列に沿った添加・順接の関係であることが分かる．また「雨がひどい　濡れる」という二つの節からなる文 (32) や「殺す　捨てる　臭う」という三つの節からなる文 (33) も，内容から二節の関係が添加・順接であると分かる．一方，「叩く　泣かない」という (34) は，内容から反意の関係であることが分かる．

(31)　　[nno=salo=a],　　　　　　[nno=vil-i=a],
　　　　 1SG.R=切る=3SG.OBJ　　　 1SG.R=こねる-OBJ=3SG.OBJ
　　　　[nno=rusarusai=a]
　　　　 1SG.R=のばす=3SG.OBJ
　　　　「それを切って，こねて，のばすのです」
　　　　（直訳．私はそれを切る，私はそれをこねる，私はそれをのばす）

(32)　　[mo=usa　　　losi],
　　　　 3SG.R=雨が降る　とても
　　　　[o=aira]
　　　　 2SG.IR=濡れる
　　　　「雨がひどいので濡れてしまうよ」
　　　　（直訳．雨がひどいです，あなたは濡れます）

(33) [mo=lsu ra-ino], [ma=va ma=burai=ra],
　　　3SG.R=殺す PL-物　　3SG.R=行く 3SG.R=捨てる=3PL.OBJ
　　　[ro=daŋa]
　　　3PL.R=臭う
　　　「彼はそれらを殺し捨てに行き，それらは臭った」

(34) [mo=lsu=a], [me=te=ŋara]
　　　3SG.R=叩く=3SG.OBJ　3SG.R=NEG=泣く
　　　「彼は彼女を叩いたが，彼女は泣かなかった」

一方，次の (35) は，二節の関係が添加・順接であるか反意であるかが，状況や発話者の感情，態度により判断される文である．

(35) [nna ma=sao talsea], [ma=sa olotu]
　　　3SG　3SG.R=病気である　とても　3SG.R=上る　サント島
　　　「彼はひどい病気だったので，サント島に行った / 彼はひどい
　　　病気だったが，サント島に行った」

また次の二文のように，並置された節の述語は同じであるが，それらの主語や補語が異なる場合，並置された二つの節は時系列に沿った出来事をあらわすのではなく，同時に生じた複数の出来事や行為をあらわす[4]．

(36) [ka=ve te urede], [e=ve te siboro]
　　　1SG.IR=作る ART　ラプラプ　2SG.IR=作る ART　シンボロ
　　　「私はラプラプを作るので，あなたはシンボロを作ってくださ
　　　い」

---

4) 厳密には，二つの節ではなく述部である．

(37)　[tomas　　mo=boi　　　　vir-de],　　[mesa-na　　　mo=boi
　　　　T　　　　3SG.R=好む　　犬-REF　　　妻-3SG.POSS　　3SG.R=好む
　　　　arivi-de]
　　　　猫-REF
　　　　「トーマスは犬が好きで，その妻は猫が好きです」

　ツツバ語では，節だけなく名詞句や文も並置により接続されることがある．名詞句が並置されるとき，二つの名詞句の関係は添加である．以下の例文 (38) では，二つの名詞は主語として，そして (39) では三つの名詞が補語の一部として，意味的には所有表現の所有者として用いられている．

(38)　[tama-ku],　　[tina-ku]　　ro=lo=to　　　　sara　　tinabua
　　　　父-1SG.POSS　　母-1SG.POSS　　3PL.R=PROG=居る　　場所　　異なった
　　　　「父と母は，私とは違うところに住んでいます」

(39)　ma=davsai　　na　　isa-n　　[viei],　　[masi],　　[bativanua]
　　　　3SG.R=知る　　ART　　名前-LINK　　木　　　　魚　　　　　島
　　　　「彼なら木の名前も，魚の名前も島の名前も知っている」

11.2.1. 述部連結と並置の違い

　並置による重文と動詞連続の一種である述部連結 (7.6.2. 参照) は，どちらも二節が接続詞を介さずに連続して C1 C2 という形式であらわされる．しかし，聞き手は休止の有無によりそれぞれの文の意味を区別している．並置タイプによる重文の場合，述部と述部のあいだ，または節と節のあいだにわずかに休止が置かれ，休止の前で述部 1 または節 1 のプロソディーが上昇する．そして文末に置かれた述部または節では，文の終わりにかけてプロソディーが下降する．一方，述部連結のプロソディーは重文と同じであるもの

の，述部と述部のあいだには休止が置かれない．例えば次の文（31'a）は先に示した（31）の一部である．この文の述部間に休止が置かれると（31'a）「私はそれを切って，こねるのです」と重文として解釈されるが，休止が置かれない場合（31'b）「私はそれをこねるために切るのです」と解釈される．

並置

(31'a)　[nno=salo=a],　　　　[nno=vil-i=a]
　　　　1SG.R=切る=3SG.OBJ　　1SG.R=こねる-OBJ=3SG.OBJ
　　　　「私はそれを切って，こねるのです」

述部連結

(31'b)　[nno=salo=a]　　　　[nno=vil-i=a]
　　　　1SG.R=切る=3SG.OBJ　　1SG.R=こねる-OBJ=3SG.OBJ
　　　　「私はそれをこねるために切るのです」

11.3. 繰り返しによる接続

　二つの並置された節のうち，節1の全体または一部分が，節2の頭で繰り返される接続を『繰り返しによる接続』と呼ぶことにする．これはオセアニアの言語において頻繁に観察される節や文の接続の方法である．例えば次の(40)は節1の終わりと後続する節2の始まりが，ともに lo=ate「座っている」である．そして節2である lo=ate ima は，節1の一部である lo=ate に，座っている場所を示す ima「家」を新情報として付け加えたものである．このように直前の情報をもう一度繰り返し，さらに新たな情報を少しずつ加えるこの接続方法には，聞き手の理解を促進する働きがあると考えられる．

(40) [nna   lo=ate]   [lo=ate   ima]   ro   mo=ove
     3SG   PROG=座る   PROG=座る   家   CONJN   3SG.R=呼ぶ
     na   isa-na
     ART   名前-3SG.POSS
     「彼は座りこみ，彼は家に座りこみ，そして彼女の名を呼んだ」

　また，繰り返しにより結び付けられる二節の述語が両用動詞であるとき，この動詞は節1では自動詞として用いられ，節2では他動詞として用いられる．つまり節2における他動詞の補語が，新たに加えられる情報である．例えば次の (41) では，basi-basi「あちこちに塗る」が自動詞としても他動詞としても用いられる両用動詞であり，二文目の第一節には新情報として三人称・単数の主格補語 nna が加えられ，一文目で言及されていなかった行為の対象が明らかにされている．

(41) [ma=va   ma=basi-basi]   [ma=basi-basi   nna
     3SG.R=行く   3SG.R=RED-塗る   3SG.R=RED-塗る   3SG
     ro   ma=va   mo=turu   na   vaba-n   maradi-de][5]
     CONJN   3SG.R=行く 3SG.R=立つ PP   穴-LINK   岩-REF
     「彼はあちこちに塗るために行き，彼はあちこち自分に塗り，そして彼は岩の穴の前に立ちに行った」

　文中の二節だけでなく，文と文も繰り返しにより接続詞を介さずに結び付けられることがある．次の (42) は，3つの並置された文が結び付けられている例で，文1の終わりの二節である me=eno と lo=maturu が，続く文2の頭で繰り返されている．そして文2の終わりの一節 ro=vine=a が，続く文3の頭で繰り返されている．近隣のタマンボ語やヴァヌアツのレヲ語で

---

5) 本文末のテキスト資料 B.1. の [13] と [14] は，このように繰り返しにより結び付けられうる．

は，繰り返しによる接続は二節間または二文間に限られる（Jauncey 1997: 391）．しかしツツバ語ではこの例のように最大で三節または三文が繰り返しにより結び付けられうる．

(42)　[raoa　　　ro=va　　　　　ro=sor　　　　tanume-i
　　　3DUAL　　3DUAL.R=行く　　3DUAL.R=見る　　悪魔-REF
　　　me=eno　　　　　lo=maturu₁]．[me=eno　　　　　lo=maturu₁
　　　3SG.R=横になる　PROG=眠る　　3SG.R=横になる　PROG=眠る
　　　ro　　　　ro=vine=a₂]．　　　　　　　[ro=vine=a₂
　　　CONJN　　3DUAL.R=矢を放つ=3SG.OBJ　　3DUAL.R=矢を放つ=3SG.OBJ
　　　ro　　　　ma=m̃ate]．
　　　CONJN　　3SG.R=死ぬ
　　　「彼ら二人は悪魔が横になり眠っているのを見に行きました．悪魔は横になって眠っていて，彼らは悪魔に向かって矢を放ちました．彼ら二人は悪魔に向かって矢を放ち，悪魔は死にました」

11.3.1. 繰り返しによる接続と相

　並置タイプの接続では，述語は同じであるが相の異なる二節または二文が繰り返されることもある．例えば (43) では，文 1 の動詞 ovo「罵る」に進行相 lo= が先行しているが，繰り返しにあたる文 2 の頭では，文 1 と同じ動詞 ovo に進行相 lo= は先行しない．このように新情報を含んだ後続の文が，異なる相で前節または前文を引き継ぐこともある．
　なおこの例では，文 2 の二節目 mo=lo=va の主語は，文 2 の一節目「彼女が人々を罵る（こと）」である．二節目の動詞 va「行く」は進行相 lo= に先行されているので，主語である「罵りの行為」が続いていることが示される．

(43) [nna mo=lo=ovo ra-tamoloi-de]. [mo=ovo ra-tamoloi-de
　　　3SG 3SG.R=PROG=罵る PL-人-REF　　　　3SG.R=罵る PL-人-REF

mo=lo=va]　　　　　　ro　　　　ro=r　　　　ae
3SG.R=PROG=行く　　　CONJN　　3PL.R=言う　するつもり

ra=lsu=a　　　　　　na　　　　ra=lsu　　　tamanna.
3PL.IR=殺す=3SG.OBJ　CONJN　　3PL.IR=殺す　どうやって

「彼女は人々を罵り続け，人々は『彼女を殺そう，しかしどうやって殺す？』と言った」

(直訳．彼女は人々を罵っていた．彼女が人々を罵ることが続き，そして人々は彼女を殺そう，しかしどうやって殺す，と言った)

COLUMN

記述言語学の現場から

豚の価値

　ツツバ島で「魚を獲る網の作り方講習会」が開かれたときのこと．講習会の前日の夕方に，60代の講師とその家族が小さなボートで隣の島からやって来た．ただちに歓迎の儀式が催された．広場に集まった人々は首長を中心に円を描くように座り，首長の正面には講師とその家族そして外国人の私が座らされた．この島では儀式のたびに私も来客として扱われる．

　首長はツツバ島に客人がやってきたことを告げ，それを歓迎すると力強く挨拶した．盛大な拍手が鳴るなか，首長の後ろから豚を抱えた首長の長男と棍棒を抱えた次男が現れた．そして次男は私に近

投網で夕食の魚を狙う．毒を持つ魚がかかることもある．

放し飼いの豚．ハイビスカスの垣根を越えて遠出しても，きちんと飼い主の元に戻って来る．

づくと棍棒を差し出し，豚を叩くよう促した．困惑しながらも私は立ち上がり豚の腹を叩いた．すると豚の悲鳴とともに「そこじゃない！！」とあちこちから声が飛んできた．次に講師の男性に私は棍棒を渡した．彼は豚に近づいて狙いを定めると，棍棒を豚の眉間めがけて力一杯振り下ろした．

　儀式では豚を殺すことが目玉のひとつであり，重要な儀式であればあるほど必要とされる．このとき豚を殺す人は，豚の眉間を棍棒で一撃して豚を苦しめずに殺すよう気を配る．殺された豚は人目につかないところに運ばれて調理される．豚肉に火が通って香ばしい匂いが立ち表面がカリカリするくらいに焼き上がると，集まった島民1人ひとりに肉が1片ずつ分け与えられる．分け与えられるときに「黒？　それとも白？」と聞かれ，「黒」と答えると肉の赤身が，「白」と答えると脂身をもらうことになる．人々は皿代わりのvaeと呼ぶ木の葉に載せその場で食べるか，これで肉を包みその場に居合わせなかった家族のために持ち帰る．島の人々にとって，大切な客を迎えるときや伝統的な儀式・結婚式を行うときは，式そのものはもちろんであるが，豚を食べることも大きな楽しみなのである．

　ツツバ島の豚は雄，雌，雌雄同体の3種類に分類できる．このうち最も価値が高いのは雌雄同体である．雌雄同体の豚は生きていれば25000バツ（1バツは約1円）もの高値で売買される．これは同じ条件の雄や雌と比較すると2.5倍にもあたる値段であり，ツツバ島の小学校の学費が1年間で3000バツ，隣の島へのボート代が100バツであることを思うと，島民にとってどれほどの価値であるか，推し量ることができる．従って雌雄同体の豚を有する人は「ここぞ」というときに，豚を売る．たとえば土地を購入する場合のように大きな資金を必要とするときである．

12章　複文

12.1. 副詞節
12.2. 関係節
12.3. 補語節

本章では，ツツバ語の三つの従属節である副詞節，関係節，補語節について記述する．副詞節は従属接続詞に導かれ，主節に対して時，原因，目的，条件をあらわす節のことであり，関係節は，関係代名詞として機能する指示代名詞に導かれて名詞を修飾する節のことである．補語節は，補語の役割を担う節，つまり補文のことである[1]．以下 12.1. から 12.3. で副詞節，関係節，補語節について順に記述する．

12.1. 副詞節

　副詞節は従属接続詞に先行されて主節の前後に現れ，主節の命題を修飾する．副詞節には時をあらわす節，理由をあらわす節，目的をあらわす節，条件をあらわす節があり，これらは次に示すように，それぞれ異なる従属接続詞によって文中に導入される．

表 1　副詞節を導く従属接続詞

従属接続詞	意味	種類	節の順番	従属節の法
aero	「〜のとき」	時	従属節―主節	未然法
matan, sur	「〜なので」	理由	主節―従属節	既然法
	「〜のために」	目的	主節―従属節	未然法
ar	「もしも〜ならば」	条件	従属節―主節	未然法

　ツツバ語では従属接続詞が用いられる頻度は少ない．多くの場合，従属接続詞を伴わずに従属節と主節が並置され，聞き手は二節の内容や二節間の休止の有無から，二節の関係を判断する．

---

[1] 本書では補文を補語節と呼び，補語節を導く標識を補文標識に代わって補語節標識と呼ぶことにする．

12.1.1. 並置された二節の意味

ツツバ語では二つの節が接続詞を伴わずに並置される頻度が高い．並置される二節には，ここで示した①従属の関係にある二節 以外にも，②等位の関係にある二節 (11.2.「並置」参照)，そして③意味的なひとつのまとまりを形成する二節 (7.6.2.「述部連結」参照) がある．

上記①，②，③は，二節が並置されているという点では共通するが，休止の有無により異なる意味に解釈される．つまり，これらは構造的には同じであるが意味的には区別されている．①従属の関係と②等位の関係では，節のあいだに休止が置かれ，③動詞連続では二つの連続する節のあいだに休止が置かれない．並置された二つの節が①従属の関係にあるのか，それとも②等位の関係にあるのかを示す標識のようなものはなく，聞き手は二節の内容から判断する．

12.1.2. 主節と副詞節の順番

先の表1に示したように，この言語では，副詞節がどの従属接続詞に導かれるかにより，主節と副詞節の並ぶ順番が異なる．時をあらわす従属接続詞 aero と条件をあらわす従属接続詞 ar に副詞節が導かれるときは，従属節—主節の順となり，理由や目的をあらわす従属接続詞 matan と sur に副詞節が導かれるときは，主節—従属節の順となる．ただし matan と sur に導かれる副詞節が強調されるときには，時や条件の従属接続詞に副詞節が導かれるときと同様，従属節—主節の順となる．

12.1.3. 主節と副詞節の法

表1で主節と副詞節の法について示したように，従属接続詞 aero と ar に

導かれる副詞節の法は未然法である．そして主節の法は未然法または命令法である．一方，従属接続詞 matan と sur には，理由と目的という二つの意味があり，主節の法に関わらず，この二つの従属接続詞が理由をあらわす意味で用いられるとき，導かれる副詞節は既然法である．そしてこれらが目的の意味で用いられるとき，導かれる副詞節は未然法である．以下にそれぞれの従属接続詞とその例について記す．

12.1.4. 時をあらわす節

　時間をあらわす副詞節は，従属接続詞 aero に導かれて主節に先行するか，または単純に主節に並置される．時の副詞節と主節が並置されるとき，二節は時系列に沿った順番で現れる．つまり従属接続詞 aero が用いられるときと同じく，従属節―主節の順である．そしてこのとき，節1の出来事が生じたときの節2の出来事や状態があらわされる．

(1) 　[aero　　laŋ　　a=sere],　　　ra-ruru-de　　ra=masa
　　　 CONJN　 風　 3SG.IR=吹く　PL-服-REF　　3PL.IR=乾く
　　「風が吹くときに服は乾く」

　aero に導かれる副詞節は未然法であるが，副詞節が主節に並置される場合，副詞節の法は既然法である．また主節の法も既然法である．

並置

(2) 　[ratol　　ro=ma　　　ro=si],　　　[tamanatu-na
　　　 3TRIAL　 3TRIAL.R=来る　3TRIAL.R=下る　 夫-3SG.POSS
　　　lo=eno]
　　　PROG=横になる
　　「彼ら三人が中に入ったとき彼女の夫は横になっていた」

次の例文では，節1と節2が並置された従属節と主節である．節3は等位接続詞 ro から始まるため，主節の一部ではないことが分かる．

(3)　　[boŋ　e-tea　　tamoloi e-tea　　me^i=le=valai=a],
　　　　日　CDN-1　　人　　　CDN-1　　3SG.R=REP=横切る=3SG.OBJ
　　　　[mo^j=tov-i　　　　na　　isa-na^i]
　　　　 3SG.R=呼ぶ-OBJ　　ART　　名前-3SG.POSS
　　　　[ro　　　mo^j=uve=a^i]
　　　　 CONJN　3SG.R=罵る=3SG.OBJ
　　　「ある日，一人の男^{i}がまた横切ったとき彼女^{j}は彼^{i}の名前を呼び，そして彼^{i}を罵った」
　　　（直訳．ある日，一人の男がまた横切り，彼女は彼の名前を呼び，そして彼女は彼を罵った）

ツツバ語では，例えば「教会に行く前に水浴びをする」や，「病院に行った後に買物をした」のような，「～の前に」や「～の後に」をあらわす時間的な語句や従属接続詞が存在しない．これらは「水浴びをしてから教会に行く」，または「初めに病院に行き，そのあとで買い物に行く」のように，時系列に沿った二節が，等位接続詞 ro「そして」または語彙化した等位接続詞 mevro や aevro「そのあとで」に結び付けられるか，もしくは並置されてあらわされる[2]．この第一節は，時系列を示す副詞 turanma「はじめに」に修飾されることもある．このように副詞に修飾された場合，二節が並置されていても行為の順番が明示される．

---

2) この時系列に沿って並置された二節は，12.1.1. の分類の②「等位の関係にある二節」にあたる．

(4) nno=sa   na   hospital (mevro) nno=vol   suŋa
    1SG.R=上る PP   病院   CONJN   1SG.R=買う 砂糖
    「私は病院に行き，それから砂糖を買った」

(5) ka=loso,   (aevro)   ka=sa   na   sios
    1SG.IR=水浴びをする CONJN   1SG.IR=上る   PP   教会
    「私は水浴びをして，それから教会に行くつもりだ」

　Thompson and Longacre (1985) は，時をあらわす節はしばしば一語で置き換えられることがあると述べている．ツツバ語では，時をあらわす節は往々にして副詞的に用いられる名詞句や前置詞句などの句であらわされる．このとき名詞句や副詞句が現れる位置は多くの場合，文末である．時をあらわす節は次のように名詞 taro「時」を先行詞とする関係節に置き換えられる．

名詞句の副詞的用法

(6) nno=tov   na   isa-n   tom   [taro-i   [nen
    1SG.R=呼ぶ   ART   名前-LINK   T   時-REF   DX
    nno=vilei   boti   lo=ma]_RC]_NP
    1SG.R=見つける   ボート   PROG=来る
    「私はボートがこっちに来るのを見つけたとき，大声でトムを呼んだ」

(7) e=in   medisin ne   [taro-i   [nen
    2SG.IMP=飲む   薬   DX   時-REF   DX
    o=ŋ   o=lav-i=a!]_RC]_NP
    2SG.IR=欲する   2SG.IR=取る-OBJ=3SG.OBJ
    「あなたが必要と感じたときにこの薬を服用しなさい！」

12.1.5. 理由，目的をあらわす節

A. matan

　理由や目的をあらわす副詞節を導入する接続詞には，matan と sur の二つがある．このうち matan は前置詞や疑問詞としても用いられる．この接続詞に導かれる副詞節は，主節に後続して主節の出来事や行為の理由，目的をあらわす．Lynch and Crowley (2001) は，ツツバ語と同じく北・中央ヴァヌアツグループに分類されるタマンボ語について，目的をあらわす従属節は，通常主節に後続し，強調されるときにのみ主節に先行すると述べている．タマンボ語と同様，ツツバ語でも理由や目的が強調されるときに限り，matan に導かれる従属節は主節に先行する (8)，(9)．

理由（強調）

(8)　<u>matan</u>　nno=sao　　　　talsea,　nno=te=va　　　　na　sikul
　　　CONJN　1SG.R=病気である　とても　1SG.R=NEG=行く　　PP　学校
　　　「病気がとてもひどかったので，私は学校をお休みしたのです」

目的（強調）

(9)　<u>matan</u>　ka=an　　　　te　　boe,　nno=ma　　ha-nede
　　　CONJN　1SG.IR=食べる　ART　豚　　1SG.R=来る　場所-DX
　　　「豚を食べるために私はここに来ました」

　なお matan には domalio「忘れる」に後続して補語節を導く働きもある (12.3.「補語節」参照)．

補語節を導く

(10)　nno=domalio　　matan　　ka=ote　　　　　　beta
　　　1SG.R=忘れる　　CONJN　　1SG.IR=持って来る　タロイモ
　　　「タロイモを持って来るのを忘れた」

(11)　mo=domalio　　matan　　a=sa　　olotu
　　　3SG.R=忘れる　　CONJN　　3SG.IR=上る　サント島
　　　「彼はサント島に行き忘れた」

　理由をあらわす節と目的をあらわす節において，意味と法は相関関係にある．Thompson and Longacre (1985) は，多くの言語では，同一の形態素が目的節や理由節を導くと述べ，一つの形態素が二つの機能を果たす理由として，目的と理由の両方が，ある状態やある行為に説明をもたらすという点で意味的に共通しているからだろうと論じている．そして彼らは，目的節は主たる出来事の生じた時点において未だ実現されていない事柄をあらわすのに対し，一方の理由節は主たる出来事の生じた時点において，既に現実のものとなっているであろう事柄をあらわす，という点において異なっていると述べている．

　ツツバ語では，12.1.3. でも言及したように，主節の法に関わらず理由をあらわす副詞節は常に既然法である．一方，目的をあらわす副詞節は，主節の法に関わらず常に未然法である．目的の節と理由の節がともに従属接続詞 matan に導かれるにも関わらず，それぞれの法が異なるのは，Thompson and Longacre (1985) が述べるように，主節のあらわす行為の時点において，副詞節の内容が既に実現されているか否かという意味的な違いが法に反映されているからであると考えられる．以下にそれぞれの例を示す．

12章 複文

理由をあらわす（副詞節は常に既然法）

主節が既然法

(12) nno=roŋo   mo=dui   talsea   <u>matan</u>   tamoloi
     1SG.R=感じる 3SG.R=良い   とても   CONJN   人
     mo=tuan   nao
     3SG.R=助ける 1SG
     「彼が助けてくれたのでとても気分が良い」

(13) do=te=va   na   reti-reti-a-i   <u>matan</u>
     1PL.INC.R=NEG=行く   PP   RED-言う-NMLZ-REF   CONJN
     do=sasa
     1PL.INC.R=働く
     「私たちは働いていたのでその寄合には行かなかった」

主節が未然法

(14) da=te=reti-reti   <u>matan</u>   mo=usa
     1PL.INC.IR=NEG=RED-言う   CONJN   3SG.R=雨が降る
     「雨が降るので，話すのを止めよう」

(15) ka=mabu   vorvor   <u>matan</u>   nno=sasa   talsea
     1SG.IR=休憩する   小さい   CONJN   1SG.R=働く   とても
     「よく働いたので少し休みたい」

目的をあらわす（副詞節は常に未然法）

主節が既然法

(16) ro^i=lo=sina=ra^j matan ra^i=an=ra^j
3PL.R=PROG=騙す=3PL.OBJ CONJN 3PL.IR=食べる=3PL.OBJ
「彼ら^{i}は彼ら^{j}を食べるつもりだったため，彼ら^{j}をだましていました」

(17) nno=ma ha-nede matan ka=reti na
1SG.R=来る 場所-DX CONJN 1SG.IR=言う ART
leo-n mei tel-ei=o
言葉-LINK M PP-OBJ=2SG.OBJ
「私はあなたにメイからのメッセージを伝えるため，ここに来ました」

主節が未然法

(18) meli a=vetaui matan a=si
M 3SG.IR=準備する CONJN 3SG.IR=下る
a=sor elles
3SG.IR=見る E
「メリはエレスに会う準備をするだろう」

(19) a=l te niu matan a=ve te urede
3SG.IR=取る ART ココナツ CONJN 3SG.IR=作る ART ラプラプ
「彼はラプラプを作るためココナツを取りに行くだろう」

B. sur

sur は理由や目的をあらわす従属接続詞である．従属接続詞 matan のときと同様，主節の法に関わらず，この接続詞に導かれる理由の副詞節は既然法

であり，目的の副詞節は未然法である．しかし matan のときとは異なり，副詞節の内容が強調されようと，sur に導かれる節が主節に先行することはない．

理由

(20) ro   ro=ve   noannan   lavoa   sur
    CONJN   3DUAL.R=作る 食べ物   たくさん CONJN

    raoa   ro   ro=to
    3DUAL   ITJ   3DUAL.R=居る

「そして彼ら二人は二人の子供が家にいるのでたくさんのご馳走を作った」

目的

(21) o=le   masi   evisa   sur   da=annan   raviravi?
    2SG.R=取る   魚   いくつ   CONJN   1PL.IR=食べる 夕方

「あなたは私たちの夕食のために魚を何匹とってきましたか？」

12.1.6. 条件をあらわす節

　条件文は，条件節に主節が後続する形式であらわされる．条件節は従属接続詞 ar「もしも〜ならば」に導かれる．ツツバ語では「もし彼が家に居たら一緒に畑に行こう」のような現実的な仮定と「もしも私が鳥であれば首都にまで飛んでゆく」のような非現実的な仮定，さらに「もし昨日来ていたらパイナップルがあったのに」のような過去の事実に対する仮定が，文の構造や法では区別されず，これらの意味の違いはいずれも聞き手の持っている知識や文脈，状況から判断される．

(22) ar   mosis   a=ma   nabar,   ae
    CONJN   M   3SG.IR=来る   今日   するつもり
    avvo   ka=te=vano
    明日   1SG.IR=NEG=行く
    「もし今日モシスが来たら，私は明日（会いに）行かないつもりだ」

(23) ar   o=tau   kalasi-de,   ka=sor   a=dui
    CONJN   2SG.IR=置く ガラス-REF   1SG.IR=見る   3SG.IR=良い
    「もしも私がメガネをかけたら，私はよく見ることができるだろう」

(24) ar   nao   dokuta,   ka=davsai   ka=sile   te
    CONJN   1SG   医者   1SG.IR=できる 1SG.IR=与える ART
    medisin   dui
    薬   良い
    「もしも私が医者だったなら，良い薬を処方してあげられるのに」

(25) ar   o=ma   ha-ne   nanov,   o=davsai
    CONJN   2SG.IR=来る   場所-DX   昨日   2SG.IR=できる
    o=sor   vemoli
    2SG.IR=見る   V
    「もしあなたが昨日ここに来ていたら，あなたもヴェモリに会えたのに」

(26) ar   o=si   tisin,   ra=taur-i=o
    CONJN   2SG.IR=下る   下の方   3PL.IR=つかむ-OBJ=2SG.OBJ

    ra=lasi   bulbul   na   karu-m,   ra=lasi
    3PL.IR=縛る   両方   PP   足-2SG.OBJ 3PL.IR=縛る

    bulubul   na   lima-m,   ra=soai   te
    両方   PP   腕-2SG.OBJ   3PL.IR=押し込む   ART

    viae
    木

「もしもあなたが（道を）下ったならば，彼らはあなたをつかみ，両手，両足を縛り上げ，そして木に押し込むだろう」

次の文のように従属節または主節の名詞を関係節が修飾する場合，関係節の法は必ずしも未然でなくともよい．

(27) ar   ka=le   kalasi-de,   ka=te=sor
    CONJN   1SG.IR=取る   ガラス-REF   1SG.IR=NEG=見る

    [tamoloi-de   [mo=lo=turu   asao]_RC]_NP
    人-REF   3SG.R=PROG=立つ   離れて

「もし私がメガネをはずしたら，あそこに立っている人を見ることはできないだろう」

12.2. 関係節

12.2.1. 指示代名詞の機能

英語で指示代名詞 that が関係節を導くことができるように，ツツバ語で

も指示代名詞は関係節を導き，そして導かれた関係節は名詞句末に埋め込まれて名詞句主要部，すなわち先行詞を修飾する．ツツバ語には遠近で区別される三つの指示代名詞 nen「話者に近い」，nei「聞き手に近い」，leŋ「両者から遠い」が存在しているが，このうち関係節を導くのは，nen「話者に近い」と nei「聞き手に近い」の二つで，leŋ「両者から遠い」や nen と nei の異形態である nede や ne は関係節を導くことはできない．また，例えば英語では関係代名詞に主格，所有格，目的格といった格が関係し，さらに人を先行詞にとるか，事物を先行詞にとるかといった先行詞の種類も関係するが，ツツバ語で関係節を導くことができるのは，格や先行詞に関わらず nen と nei だけである．

　指示代名詞は，名詞句主要部を修飾する指示代名詞として働くときも（A），関係節を導く関係代名詞として働くときも（B），ともに名詞句主要部の後ろに置かれる[3]．なお後者のとき，主節と関係節の法や相は，必ずしも一致しなくてよい．主節と関係節の法と相については，12.2.8. で詳述する．

(A) 名詞句主要部を修飾する指示代名詞として

[主要部　指示代名詞]$_{NP}$

(28) 　　[tamoloi　　　　nei]$_{NP}$　tamol　siati
　　　　人　　　　　　　DX　　　　人　　　悪い
　　　「あなたの近くに居るその人は，ひどい奴です」

(29) 　　e=l　　　　　　[te　　　taŋ　　　vorvor　　nei!]$_{NP}$
　　　　2SG.IMP=取る　　ART　　鞄　　　小さい　　　DX
　　　「その小さな鞄を取って！」

---

3) (29) からも分かるように，名詞句主要部の直後という意味ではない．

(B) 関係節を導く関係代名詞として

[名詞句 [指示代名詞…]_RC]_NP

(30) nno=davsai [tamol dui [nen o=tov-i=a]_RC]_NP
1SG.R=知る 人 良い DX 2SG.R=呼ぶ-OBJ=3SG.OBJ
「私はあなたが声をかけた親切な人を知っています」

(31) o=in [te ti [nen nno=sile=a
2SG.R=飲む ART 紅茶 DX 1SG.R=与える=3SG.OBJ
tel-ei=o?]_RC]_NP
PP-OBJ=2SG.OBJ
「私が淹れた紅茶を飲みましたか？」

12.2.2. 指示代名詞と関係代名詞

　名詞に指示代名詞が後続し，それに節または述部が続いた場合，その指示代名詞が名詞句主要部を修飾する指示代名詞であるのか，それとも関係節を導く指示代名詞であるのかは判然としない．ただし次のように名詞句主要部に前方照応の接尾辞が付加しているときは（下線部分），指示代名詞が名詞を修飾することができないため，後続する指示代名詞が関係代名詞として機能しているということが分かる．なお本書では，前方照応の接尾辞が付加した名詞を指示代名詞が修飾できないことについて，6.4.4. で記述している．

(32) [sakele-i [nei nno o=lo=ate a-ia]_RC]_NP
椅子-REF DX 2SG 2SG.R=PROG=座る ADV-そこに
ma=kamea
3SG.R=壊れる
「あなたの座っているその椅子は壊れています」

(33)　　nno=hor　　[tamoloi-de　　[nen　　o=lav-i=a
　　　　1SG.R=見る　人-REF　　　　DX　　2SG.R=取る-OBJ=3SG.OBJ
　　　　o=ma　　　ha-n　　　　　nanov]_RC]_NP
　　　　2SG.R=来る　物-DX　　　　昨日
　　　　「私は昨日あなたがここに連れてきた人を見かけた」

　名詞を修飾する指示代名詞と関係節を導く指示代名詞が，ともに同一の名詞を修飾した場合，次のように二つの指示代名詞が連続する．

(34)　　nno=ma　　tutuba　na　[sio　l　[nen　ma=va]_RC]_NP
　　　　1SG.R=来る　T　　　　PP　年　DX　DX　　3SG.R=行く
　　　　「私はツツバ島に去年来ました」
　　　　（直訳．あの過ぎ去った年に私はツツバ島に来た）

12.2.3.　関係代名詞の省略

　関係節を導く指示代名詞は，次の例のように省略可能である．また (36) は関係節の中の他動詞の補語が左方化して主節の中の前置詞補語となっている例であり，この文でも前置詞の補語直後，すなわち ti「紅茶」の直後に生起する指示代名詞が省略されている．なおこの言語では補語が左方化した場合，その補語と人称・数において一致する代名詞が残る．

(35)　　nno=sor　　[viriu　e-tea　　[lo=eno　　　　　na　mav]_RC]_NP
　　　　1SG.R=見る　犬　　CDN-1　　PROG=横になる　PP　土
　　　　「私は土の上に寝そべっている一匹の犬を見た」

(36) meli, nno=roŋo mo=dui [matan [ti^i
    M   1SG.R=感じる 3SG.R=良い   PP   紅茶
    [o=lav-i=a^i]   o=r   ka=inu=a^i]$_{RC}$]$_{NP}$]$_{PP}$
    2SG.R=取る-OBJ=3SG.OBJ 2SG.R=言う 1SG.IR=飲む=3SG.OBJ
    「メリ，あなたが私のために淹れてくれた紅茶はとてもおいしい」

12.2.4. 関係節のプロソディー

　関係節のプロソディーと休止の有無は次のようになる．関係節は名詞句末に埋め込まれ，関係節直前の名詞句構成要素と関係節の始まりの間には，休止が置かれない．またプロソディーは埋め込まれた関係節末で下降する．なお次の例のように関係節の埋め込まれた名詞句に動詞句（ma=kamea「それは壊れる」）が後続するときには，動詞句の始まりにあたる主語代名詞のピッチは低く，その後，動詞の語末から二音節の母音にかけてプロソディーが上昇し，語末にかけてまた急速にプロソディーが下降する[4]．

(37) [sakele-i [nei nno o=lo=ate   a-ia]$_{RC}$]$_{NP}$ ma=kamea
     椅子-REF DX 2SG 2SG.R=PROG=座る ADV-そこに   3SG.R=壊れる
    「あなたの座っているその椅子は壊れているよ」

12.2.5. 関係節における先行詞の文法的役割

　先行詞は関係節において，様々な文法的役割を担う．例えば次の文（38）

---

[4] ツツバ語と同系統のロロヴォリ語を記述した Hyslop (2001: 414-5) は，関係節の制限用法と非制限用法のプロソディーは異なると報告している．しかし同系統のタマンボ語を記述した Jauncey (1997: 438) は，タマンボ語では制限用法と非制限用法は区別されず，どちらも同じ構造で示されると述べている．ツツバ語もタマンボ語と同様，関係節の非制限用法と制限用法の構造やプロソディーは同じ構造であらわされる．

の先行詞 tamoloi「人」は，主節の主語に相当し，同じく関係節においても主語に相当する要素である．また (39) の先行詞は，主節の補語に相当し，関係節の中でも補語に相当する要素である．

(38) [tamoloi [nen mo=turu leŋ]RC]NP ma=sao
　　　人　　　DX　3SG.R=立つ　DX　　　　3SG.R=病気である
　　「あそこに立っている男性は病気です」

(39) o=vri 　　　　　　[vir [nno=vaŋan 　　　　nna]RC]NP
　　　2SG.R=石を投げる　犬　1SG.R=餌を与える　　3SG
　　「あなたが石を投げたのは私の犬だ」

ツツバ語では先行詞が主節の主語，補語（主格補語，対格補語，斜格補語），名詞述語文の述部（所有表現の所有者），付加詞のいずれかとして機能し，そして関係節では主語，補語（主格補語，対格補語，斜格補語），所有表現の所有者のいずれかとして機能する．以下に先行詞が主節と関係節においてどの文法的役割を果たすか可能な組み合わせを記し，その後 12.2.6. で名詞の接近可能性についてまとめる．

先行詞が主節の主語

① 先行詞が主節の主語で関係節の主語

(40) [tamoloi [nen ma=maso]RC]NP lo=to olotu
　　　人　　　DX　3SG.R=適切な　　　　　 PROG=居る　サント島
　　nentovon
　　今
　　「適任とおぼしき人物は今，サント島に住んでいる」

438

② 先行詞が主節の主語で関係節の主格補語

(41) [kato a-ku [o=tun nna]_RC]_NP
　　　カトー CLASS-1SG.POSS　2SG.R=調理する 3SG
　　　mo=dui talsea
　　　3SG.R=良い とても
　　「あなたが私のために作ってくれたカトーはとてもおいしい」

③ 先行詞が主節の主語で関係節の対格補語

(42) [toti [nen nno=lo=taur-i=a]_RC]_NP me=ev
　　　懐中電灯 DX　1SG.R=PROG=握る-OBJ=3SG.OBJ 3SG.R=終わる
　　「私の懐中電灯は壊れた」
　　（直訳．私の握っている懐中電灯は終わった）

④ 先行詞が主節の主語で関係節の斜格補語

(43) [vavine-i [nno=reti tel-ei=a]_RC]_NP
　　　女性-REF　1SG.R=言う PP-OBJ=3SG.OBJ
　　　ma=ta solomon
　　　3SG.R=出身である ソロモン
　　「私が話しかけたその女性はソロモンの出身だった」

⑤ 先行詞が主節の主語で関係節の所有者

(44) [tom [vulu-na mo=vso]_RC]_NP mo=sube
　　　T　 髪-3SG.POSS　3SG.R=白い　3SG.R=首長
　　「白髪のトムは首長になった」

(45) [taŋa-i   [nen   buku na   lo-na]_RC]_NP   no-ku,   na
     鞄-REF   DX   本   PP   中-3SG.OBJ   CLASS-1SG.OBJ CONJN
     me=rei   e-tea   no-n   mori
     3SG.R=存在する   CDN-1   CLASS-LINK   M
     「中に本が入っている鞄は私のもので，もうひとつの鞄はモリのものです」

先行詞が主節の補語

⑥ 先行詞が主節の補語で関係節の主語

(46) nno=te=davsai   [mera-i   [ro=tov   na   isa-ku]_RC]_NP
     1SG.R=NEG=知る   男性-REF   3PL.R=呼ぶ ART   名前-1SG.POSS
     「私は私の名を呼んだ男たちが誰なのか分からない」

(47) nno=te=boi   [noannan   [ma=daŋa]_RC]_NP
     1SG.R=NEG=好む   食べ物   3SG.R=臭う
     「私は臭う食べ物がきらいです」

⑦ 先行詞が主節の補語で関係節の主格補語

(48) o=vri   [viriu   [nno=vaŋara   nna]_RC]_NP
     2SG.R=石を投げる   犬   1SG.R=餌を与える   3SG
     「あなたは私の飼っている犬に石を投げつけた」

⑧ 先行詞が主節の補語で関係節の対格補語

(49) nno=boi   [urede   [o=vai=a]_RC]_NP
     1SG.R=好む   ラプラプ   2SG.R=作る=3SG.OBJ
     「私はあなたの作るラプラプが好きです」

(50) lo=ututu   [ruru_i no-n   ve-tasi-na   [nen
    PROG=洗う   服   CLASS-LINK FEM-兄弟-3SG.POSS   DX
    nno=sile=a_i   nna]_RC]_NP
    1SG.R=与える=3SG.OBJ   3SG
    「彼女が洗っていたのは私が彼女の姉にあげたシャツだった」
    (直訳. 彼女が洗っていたのは彼女の姉のシャツで，そのシャツ
    は私が彼女の姉にあげたものだった)

⑨ 先行詞が主節の補語で関係節の斜格補語

(51) nna   ma=davsai   [mera   [ma=karemata
    3SG   3SG.R=知る   男性   3SG.R=横目で見る
    tel-ei=a?]_RC]_NP
    PP-OBJ=3SG.OBJ
    「彼女は（彼女が）ちらりと横目で見たあの男性のことを知って
    いるのか？」

⑩ 先行詞が主節の補語で関係節の所有者

(52) lo=ntai   [tamoloi-de [nen   vir   bula-na
    PROG=探す   人-REF   DX   犬   CLASS-3SG.POSS
    ma=an   toa   bula-na]_RC]_NP
    3SG.R=食べる   鶏   CLASS-3SG.POSS
    「彼は自分の世話していた鶏を食べた犬の飼い主を探している」

(53) o=lo=an   [urede   [isa-na,   vadevade]_RC]_NP
    2SG.R=PROG=食べる   ラプラプ 名前-3SG.POSS   V
    「あなたが今食べているのは，ファンデファンデという名前のラ
    プラプです」

⑪　先行詞が主節の斜格補語で関係節の主語

(54)　　kamam　　ko=lo=sobe-sobe-leo　　　　　[tel-ei=ra
　　　1PL.EXC　1PL.EXC.R=PROG=RED-首長-言葉　　PP-OBJ=3PL.OBJ

　　　[ro=te=ma　　　na　　　reti-reti-a-i]_RC]_NP
　　　3PL.R=NEG=来る　PP　　　RED-言う-NMLZ-REF

　　　「私たちはその寄合に来なかった彼らのことを批判しているのです」

先行詞が主節の述語（名詞述語文）

⑫　先行詞が主節の述語（所有構造の所有者）で関係節の主語

(55)　　me-n　　ululdunna-n　[tanume-i　[nen　mo=lsu
　　　物-DX　　話-LINK　　　　悪魔-REF　　DX　　3SG.R=殺す

　　　tamoloi]_RC]_NP
　　　人

　　　「それは人を殺した悪魔のお話です」

その他

⑬　非節内要素

　次のように，先行詞が関係節内のいかなる要素にも相当しないものもある．

(56)　　nira　evui　　ro=lo=vanasa　　　　[matan　[bosi-na
　　　3PL　すべて　3PL.R=PROG=噂する　　PP　　　習慣-3SG.POSS

　　　[nen　　lo=inu]_RC]_NP]_PP
　　　　DX　　PROG=飲む

　　　「彼ら全員が彼の飲酒の習慣を噂している」
　　　（直訳．彼ら全員が，彼が酒を飲んでいるという習慣について噂している）

12.2.6. 名詞句の接近可能性

先行詞が主節と関係節においてどの文法的役割を果たすか，その可能な組み合わせをまとめたものが表2である．

表2 名詞句の接近可能性

		関係節の		
		主語	補語	所有者
主節の	主語	○	○	○
	補語	○	○	○
	所有者	○		

表2に示す結果を基にツツバ語の名詞句接近可能性を次のように示すことができる．

<u>主語＞補語＞所有者</u>

12.2.7. 関係節における先行詞の数

関係節により修飾される主節の名詞を，本書では先行詞と呼んでいる．先行詞に複数をあらわす接辞が付加すると，先行詞の数が明示されるが，この接辞の付加は随意的であるため，先行詞の数が必ず示されるというわけではない．しかし先行詞の数は主節で明示されなくとも，関係節の中で先行詞と呼応する代名詞により示唆される．

例えば先行詞が関係節の主語である (57) では，関係節の主語代名詞が ma=(三人称・単数・既然法) であるので，聞き手は先行詞の人称・数が三人称・単数であると分かる．同じく先行詞が関係節の主語である (58) では，

関係節の主語代名詞がro=(三人称・複数・既然法)であるので，聞き手は先行詞の人称・数が三人称・複数であると分かる．以下の例文では，先行詞そして先行詞と人称・数において一致している関係節内の代名詞に下線を引いている．

主語

(57) ma=sasa　　　[tuan　[tamoloi　[nen　ma=ta
　　　3SG.R=働く　　PP　　　人　　　DX　　3SG.R=出身である
　　　solomon]$_{RC}$]$_{NP}$]$_{PP}$
　　　ソロモン
　　　「彼はソロモン出身の人と働いていた」

(58) ma=sasa　　　[tuan　[tamoloi　[nen　ro=ta
　　　3SG.R=働く　　PP　　　人　　　DX　　3PL.R=出身である
　　　solomon]$_{RC}$]$_{NP}$]$_{PP}$
　　　ソロモン
　　　「彼はソロモン出身の人たちと働いていた」

同様に，先行詞が関係節中の補語である (59) では，関係節の補語が=a(三人称・単数)であるので，主節の補語 vate-i「(その)歌」が単数であることが分かる．また先行詞が関係節の所有者である (60) では，関係節の所有者代名詞接辞 -na (三人称・単数)により先行詞の数を知ることができる．

補語

(59) o=ŋ　　　　　o=roŋo　　　[vete-i　[nen ka=tae=a?]$_{RC}$]$_{NP}$
　　　2SG.IR=欲する 2SG.IR=聞く　歌-REF　DX　1SG.IR=歌う=3SG.OBJ
　　　「あなたは私の歌を聞きたいですか？」

所有

(60)　dokuta　mo=tov　　　　[tamoloi [nen　lima-na
　　　医者　3SG.R=呼ぶ　　　人　　　DX　腕-3SG.POSS
　　　ma=ma-kame]_RC]_NP
　　　3SG.R=INTR-折る
　　　「医者は腕を骨折している人を呼んだ」

12.2.8. 主節と関係節の法，相

　ツツバ語では主節の法と関係節の法の一致は義務的ではない．また相についても同様であり，関係節にのみ相の小詞が現れることが往々にしてある．関係節の相は文の意味に大きく関与しており，関係節が進行相である場合，先行詞が関係節内で主語として機能していることが示される．また英語やビスラマ語などの言語と同様，主節の述語が知覚動詞のときには，関係節が進行相であるか否かにより文の意味が異なる．

　以下 12.2.8.1. で関係節の相と先行詞の関係節における機能について述べ，12.2.8.2. で主節の述語と関係節の相について記す．

12.2.8.1. 関係節の相と先行詞の文法的機能

　ツツバ語と同系統のロロヴォリ語では，主節に同じ人称，数の名詞が二つ以上生起する場合，関係節中の代名詞がどの名詞と呼応しているのかが判然とせず，文の意味は状況から判断される（Hyslop 2001: 410）．ツツバ語も同様に，例えば次のように主節に二つの名詞が生起し，ともに同じ人称・数であるときは，関係節中の代名詞がどちらの名詞と呼応しているのか，代名詞だけを基に判断することはできない．

(61) tomas   me=reti   [meli [nen   ma=lav-i=a
     T   3SG.R=言う   M   DX   3SG.R=取る-OBJ=3SG.OBJ
     ma=ma   ha-n]_RC]_NP
     3SG.R=来る   場所-DX

　しかしこの言語では，ロロヴォリ語とは異なり，関係節の相が関係節内での先行詞の文法的役割を示唆する働きをする．そのため，聞き手は関係節の相を手がかりに文の意味を正確に把握することができる．例えば，先行詞が関係節の主語であるときは，(62)や(63)のように関係節の動詞には進行相の小詞が先行しうる．一方，(64)や(65)のように，先行詞が関係節の補語であるときには，関係節の動詞に進行相の小詞が先行しない．

関係節が進行相→先行詞は関係節の主語

(62) tomas[i]   ma=rao   [vavine-i   [nen
     T   3SG.R=抱きしめる   女性-REF   DX
     mo=lo=lav-i=a[i]   mo=lo=ma   ha-n]_RC]_NP
     3SG.R=PROG=取る-OBJ=3SG.OBJ   3SG.R=PROG=来る   場所-DX
     「トーマスは彼をここに連れてきてくれた女性を抱きしめた」

(63) meli[i]   mo=boi   [mera   [lo=tuan   nna[i]]_RC]_NP
     M   3SG.R=好む   男性   PROG=助ける   3SG
     「メリは自分を助けてくれた男性に好意を持っている」

関係節が進行相でない→先行詞は関係節の補語

(64) tomas^i　ma=rao　　　　　　　[vavine-i

　　 T　　　3SG.R=抱きしめる　　　女性-REF

　　 [nen　ma^i=lav-i=a　　　　ma=ma　　ha-n]$_{RC}$]$_{NP}$

　　 DX　　PROG=取る-OBJ=3SG.OBJ　3SG.R=来る　場所-DX

　　 「トーマスは彼がここに連れてきた女性を抱きしめた」

(65) meli　mo=boi　　　[mera^i　[mo=tuan　　　nna^i]$_{RC}$]$_{NP}$

　　 M　　3SG.R=好む　　男性　　　3SG.R=助ける　　3SG

　　 「メリは自分が助けてあげた男性に好意を持っている」

このように，ツツバ語では関係節の相が，関係節における先行詞の文法的役割，すなわち主語であるか補語であるかを示す働きをする．

上に示した(62)から(65)は，主節に同じ人称・数の名詞が二つ以上生起する文の例であるが，次の二例のように主節の主語と補語の人称が異なる場合，聞き手は先行詞が関係節の中で主語であるか，それとも補語であるかを関係節の相だけでなく，関係節の代名詞の人称・数からも把握することができる．

(66) nira^i　ro=rao　　　　　　　[vavine-i　[nen　lo=lav-i=ra^i

　　 3PL　　3PL.R=抱きしめる　　　女性-REF　　DX　　PROG=取る-OBJ=3PL.OBJ

　　 lo=ma　　　　　ha-n]$_{RC}$]$_{NP}$

　　 PROG=来る　　　場所-DX

　　 「彼らは，彼らをここに連れてきてくれた女性を抱きしめた」

(67) nira^i   ro=rao   [vavine-i   [nen
    3PL   3PL.R=抱きしめる   女性-REF   DX
    ro^i=lav-i=a   ro=ma   ha-n]_RC]_NP
    3PL.R=取る-OBJ=3SG.OBJ   3PL.R=来る   場所-DX
    「彼らは，彼らがここに連れてきた女性を抱きしめた」

12.2.8.2. 主節の述語が知覚動詞

主節の述語が知覚動詞 roŋo「聞く，感じる」や sor「見る」であり，これらの補語として進行相の関係節が埋め込まれた名詞句が現れる場合，主語は補語が現在行っている行為を見聞きするという意味に解釈される．

(68) nno=roŋo [uluvoe mera merei   [nen lo=tov-i=ao]_RC]_NP
    1SG.R=聞く 青年   男性 いくつか DX   PROG=呼ぶ-OBJ=1SG.OBJ
    「私は何人かの青年が私を呼んでいるのを聞いた」

(69) nno=sor   [tamoloi   [lo=saov   sube-i,   tomas]_RC]_NP
    1SG.R=見る   人   PROG=待つ   首長-REF   T
    「私は首長トーマスを待っている人を見た」

12.3. 補語節

補語節は主節に後続し，主節の補語として働く．補語節は主節と同じ構造（SVO）であり，従属接続詞に導かれて補語位置に現れるか，または主節に続けて並置される．ツツバ語には補語節を導く従属接続詞としてのみ機能する特別な語が存在せず，補語節は既然法の主語代名詞と動詞 reti「言う」の語頭音 r が融合したものか，または理由や目的の副詞節を導く従属接続詞と同形態の matan に導かれる．補語節を導くこの二つのうちの前者，つまり主

語代名詞と動詞 reti「言う」の語頭音 r が融合したものは，nno=r（一人称・単数），o=r（二人称・単数），me=r（三人称・単数）のように，人称に応じて形態を変化させる．

このような補語節をとることのできる他動詞には，reti「言う」や varai「言う」のほか，davsai「知る，思う，できる」，roŋo「感じる，聞く」，sina/sinasina「だます」，usi「頼む」，ŋ「欲する」，domalio「忘れる」がある．このうち domalio「忘れる」は先に示した matan を補語節の標識とし，それ以外の動詞は主語代名詞と動詞 reti「言う」の語頭音が融合したものを補語節標識とする．以下にその一例を示す．なお domalio「忘れる」の例は 12.1.5.「理由，目的をあらわす節」の (10) と (11) に示している．

(70) nno=varai   nna   nno=r   tamoloi-de lo=ma
    1SG.R=言う   3SG   1SG.R=言う 人-REF   PROG=来る
    「私は彼に『その人が来たよ』と言った」

12.3.1. 補語節標識

domalio「忘れる」以外の動詞は，動詞によって，または複数の意味を持つ動詞であれば，意味により次の三つのグループに分類できる．

① 人称・数において主語と義務的に一致する補語節標識をとるもの
② 人称・数において主語と一致しない補語節標識をとるもの
③ 補語節標識をとらないもの

①と②に分類される動詞は，補語節標識をとるという点では共通している．一方，これと対立するのが補語節標識をとらない③の動詞である．ただし①や②に分類される動詞であっても，補語節標識は省略されることがあるため，省略された場合は，主節と補語節が並置され，③と同じ形式になる．

補語節をとりうる動詞の分類を表3に示す.

表3 主節の主語と補語節標識の関係

	①主語と補語節標識の人称・数が義務的に一致する	②主語と補語節標識の人称・数が一致しない	③補語節標識が不要
reti「言う」	○		
varai「言う」	○		
davsai「知る, 思う, できる」	○		
roŋo「感じる」	○		
「聞く」		○	
sina/sinasina「だます」	○		
usi「頼む」	○		
ŋ「欲する」			○

この表から,主語と補語節標識の人称,数が義務的に一致する①に分類される動詞の多くは,発話に関するものであることが分かる.

12.3.2. 直接話法と間接話法

ツツバ語では直接話法と間接話法が同じ構造である.そのため,上記の7つの動詞のうち,発話に関する動詞 reti「言う」と varai「言う」,sina/sinasina「だます」,usi「頼む」を主節の述語とする文が発話された直後には,確認のための聞き返しが頻繁になされる.例えば,(71)に対しては,自分というのが文の主語である彼女のことを意味するのか,それともこの文の発話者を意味するのかを確認するため,(72)のように人称を変化させて質問されることが多い.

(71) me=reti　　　nna　　me=r　　　nna　　no-ku
　　　3SG.R=言う　3SG　3SG.R=言う　3SG　CLASS-1SG.POSS
　　　「彼女は，それは私のものであると言った」[5]

(72) nna　　　no-na　　　　　te　　　no-m?
　　　3SG　　CLASS-3SG.POSS　CONJN　CLASS-2SG.POSS
　　　「それは彼女のものですか，それともあなたのものですか？」

12.3.3.　主節と補語節の法，相に関する制約

　続いて表3に示した7つの動詞が，主節と補語節に法の一致を要求するかどうかについて記述する．これらの動詞のうち，usi「頼む」とŋ「欲する」以外の動詞を含む主節と，それに続く補語節の法は必ずしも一致せず，主節と補語節がともに既然法または未然法である以外にも，主節が既然法で補語節が未然法という組み合わせが可能である．なお相の制約はない．そして先に挙げたusi「頼む」とŋ「欲する」が主節の述語である場合は，主節の法に関わらず，補語節の法は常に未然法である．またこの二つの動詞が主節の述語であるとき，補語節には進行相の小詞が現れえない．補語節の法が常に未然法である理由としては，先に12.1.5.「理由，目的をあらわす節」で理由節と目的節の法がそれぞれ異なる理由をThompson and Longacre (1985)の論を基に説明したのと同様，前者usi「頼む」については，頼むという行為をする時点において，補語節であらわされる事柄が実現していないからであると考えられる[6]．そして後者ŋ「欲する」についても，その意味が示唆するように，発話の時点で補語節の内容が叶っていないために補語節は未然法であると考えられる．この二動詞の補語節に進行相の小詞が現れえないのは，

---

5) (71) の補語節では名詞が述語となっている．
6) Thompson and Longacre (1985) は，目的節は主たる出来事の生じた時点において未だ実現されていない事柄をあらわし，一方で理由の節は，主たる出来事の生じた時点において，既に現実のものとなっているであろう事柄をあらわすという点で異なっていると述べている．

実現していない，または叶っていない事柄をあらわす際に，進行相を用いる不自然さを考えれば当然といえる．

表4 主節と補語節の法，相の制約

	二節の法が一致しなくとも良い	補語節の法は常に未然法	補語節に相の制約がある
reti「言う」	○		
varai「言う」	○		
davsai「知る，思う，できる」	○		
roŋo「感じる，聞く」	○		
sina/sinasina「だます」	○		
usi「頼む」		○	○
ŋ「欲する」		○	○

12.3.4. 補語節をとりうる動詞

以下にこれまでに表3，表4で示した7つの動詞の例を示す．

- reti「言う」,
  varai「言う」,
  davsai「知る，思う，できる」
  roŋo「感じる」
  sina/sinasina「だます」

これらの5つの動詞は，主語と人称・数において一致する補語節標識を義務的にとる動詞である．これらが主節の述語であるとき，主節と補語節の法は一致する必要がない．また，二節間には相の制約がない．

12章 複文

reti「言う」

(73) ro　　　tamol　　dui-de　　　me=reti　　　　nna　　me=r
　　 CONJN　　人　　　良い-REF　　3SG.R=言う　　 3SG　　3SG.R=言う
　　 dao　　　　　　do=roturotu
　　 1DUAL.INC　　　1DUAL.INC.R=遊ぶ
　　 「そして善良な人は彼に『一緒に遊ぼう』と言った」

varai「言う」

(74) moris　　ma=varai　　　elles　　me=r　　　　　ra=va
　　 M　　　　3SG.R=言う　　 E　　　3SG.R=言う　　3PL.IR=行く
　　 ra=annnan
　　 3PL.IR=食べる
　　 「モリスはエレスに彼らが食事に出ようとしていることを告げた」

（補語節標識の省略）

(75) ma=varai　　　　nira　　me=te=vano　　matan　　na
　　 3SG.R=伝える　　3PL　　 3SG.R=NEG=行く　PP　　　ART
　　 reti-reti-a-i
　　 RED-言う-NMLZ-REF
　　 「彼は，話し合いのために自分は行かないと彼らに言った」

davsai「知る，思う，できる」

(76) o=davsai　　　　o=r　　　　　　saina?
　　 2SG.R=思う　　　2SG.R=言う　　 何
　　 「あなたはどう思う？」

(補語節標識の省略)

(77) laŋlaŋai-n vatal ma=lavoa ro nno=te=davsai
　　 種-LINK　　バナナ　3SG.R=大きい　CONJN　1SG.R=NEG=できる
　　 ka=reti　na　isa-ra
　　 1SG.IR=言う　ART　名前-3PL.POSS
　　「バナナの種類は多いので，私はそれらの名前を言うことはできない」

roŋo「感じる」

(78) nno=roŋo nno=r me=te=maso
　　 1SG.R=感じる　1SG.R=言う　3SG.R=NEG=まっすぐな
　　「私は彼を適任ではないと感じた」

sina/sinasina「だます」

(79) tamoloi-de lo=sina=e me=r a=lsu
　　 人-REF　　PROG=だます=3SG.OBJ　3SG.R=言う　3SG.IR=殺す
　　 mate-i=a
　　 死ぬ-TR=3SG.OBJ
　　「その人は彼を殺そうと考えていたが，その素振りを見せずにいた」

● usi「頼む」

　usi「頼む」は，主語と人称・数において一致する補語節標識を必要とする動詞である．この動詞の補語節は，主節の法に関わらず常に未然法である．そしてこの動詞の補語節には進行相の小詞が生起できないという相の制約がある．

usi「頼む」

(80) nno=usi　　vemol　　nno=r　　a=l　　te　　vatali
　　　1SG.R=頼む　V　　　1SG.R=言う　3SG.IR=取る　ART　バナナ
　　　「私はヴェモルにバナナを取ってくれるよう頼んだ」

(81) tari　　mo=usi　　ra-novar　　me=r
　　　T　　3SG.R=頼む　PL-子供　　3SG.R=言う
　　　ra=l　　te　　vira
　　　3PL.IR=取る　ART　花
　　　「タリは子供たちに花を持ってきてくれるよう頼んだ」

● ŋ「欲する」

ŋ「欲する」は，補語節標識を必要としない動詞である．この動詞の補語節の法は，主節の法に関わらず常に未然法である．補語節には相の制約があり，進行相の小詞は現れえない．

(82) nno=ŋ　　　ka=davsai　　vete-i　　no-ra
　　　1SG.R=欲する　1SG.IR=知る　歌-REF　CLASS-3PL.POSS
　　　「私は彼らの歌を知りたい」

(83) nno=ŋ　　　ka=davsai=a　　nen ro=tunu　　baheo
　　　1SG.R=欲する　1SG.IR=知る=3SG.OBJ　DX　3PL.R=調理する　鮫
　　　「私は彼らがどうやって鮫を調理するのかが知りたい」
　　　（直訳．私は彼らが鮫を調理することを知りたい[7]）

● roŋo「聞く」

roŋo には「聞く」という意味と「感じる」という二つの意味がある．こ

---

7) これは補語節の補語を関係節が修飾している例である．

れが「感じる」という意味で用いられるときは，本節で先に示した動詞 reti「言う」や varai「言う」のように主語の人称・数と一致した補語節標識に補語節が導かれる．しかし「(誰々から) 聞く」の意味で用いられるときには，先に表3で示したように，補語節標識の人称・数は主節の主語の人称・数とは一致せず，補語節標識は補語節の内容が誰からもたらされた情報であるのかを示唆する働きをする．

　roŋo「聞く」を含む主節と，これに後続する補語節の法は，この語が「感じる」という意味で用いられるときと同様，必ずしも一致する必要はない．また二つの節に相の制約はない．

(84)　nno=roŋo　　me=r　　　　o=lai
　　　1SG.R=聞く　3SG.R=言う　2SG.R=結婚する
　　　「私はあなたが結婚したことを彼から聞いた」

(85)　nno=roŋo　　ro=r　　　　nno　o=vusaŋ=a
　　　1SG.R=聞く　3PL.R=言う　2SG　2SG.R=教える=3SG.OBJ
　　　「私はあなたが彼を指導していると彼らから聞きました」

　次の例文 (86) は「私は彼^{i}が明日サント島に行くつもりであることを，彼^{j}から聞いた (i≠j)」とも解釈でき，また「私は彼^{i}が明日サント島に行くつもりであることを彼^{j}自身の口から聞いた (i=j)」とも解釈できる．彼^{i}と彼^{j}が同一人物であるかどうかは形式からは判然とせず，文脈から判断される．

(86) nno=roŋo　　me^j=r　　　ae　　　　　　a^i=sa
　　 1SG.R=聞く　　3SG.R=言う　するつもり　3SG.IR=上る
　　 olotu　　　　avvo
　　 サント島　　　明日
　　 「私は彼^{i}が明日サント島に行くつもりだと彼^{j}から聞いた」

動詞 roŋo「聞く」の補語節標識は，話し手が補語節の内容を誰から聞いたか強調する場合に用いられるが (87)，話し手がそれを強調しないときには省略され，主節と補語節が並置される (88)．

(87) nno=roŋo　　me=r　　　o=lai　　　　tuan　moli
　　 1SG.R=聞く　　3SG.R=言う　2SG.R=結婚する　PP　　M
　　 「私はあなたがモリと結婚したと彼から聞いた」

(88) nno=roŋo　　o=lai　　　　　tuan　moli
　　 1SG.R=聞く　　2SG.R=結婚する　PP　　M
　　 「私はあなたがモリと結婚したと聞いた」

COLUMN
記述言語学の現場から

首長と豚

　ヴァヌアツ共和国において首長任命式に欠かせないのが豚である．ツツバ島では首長に 10 の階位があり，首長になるときに豚を多く殺すほど階位が高く権限を有するとされる．現在，ツツバ島で最高位と称される首長タイタスの曽祖父は首長の継承式で 100 匹もの豚を殺し，そのことによって首長の最高位に就くことが認められたと言われている．

　ツツバ語で最高位の称号は moluran といい，これは「太陽の光が射す」という意味である．現首長タイタス自身が父から首長の座を譲り渡されたのは 92 年のことであるが，その時に殺したのは 5 匹の豚だけであった．しかし彼が引き継

首長バナンバスの宝物．首長任命式で豚を殴る棍棒と牙の伸びた豚の下あご．

毎日，豚をマッサージする．順番を待つ豚．

いだ首長の地位は曽祖父が築いたmoluranであり，彼はツツバ島において非常に大きな権限を有している．

　首長になることができるのは男性だけである．首長任命式や継承式では豚を殺すことが必須であるので，式の前にはそのためのステージや殴るときに用いる棍棒が作られる．ツツバ語でbotoと呼ぶステージは，首長に任命される人と豚1匹が立てる程度の広さで，こぶし大の石を敷き詰めて作る．野球のバット大の棍棒vuvusaは，樫の木mariuを削って作る．いずれも当人ではなく親族や首長がこれらを作る決まりである．

　任命式は人々が見守るなかで執り行われる．首長に任命される男性が石でできた神聖なステージに上がると，棍棒が渡される．このとき豚もステージに上げら

れ横たえられる．そして男性は動かぬように押さえつけられた豚の眉間めがけて，野球のスウィングのような動きで厳かに棍棒を叩きつける．

　ツツバ島では豚そのものに価値が置かれているが，円状に伸びた豚の牙にもまた高い価値が置かれる．牙が円を描くような形状にまで伸びるには10年近い歳月が必要である．牙そのものは10000バツ（1バツは約1円）前後の高値で取引されるが，これを有する生きた豚はさらに40000バツから60000バツにもなる．円状の牙は，首長が腕にはめたりまたは首からネックレスのようにぶら下げたりすることからも，富と権力の象徴であることが分かる．豚の牙は，ヴァヌアツ共和国の紙幣や国旗などさまざまなところに図案化されている．

参考文献

【洋書】

Bradshaw, Joel,
1983, Dempwolff's description of verb serialization in Yabem. In A. Halim, L. Carrington and S. A. Wurm (Eds.), *Papers from the Third International Conference on Austronesian Linguistics, Vol.4: Thematic variation*, 177–198. Canberra: Pacific Linguistics.

Catford, John C.,
1968, The articulatory possibilities of man. In B. Malmberg (Ed.), *Manual of phonetics*, 309–333. Amsterdam: North-Holland.

Clark, Ross,
1985, Languages of North and Central Vanuatu: Groups, chains, clusters and waves. In A. Pawley and L. Carrington (Eds.), *Austronesian Linguistics at the 15th Pacific Science Congress,* 199–236. Canberra: Pacific Linguistics.

Clark, Ross,
2009, *Leo Tuai: A comparative lexicon study of North and Central Vanuatu languages.* Canberra: Pacific Linguistics.

Codrington, Robert H.,
1885, *The Melanesian languages.* Oxford: Clarendon Press.

Comrie, Bernard,
1989, *Language universals and linguistic typology: Syntax and morphology.* Oxford: Blackwell, 2nd edition.

Crowley, Terry,
1985, Common noun phrase marking in Proto-Oceanic. *Oceanic Linguistics* 24(1): 135–193.
1987, Serial verbs in Paamese. *Studies in Language* 11(1): 35–84.
1995, *A new Bislama dictionary.* Suva, Fiji/Port Vila, Vanuatu: The University of the South Pacific.
2002, *Serial verbs in Oceanic: A descriptive typology.* Oxford: Oxford University Press.

Dixon, Robert M. W.,
   1982, *Where have all the adjectives gone? and other essays in semantics and syntax,* Berlin: Mouton de Gruyter.

Dixon, Robert M. W., and Alexandra Y. Aikhenvald,
   2000, *Changing valency: Case studies in transitivity.* New York: Cambridge University Press.

Donohue, Mark H.,
   1999, *A Grammar of Tukang Besi.* Berlin; New York: Mouton de Gruyter.

Early, Robert,
   1993, Nuclear layer serialisation in Lewo. *Oceanic linguisitics* 32(1): 65–94.

Foley, William A., and Mike Olson,
   1985, Clausehood and verb serialization. In J. Nichols and A. C. Woodbury (Eds.), *Grammar inside and outside the clause: Some approaches to theory from the field,* 17–60. Cambridge: Cambridge University Press.

Foley, William A., and Robert D. Van Valin Jr.,
   1984, *Functional syntax and universal grammar.* Cambridge/New York: Cambridge University Press.

François, Alexandre,
   2002, *Araki: A disappearing language of Vanuatu.* Canberra: Pacific Linguistics.
   2004, Reconstructing the geocentric system of Proto-Oceanic. *Oceanic Linguistics* 43(1): 1–31.
   2005, Unraveling the history of the vowels of seventeen northern Vanuatu languages. *Oceanic Linguistics* 44(2): 443–504.

Givon, Talmy,
   1984, *Syntax: A functional-typological introduction.* Amsterdam/Philadelphia: John Benjamins Publishing Campany.

Gordon, Raymond G., Jr. (Ed.)
   2005, *Ethnologue: Languages of the world, Fifteenth edition.* Dallas, Tex.: SIL International. Online version: http://www.ethnologue.com.

Grace, George W.,
   1969, A Proto–Oceanic finder list. *Working papers in Linguistics* 2: 39–84. Honolulu: Department of Linguistics, University of Hawai'i.

Hyslop, Catoriona,
> 2001, *The Lolovoli dialect of the North – East Ambae language, Vanuatu*. Canberra: Pacific Linguistics.

Ivens, Walter G.,
> 1938, A grammar of the language Lamalanga, North Raga, New Hebrides. *Bulleten of the School of Oriental and African Studies* 9(3): 733–763.

Jauncey, Dorothy,
> 1997, A grammar of Tamambo, the language of Western Malo, Vanuatu. Unpublished Ph. D thesis, Australian National University.

Lynch, John,
> 1978, *A grammar of Lenakel*. Canberra: Pacific Linguistics.
> 1994, *An annotated bibliography of Vanuatu language*. Suva, Fiji: Pacific Information Centre, University of the South Pacific
> 1996, Proto Oceanic possessive-marking, In J. Lynch and F. Pat (Eds.), *Oceanic Studies: Proceedings of the First International Conference on Oceanic Linguistics*, 93 – 110. Canberra: Pacific Linguistics.
> 1998, *Pacific languages: An introduction*. Honolulu: University of Hawai'i Press.
> 2000, *A grammar of Anejom̃*. Canberra: Pacific Linguistics.
> 2001, The development of morphologically complex possessive markers in the Southern Vanuatu languages. In J. Bradshaw, and K. L. Rehg (Eds.), *Issues in Austronesian morphology,* 149–162. Canberra: Pacific Linguistics.
> 2005, The apicolabial shift in Nese. *Oceanic Linguistics* 44(2): 389–403.

Lynch, John, and Terry Crowley,
> 2001, *Languages of Vanuatu: A new survey and bibliography*. Canberra: Pacific Linguistics.

Lynch, John, Malcolm Ross, and Terry Crowley,
> 2002, *The Oceanic languages*. Richmond: Curzon.

Macdonald, Rev D.,
> 1891, *South Sea languages: A series of studies on the languages of the New Hebrides and other South Sea islands*, Vol. 2. Melbourne: Trustees of the Public Library, Museums, and National Gallery of Victoria.

Maddieson, Ian,
> 1987, Linguo-labials, *UCLA working papers in phonetics* 68: 21–45.
> 1989, Linguo-labials, In R. Harlow and R. Hooper (Eds.), *VICAL I (Oceanic*

Languages): *papers from the Fifth International Conference on Austronesian Linguistics,* 349–75. Auckland: Linguistic Society of New Zealand.

Meyerhoff, Miriam,
2000, *Constraints on null subjects in Bislama (Vanuatu): Social and linguistic factors.* Canberra: Pacific Linguistics.

McKenzie, Robin,
1997, Downstream to here: Geographically determined spatial deictics in Aralle-Tabulahan (Sulawesi). In G. Senft (Ed.), *Referring to space: Studies in Austronesian and Papuan languages,* 221–249. Oxford: Oxford University Press.

Noonan, Michael,
1985, Complementation. In T. Shopen (Ed.), *Language typology and syntactic description,* Vol. 2: 42–140. Cambridge: Cambridge University Press.

Osumi, Midori,
1995, *Tinrin grammar.* Honolulu: University of Hawai'i Press.

Ozanne-Rivierre, Françoise,
1997, Spatial references in New Caledonian language. In G. Senft (Ed.), *Referring to space: Studies in Austronesian and Papuan languages,* 83–100. Oxford: Oxford University Press.

Palmer, Bill,
2002, Absolute spatial reference and the grammaticalisation of perceptually salient phenomena. In G. Bennardo (Ed.), *Representing space in Oceania: Culture in language and mind,* 107–157. Canberra: Pacific Linguistics.

Pawley, Andrew,
1972, On the internal relationships of Eastern Oceanic languages. In R. C. Green and M. Kelly (Eds.), *Studies in Oceanic Culture History,* 1–142. Honolulu: Bernice P. Bishop Museum.

Ray, Sidney H.,
1926, *A comparative study of the Melanesian island languages.* Cambridge: Cambridge University Press.

Rehg, Kenneth L.,
2001, Pohnpeian possesive paradigms. In J. Bradshaw and K. L. Rehg (Eds.), *Issues in Austronesian morphology: a focusschrift for Byron W. Bender*/edited by Joel Bradshaw

and Kenneth L. Rehg, 217-234. Canberra: Pacific Linguistics.

Ross, Malcom D.,
1988, *Proto-Oceanic and the Austronesian languages of Western Melanesia*. Canberra: Pacific Linguistics.
1995, Some current issues in Austronesian lingustics. In D. T. Tryon (Ed.), *Comparative Austronesian dictionary: an introduction to Austronesian studies,* 45-120. Berlin/New Youk: Mouton de Gruyter.
1998, Proto Oceanic phonology and morphology. In M. Ross, A. Pawley and M. Osmond (Eds.), *The lexicon of Proto Oceanic. Volume 1, Material culture: the culture and environment of ancestral Oceanic society,* 15-35. Canberra: Pacific Linguistics.
2004, The grammaticisation of directional verbs in Oceanic languages. In I. Bril and F. Ozanne-Rivierre (Eds.), *Complex predicates in Oceanic languages: Studies in the dynamics of binding and boundness,* 297-329. Berlin: Moutonde Gruyter.

Ross, Malcom, Andrew Pawley, and Meredith Osmond, (Eds.)
1998, *The lexicon of Proto Oceanic. Volume 1, Material culture: the culture and environment of ancestral Oceanic society.* Canberra: Pacific Linguistics.
2003, *The lexicon of Proto Oceanic. Volume 2, The physical Environment: the culture and environment of ancestral Oceanic society.* Canberra: Pacific Linguistics.

Schachter, Paul,
1974. A transformational account of serial verbs. *Studies in African linguistics, supplement* 5: 253-270.
1985, Parts-of-speech systems. In T. Shopen (Ed.), *Language typology an syntactic description,* Vol. 1: 3-61. Cambridge: Cambridge University Press.

Smalley, William A., 1963,
Manual of articulatory phonetics. New York: Practical Anthropology, Revised Edition.

Spriggs, Matthew,
1995, The Lapita culture and Austoronesian prehistory in Oceania. In P. Bellwood, J. J. Fox, and D. T. Tryon (Eds.), *The Austoronesians: Histrical and comparative perspectives,* 112-133. Canberra: Australian National University.

The Republic of Vanuatu,
1989, *Vanuatu national population census May 1989*. Port Vila: National Statistics Office.
1999, *Vanuatu national population and housing census*. Port Vila: National Statistics Office.
2000, *Statistical annual book year 2000*. Port Vila: Department of Education.

Thompson, Sandra A., and Robert E. Longacre,
 1985, Adverbial clauses. In T. Shopen (Ed.) *Language typology and syntactic description,* Vol. 2: 171–234. Cambridge: Cambridge University Press.

Tryon, Darrell T.,
 1976, *New Hebrides languages: An internal classification.* Canberra: Pacific Linguistics.
 1996, Dialect chaining and the use of geographical space. In J. Bonnemaison, K. Huffman, C. Kaufmann and D. T. Tryon (Eds.), *Arts of Vanuatu,* 170–181. Bathurst: Crawford House Press.

Walsh, David S.,
 1966, The phonology and phrase structure of Raxa. M. A. thesis, University of Auckland.

【和書】

大角 翠
 1999「メラネシアの言語的多様性」『月刊言語』28号 50-57頁 東京：大修館書店

亀井孝・河野六郎・千野栄一（編）
 1996『言語学大辞典　第6巻　術語編』東京：三省堂

角田太作
 1991『世界の言語と日本語』東京：くろしお出版

参考論文

　本書は2008年3月に京都大学大学院人間・環境学研究科に提出した博士学位論文「ツツバ語の記述的研究」に加筆したものである．具体的には第7章に，博士論文提出後にツツバ島でより詳しく調査し明らかにした移動動詞と空間分割を，そして各章末にツツバ島の様子を記した12編のコラムを加えている．

　本書はツツバ語の全体像を明らかにすることを目的とし，これまでに学術誌に掲載された論文や報告書，過去に京都大学大学院人間・環境学研究科に提出した修士論文を含んでいる．以下にその一覧を示す．なお2001年の "The Sociolinguistic Situation in Vanuatu" 以外はすべて単著である．

【本文】

1章　ツツバ語の背景
　　Naito, Maho, and D. T. Tryon,
　　2001　The sociolinguistic situation in Vanuatu『文部科学省特定領域研究（A）環太平洋の「消滅に瀕した言語」にかんする緊急調査研究　成果報告書　環南太平洋の言語』柴田紀男・塩谷亨（編）第1号　114-122頁
　　2002「ヴァヌアツの学校教育における言語状況」『文部科学省特定領域研究（A）環太平洋の「消滅に瀕した言語」にかんする緊急調査研究　成果報告書　環南太平洋の言語』柴田紀男・塩谷亨（編）第2号　57-75頁

2章　音素・音韻
　　2002「Tutuba語の歯茎閉鎖音と[n]について」『DYNAMIS―ことばと文化―』第9号　1-38頁
　　2003a『ツツバ語の音韻に関する考察』京都大学大学院人間・環境学研究科　修士論文　47頁
　　2003b　The sociolinguistic situation of Tutuba, and Tutuba phonemes.『太平洋学会誌』第92号　25-33頁
　　2006　Tutuba apicolabials: Factors influencing the phonetic transition from apicolabials to labials. *Oceanic Linguistics* 45(1): 143-161.

5章　文の構造
　　2006「ツツバ語の文の構造」『DYNAMIS―ことばと文化―』第10号　27-44頁

6章　名詞と名詞句
　　2005「ツツバ語の所有表現」『DYNAMIS―ことばと文化―』第9号　1-38頁
　　2006「ツツバ語の指示代名詞」『DYNAMIS―ことばと文化―』第10号　1-26頁

7章　動詞と動詞句
　　2003「ツツバ語の動詞に関する考察」『DYNAMIS―ことばと文化―』第7号　41-57頁
　　2004「ツツバ語動詞の下位分類」『DYNAMIS―ことばと文化―』第8号　1-35頁
　　2009「ツツバ語の移動動詞と空間分割」『言語研究』　第136号　B5判　153-176頁

本書の骨子にあたるもの
　　2006「ツツバ語」中山俊秀・江畑冬生（編）『文法を描く―フィールドワークに基づく諸言語の文法スケッチ―』東京外国語大学アジア・アフリカ言語文化研究所　第1号　149-178頁.

【資料】

資料A．本書で使用した主要な語彙
　　2004　Verbs in Tutuba Language『DYNAMIS―ことばと文化―』第8号　149-161頁

資料B．テキスト資料（民話）
　　2004　Tutuba texts: 'A Bush Sprite and a Good Man', and 'Two Bush Sprites and Two Little Boys'『DYNAMIS―ことばと文化―』第8号　127-148頁

資　料

A．本書で使用した主要な語彙

名詞

aba	「翼，羽」	
abe	「どこ」	
abi, abu	「火」	
ae na mata-	水＋pp＋目－　「涙」	
ae, ei	「水」　ae=kolu=kolu　水＋流れる＋流れる　「川」	
aka	「カヌー」	
amali	「寄合所」	
annan	「食べ物」	
annanna	「宴」	
ari-ari na ebe	垢−垢＋pp＋体　「垢だらけの体」	
arivi=tamaute	ねずみ＋白人　「猫」	
arivinirnir/aruvi	「ねずみ」	
asi	「縄」	
asu	「煙」	
avera	「キャベツ」	
avo	「双子」	
avu	「灰」	
b̰aheo	「鮫」	
b̰atu-	「頭」	
b̰eb̰e	「蝶」	
baeo	「パンノキ」	
baisa-	「横」	
balubala	「机」	
baramali	「21〜35歳くらいの人の総称」	
barleselese	「珊瑚」	
basura	「パパイヤ」	
batieli	「ヤムイモの蔓を這わす棒」	
bativanua	「村」	
bebe	「紙」	
bebe-	「肝臓」	
beleti	「皿」	
bero-	「耳」　bero-butu　耳＋盲目　「耳が不自由な人」	
beta	「タロイモ」	
bibi	「肉」	
bisu-lavoa	指＋大きい　「親指」	

biti	「小ささ」		
bobore na sora	跡＋pp＋傷	「傷跡」	
boe, boi	「豚」		
bolosi	「薪」		
boŋ	「日」		
bue	「刀」		
buto-	「へそ」		
dae-	「血」		
dalu	「庭」		
dam	「ヤムイモ」		
doman	「加算」		
domi-	「首」		
duvuduv	「草」		
eali	「担ぎ棒」		
e-b̰itu	「7」		
ebe-	「体」		
e-lima	「5」		
e-ono	「6」		
e-rua	「2」		
erua-	「友達」		
e-sua	「9」		
e-tea	「1」		
e-tol	「3」		
e-ṵati	「4」		
evana-	「終わり」		
evisa	「いくつ」		
evisasi	「少し」		
evui	「すべて」		
haba	「羽」		
hae, hei	「カヴァ」		
ha-leŋ, ha-le, ha-l	「あそこ（具体的）」		
ha-nede, ha-ne, ha-n	「ここ（具体的）」		
ha-nei	「そこ（具体的）」		
havo	「双子」		
hevei	「木の実」		
ino, ino	「物」		
ino=baro	物＋新しい	「新品」	
ino=tuae	物＋古い	「古品」	
isa-	「名前」		
ise	「誰，(名前は)何」		
kamiruo	「あなたたち二人」		

kamiu	「あなたたち (2PL)」
kare-	「後ろ」
karu-	「(片) 足」　karu-karu-　「両足」
karu=mavu	耕す＋大地「開墾」
lamo	「蠅」　lamo-lamo　「無数の蠅」
lamo=ati=ati	蠅＋噛む＋噛む　「蚊」
laŋ	「風」
laŋlaŋai-	「種」
leŋ, le, l	「あそこ (抽象的)」
leo-	「言葉, 声, 発話」
lima-	「腕」
lolo-	「内側, 中」
m̃ana	「笑う」
m̃asi	「魚 (おそらく), 鳥」
m̃ata-	「叔父」
m̃ata-	「目」
mabi-	「孫」
madal	「古い畑」
mako	「マンゴー」
malo	「珊瑚」　malo-malo　「珊瑚礁」
mama	「お父さん」(呼びかけ)
maradi	「石」
mareo	「都心」
m̃asi	「魚」
masi	「鳥」　masi-masi　「鳥 (全般)」
masiŋae	「同意」
mata	「蛇」
matan, matansa	「どうして」
matemate	「おじぎ草」
matua-	「右側, 右」
mavi	「大地」
me-leŋ, me-le, me-l	「あれ」
me-nede, me-n	「これ」
me-nei	「それ」
mera	「男」
mere-	「小便」
mesa-	「妻」
mesu	「茂み」　mesu-mesu　「森」
nani	「ヤギ」
nanov	「昨日」
nao-	「正面」

nao	「私」
natu-	「子供」
nede, nen, ne, n	「この」
nei	「その」
ne-na, na-natu	「あそこ（抽象的）」
ne-nede, ne-ne, ne-n	「ここ（抽象的）」
ne-nei	「そこ（抽象的）」
ŋavul-e-rua	「20」
ŋavul-e-tol	「30」
ŋavul-e-vati	「40」
niu	「ココナツ」
nna	「彼，彼女，それ」
nno	「あなた」
noannan	「食べ物」
no-baro	「新しい物」
no-lavoa	「大きい物」
no-mena	「甘い物，熟した物」
no-tuae	「古い物」
novar	「子供，3〜12歳くらいの年齢の人の総称」
no-vorvor	「小さい物」
oalu	「8」
olotu	「サント島」
orota	「木の実」
rarau-	「屋根」
rere	「話題」
roae	「葉」
roŋoduiai	「話」
ro-niu	「ココヤシの葉」
ruirui-	「下」
ruru	「服」
sai, saina	「何」
sakele	「椅子」
sala	「道」
salan	「方法（単数）」　　sal-salan　「方法（複数）」
saneta-	「咳」
saŋavul	「10」
sao-, sao-a	「病気」
saru	「場所」
sarusari-	「棘」
sasa	「仕事」
savsavi	「ナロット」

資料

se	「誰」
semer	「どれ，何」
sia-	「年齢」
siao, sio	「年」
siŋo-	「口」
soko	「母」
sola	「傷」
suasua-	「かど」
sube, sobe	「首長」
sui	「骨」
suni-	「帽子」
susu-	「乳，胸」
ta-aore	「アオレ島の人々」
tama-	「父親」
tamanatu-	「夫」
tamanna	「どうやって」
tamaute	「白人」
tamoloi	「人」
taŋa	「鞄」
tanume	「悪魔」
tari	「たくさん」
taro	「時間」
tasi	「海」
tasi-	「兄弟」
ta-tuba 人-ツツバ	「ツツバ島出身の人」
tavai-	「友達」
tavalu-	「側面」
tia-	「腹」　　tia-tia 「つわり」
tiaul	「釣り針」
tina-	「母親」
tinabua	「異なった」
tisan, tisanatu	「上の方」
tisin, tisinatu	「下の方」
tivan, tivanatu, tivaba	「横の方」
toa	「鶏」
tolu-	「卵」
tovonosa	「いつ」
tovu	「砂糖黍」
tuan-	「異性の友達」
tuva	「魚を殺すデリス（植物）の毒」
udu-	「歯」

uluduldunna	「話」
uluvoe	「13〜20歳くらいの年齢の人の総称」
urede	「ラブラブ」
uri-	「肌」
usa	「雨」
utu-	「虱」
vaa-rua	「200」
vaa-tea	「100」
vaa-tol	「300」
vaa-ṿati	「400」
vaa-lima	「500」
vaba-	「穴」
vamol	「オレンジ」
vano-	「皮膚糸状菌症」
vanua=tamaute	島＋白人　「外国」
varaŋo	「指（単数）」　　var-varaŋo　「指（複数）」
varea	「外」
varu=karu-e-ṿati	鉄＋足−4　「車」
varu=tamaute	鉄＋白人　「機械」
va-rua	「2回」
vatali	「バナナ」
veasi	「灌木の精」
vete	「歌」
veveboe	「儀式」
viae, viei	「木」
vibue	「竹」
vidi-	「尻尾」
vi-nakatabolo	木−ナカタンボロ　「ナカタンボロの木」
vira	「花」
viriu, vir	「犬」
vitu	「月」
vituvovora	「星」
voi	「客」
vokevoke-	「水虫」
vorae	「兄弟」
vui	「幹」
vulu-	「髪」
vulu-vulu na ebe	髪−髪＋pp＋体　「毛深い体」
vulu-vulu	「毛」　　vulu-vulu-ha　「毛むくじゃらである」
vusa	「グリーンココナツ」

資料

動詞
両用動詞

basi	「塗る，拭く」 basi-basi「あちこち塗る，あちこち拭く」主格支配	
bosi	「振り向く，振り向かせる，位置を変える」主格支配	
domalio	「忘れる」主格支配	
ev	「終わる，終える」主格支配	
lovŋa	「怒る」主格支配	
ntau	「怖がる」主格支配	
nta-ntau	「恐れおののく」	
roŋo	「聞く，感じる」　　ro-roŋo　「聞き入る，感じ入る」	
sou	「隠れる，隠す」主格支配	
tavun	「埋まる，埋める」主格支配	

自動詞

adiadi	「かゆい」
alo	「照る」　　　alo-i「照らす」
alti	「味がする」
annan	「食べる」
arav	「盲目になる，盲目である」
ate	「座る」
avtai	「出る」
bae	「飛び上がる」 bae-bae 「何度も飛び上がる」
beabea	「ヤシガニに餌をやる」
biabia	「まぶしい」
bilo	「禿げる，禿げている」
bolo	「割れる」　　bolo-bolo　「粉々に割れる，割れている」
bon	「匂う」　　bon-a-　「匂い」
bosi	「ふるまう，振り向く」　　bosi-bosi　「何度もふるまう」
bua	「深い，広い」　　bua-ha　「深める，広める」
	bua-bua-ha　「さらに深める，さらに広める」
burabura	「(蚊に刺された箇所が) 腫れる」
damdam	「祈る」
daŋa	「臭う」　　daŋ-daŋa　「ひどく臭う」
davsai	「知る，思う，できる」　　dov-dovsai　「信じる」
de	「違う」
dodo	「夜になる，暗い」
dono	「沈む，沈んでいる」
dovo	「朽ちる」　　do-dovo　「朽ち果てる」
dum	「沈む，沈んでいる」
eno	「眠る」
ev	「終わる」

inu	「飲む」				
kamea	「壊れる」				
kove	「歌う」				
lai	「結婚する」	lai-a	「結婚」		
lavi	「許す」				
levete	「歌を歌う」				
liliai	「戻る」				
liliu	「妊娠する」				
loso	「水浴びをする」				
lovŋa	「怒る，怒っている」				
lua	「つばを吐く」				
lua=si つばを吐く＋下る	「つばを吐きつける」				
lum	「一打ちする」	lum-a	「一打ち」	lum-a-lum-a	「数打」
mana	「笑う」	mana-tei	「～を笑う」		
mate	「死ぬ」	mate-i	「死に至らせる (vt)」		
ma	「来る」				
maanuanu	「恥ずかしがる」				
mabu	「休憩する」				
madua	「やせている」				
ma-dun	「沈む，沈んでいる」				
ma-kame	「折れる，折れている」				
malei	「望まない」				
malo	「干潮になる」				
masa	「晴れる」				
masere	「満腹である」				
masinei	「親切である」				
masiŋa	「同意する」				
masoruŋai	「祈る」				
matorotoro	「緩む」				
maturei	「驚く」				
maturu	「眠る」				
mena	「熟した」				
mere	「小便をする」				
mi	「地震がおこる，地震である」				
ŋara	「泣く」	ŋar-ŋara	「泣いてばかりいる」		
nini	「太る，太っている」				
noa	「調理が終わる，調理が終わっている」				
rata	「甘い」				
rav	「壊れる」補語が代名詞のときは rav-ti				
rav	「盲目である」	a-rav	「盲人」		
redi	「縫う」				

rei	「存在する」		
rororo	「騒ぐ」		
roso	「発熱する」	roso-roso	「高熱を出す」
roturotu	「遊ぶ」		
sae	「上る」		
sale	「浮かぶ，浮かんでいる」		
sao	「病気である」	sao-a	「病気」
sar	「矢で射る」	sar-sar	「狩りをする」
sara	「明るい」		
sasa	「働く」	sasa-e	「働き，仕事」
ser-e, ser	「吹く」	ser-i	「吹き飛ばす」
siati	「悪い」		
sivo	「下る」		
sor	「見る」 補語が代名詞のときは sor-i （対格支配）		
sora	「噂話をする」 補語が代名詞のときは sora-i （対格支配）		
sura	「日が暮れる，日が沈む」		
surutai	「押す」		
ta	「出身である」		
tabe	「水を汲む」		
ta-bolo	「壊れる，壊れている」		
tabolo	「割れる」		
tamata	「おだやかである」		
taŋ	「泣く」	taŋ-taŋ	「死者を悼む」
tiana	「妊娠している」		
tineliliu	「何度も転がる」	tineliliu-a	「でんぐり返し」
tovo	「数える」	tovo-tovo	「数を数える」
		tovo-tovo-a	「数えること」
to	「居る，ある」		
tur	「立つ」		
turamma	「先陣を切る」		
ture	「雨で体を洗う」		
turoro	「防御する」	turoro-a	「防御」
turtur	「歩く」		
turu	「起き上がる」		
ua	「満潮になる」		
uli	「描く」	uli-uli	「何度も描く」
ulo	「叫ぶ」	ulo-ulo	「何度も叫ぶ」
ulua	「芽吹く，芽吹いている，成長する，育っている」		
uma	「開墾する」		
usa	「雨が降る，降っている」		
valao	「走る」		

valavuroi	「裸である」				
vanasa	「〜の噂をする」				
vano	「行く」	van-vano	「散歩する」		
vasi	「ふり向く」	vasi-vasi	「何度もふり向く」		
vatavui	「話し合う」				
velu	「踊る」	velu-a	「踊り」		
vel-vele	「どんどん木に登る」				
vere	「たくさん居る」				
vesul	「口笛を吹く」				
vesul-i	「〜に向かって口笛を吹き，相手の注意を向ける」				
vetaui	「準備する」				
vidi	「空を飛ぶ」				
virviri	「毒をもっている」				
vora	「産まれる」	vora-e	「誕生」		
vusaŋ	「教える」				

他動詞
・主格支配

an	「食べる」				
bea	「餌付けする，餌をやる」				
bibi	「(食べ物を)葉で包む」	bi-bibi	「包み」		
dia	「得意とする」				
kari	「掘り起こす」				
leŋa	「不得意とする」				
masiŋa	「同意する」				
ololo	「尊敬する，尊重する」				
reti	「言う」				
rinao	「からかう」				
reti	「言う」	reti-reti	「話す」	reti-reti-a	「寄合」
son	「しまう，袋に入れこむ，詰める」				
sorsati	「憎む」				
sousou	「隠す」	sousou-a	「隠し物」		
sun	「頭突きをする」				
tavun	「埋める」				
tidove	「投げる」				
tovtov	「不運をもたらす」				
tuan	「助ける」				
vaŋan	「餌を与える」				
varai	「言う」				
viri	「絞る」				

資　料

・対格支配

arosi	「ひっかく」			
arvulesi	「かき回す」			
ase	「させる」			
asi	「痛めつける」			
ati	「噛む」	ati=mate-i 噛む＋死ぬ	「噛み殺す」	
bai	「豚を殺す」			
balati	「閉める」			
bel	「完了させる」			
boi	「好む」	boi-boi 「相思相愛である」		
bolo	「ぶつかる，壊す，割る」	ta-bolo 「割れる，割れている」		
bosi	「ひっくり返す」			
bulai	「（石，枝以外の何かを）ほおり投げる」			
burai	「捨てる」			
dam	「答える」			
dila	「石をのせる」			
donno	「飲み込む」			
dun	「沈める」	ma-dun 「沈む，沈んでいる」		
hor	「見る」			
iba	「皮をむく」			
in	「飲む」			
isi	「つかむ」			
kame	「ぽきっと二つに折る」			
	ma-kame 「二つに折れる，折れている」			
kar	「梳く」			
karemata	「横目で見る」			
kuro	「放す」			
lalave	「渡す」			
lasi	「縛る」			
lave	「与える，取る」			
liu	「勝る」			
livti	「追いかける」			
losu	「チーフになるため豚を殺す」			
	losu-a 「チーフになるため豚を殺すセレモニー」			
lsu	「叩く，殺す」			
lului	「何度も転がす」			
lum	「殴る（一度）」	lum-luma 「何度も殴る」		
		lum-a 「一打ち」		
malei	「望まない」			
marumati	「空腹にする」			
ŋ	「欲する」			

ntai	「探す」		
ntantasur	「比較する」		
oro	「防ぐ」		
ote	「持って来る」		
ovo, uve	「罵る」	ovo-vo	「罵り続ける」
rao	「抱きしめる」		
rati	「持ち上げる」		
redi	「縫う」		
reti	「言う，話す」		
	reti-reti	「話す，話しかける，スピーチをする」	
	reti-reti-a	「スピーチ」	
riv	「植える」		
rosi	「ココナツの内側をそぎ落とす」		
rusarusai	「のばす」		
rve	「引っ張る」		
sabuti	「上方向に開ける」		
salo	「切る」		
saov	「待つ」		
sar	「槍で突く，矢で射る，銛で突く」		
	sar-i	「槍突き，狩り，銛突き」	
sar-sari	「何度も槍で突く，何度も矢で射る，何度も銛で突く」		
sari	「銛で刺す」	sar-sari	「銛で何度も刺す」
selti	「失敗する」		
seu	「勝る」		
sibei	「足の側面で蹴る」		
sile	「与える」		
sina	「だます」		
siu	「絞る」		
soai	「押し込む」		
solati	「抱える，担ぐ」		
sor	「見る」	sor=dor 見る＋知る	「見知る」
sora	「送る」		
sorasora	「強いる」		
sov	「落とす」		
surutai	「(薪を) 加える」		
tae	「歌う」		
tai	「切る」		
taŋsi	「死を悼んで泣く」		
tarao	「熱望する」		
tau	「置く」		
taur	「つかむ」		

ter	「包みを破り開ける」			
tim	「与える」			
tov	「呼ぶ」			
tovo	「数える」			
tu	「げんこつで殴る」			
tun	「調理する」			
uli	「描く」			
uma	「開墾する，整地する」			
urati	「つつく，突き刺す」			
uruti	「ぽりぽりと音を立てて噛む」			
usi	「頼む」			
ututu	「洗う」			
vakoi	「洗う」			
valai	「横切る」			
var-vari	「小さくちぎる」			
vasevui	「干す」	vase-vasevui	「何度も干す (vi)」	
vaso	「育てる」			
vasoi	「植える」			
vasu	「産む」			
vatu	「(竹を) 編む」			
ve	「作る」			
vekalai	「損害を与える」			
velal	「怒る」			
vele	「木に登る」	vel-vele	「どんどん木に登る」	
vil	「もむ，こねる」			
vilei	「引っ張る，見つける」			
vine	「矢を放つ」			
vri, viri	「(石を) 投げる」			
vol	「買う」			
vora	「産まれる」			
vosa	「平手で叩く」			
vsai	「ぶつける」			
vusaŋ	「教える」			

斜格補語を必要とする
karemata 「横目で見る」
sobe-sobe-leo 「批判する」

形容詞
aira 「濡れた」

alu	「熱い，暑い」	alu-alu	「とても熱い，とても暑い」
aŋoa	「黄色い」		
baro	「新しい」		
batu	「賢い」		
bohon	「重い（無生物）」		
dui	「良い，幸せな，親切な」		
esa	「青緑の」		
ila	「野生の」		
kolu	「干上がった」		
lamlabiti	「でこぼこした」		
lavoa	「大きい，多い，激しい，重い，重要な」		
madua	「細い」		
maeto	「黒い，汚れた」		
makel	「長い」		
mariri	「寒い，冷たい」		
masa	「（単数の何かが）乾いた」		
	ma-masa	「（複数の何かが）乾いた」	
maso	「適切な，まっすぐな」		
matua	「固い」		
mena	「甘い，熟した」		
milodo	「短い」		
nini	「太い」		
nmea	「赤い」		
nobaro	「新しい」		
ona	「苦い」		
rabe, robe	「新鮮な」		
rata	「甘い」		
saia	「愚かな」		
suia	「強い」		
tinabua	「異なった」		
tuae	「古い，昔の」		
vatina	「大きい」		
vorvor	「小さい，少ない，若い，軽い，些細な」		
vso	「白い」		

副詞

a-be	「どこへ」
adilavoa	「あちこちで雷が落ち，小型のサイクロンがやってくる時期」
adivorvor	「天候が崩れがちで，よく雷が落ちる時期」
ae	「～するつもり，多分～だろう」

資 料

a-ia	「そこに，そこで」
a-ima	「家に，家で」
aisa	「来週」
a-lao	「海岸方向に，海岸方向で」
asao	「離れて」
asaraŋaraŋa	「木の葉が色づき始める時期」
a-ulu	「上に，上で」
a-uta	「丘に，丘で，畑に，畑で」
avvo	「明日」
bal	「このように」
balva	「多分，おそらく，もしかすると」
baroi	「生で」対格支配
bulu	「一緒に」主格支配
dodo	「夜」
eleser	「新月の時期」
ellavoa	「満月の時期」
elmariri	「湿度が下がり，汗ばむというよりもむしろ肌寒く感じる時期」
eltutun	「暑く，最も湿度が高い時期」
elvorvor	「新月を過ぎ，月が見える時期」
lavi	「するべき」（否定 te= との共起が生起の条件）
losi	「とても」主格支配
malum	「ゆっくり，やわらかく」主格支配
maran	「昼間」
maruvitu	「近くに，近くで」
masibon	「朝」
mausi, mousi	「上手に」対格支配　　mau-mausi 「とても上手に」
nabar	「今日」
nanov	「昨日」
nentovon	「今」
ŋa	「ただ〜だけ」
raralavoa	「木の葉がすべて落ち，すぐに花が咲く時期」
raviravi	「夕方」
roŋo	「試みて」対格支配
sarako	「ヤムイモが乾燥し，つるが無い状態になる時期」
sea	「より一層」主格支配
subeliu	「ヤムイモの蔓の伸びが止まり，乾燥させるのに適した時期」
taosea	「とても」主格支配
to	「早く，急いで」　　to-to 「とても素早く」主格支配
tuai	「昔」
turanma	「初めに」
turlesiuta	「土地を耕すなど畑作りを開始する時期」

turuvatea	「いつも」主格支配		turu-turuvatea	「常に，絶えず」
uluran	「夜明け」			
vatea	「一斉に，一度（頻度）」主格支配			
vati	「たった」			
vatureovo	「すべての作物に関する畑作業が終わる時期」			
vavun	「初めて」主格支配			

前置詞

lave	「〜に，〜へ」
matan	「〜なので，〜のために，〜について」
na	「〜で，〜から，〜に，〜のとき」
sur, sur-i	「〜なので，〜のために，〜について」
tel / tel-ei	「〜に，〜へ」
tiu	「〜から」
tuan	「〜と一緒に」

接続詞

aero	「〜のとき」
aevro	「そのあとで」
ar	「もしも〜ならば」
matan	「〜なので，〜のために」
me	「そして」
mevro	「そのあとで」
na	「しかし」
ro	「そして，それゆえ」
sur	「〜なので，〜のために」
te	「または」

冠詞

na	定冠詞
te	不定冠詞

間投詞

aei	「おい！」不快感を示す
ah	「もちろん」
aoe	「え！？」信じられないときの驚き
aue	「わぁ！」喜ばしいことが生じた驚き

auoo		「わぁ！」予測していなかったことが生じたときの驚き
ehe		「いいえ」
ei		「なぁ！」声をかけるとき
io		「はい (yes)」
na		「えー…」言いよどむさま
oe		「どうして！？」納得いかないことをあらわす
oo		「ごめん！」
uelee		「わぁ！」予測していなかったことが生じたときの驚き
uii		「わぁ！」予測していなかったことが生じたときの驚き

小詞

a-	「食べ物（類別詞）」
bula-	「動物，植物（類別詞）」
le=	「反復」
lo=	「進行」
ma-	「飲み物（類別詞）」
no-	「一般の所有物，個人の財産（類別詞）」
ria=	「義務」
te=	「否定」
telo=	「未完了」

B. テキスト資料（民話）

B.1.『灌木の精と善人』

[1] *ae   nentovon   kareti   matan*
    ae   nentovon   ka=reti   matan
    するつもり　今　　　　　　　1SG.IR=言う　　CONJN

    na   veaside.
    na   veasi-de
    ART   灌木の精-REF
「さて，これから灌木の精のお話をしてあげよう」

[2] *nna   bal   na   siŋona   siŋon   ovovoai,*
    nna   bal   na   siŋo-na   siŋo-n   ovovo-a-i
    3SG　このように　ART　口-3SG.POSS　口-LINK　罵る-NMLZ-REF

    ro   loovovo   turuvatea.
    ro   lo=ovovo   turuvatea
    CONJN　　PROG=罵る　　いつも
「その灌木の精というのは，まるで『罵りの口』を持っているかのように，たえず誰かを罵っていた」

[3] *boŋ   etea,   etea   maate   na   vaban   maradi*
    boŋ   e-tea   e-tea   ma=ate   na   vaba-n   maradi
    日　　CDN-1　　CDN-1　　3SG.R=座る　　PP　　穴-LINK　　石

    etea.
    e-tea
    CDN-1
「ある日，その灌木の精は岩の穴に座っていた」

[4] *nna   loovo   ratamoloide.*
    nna   lo=ovo   ra-tamoloi-de
    3SG　　PROG=罵る　　PL-人-REF
「そして彼女は人々を罵っていた」

[5] *moovo   ratamoloide   mava   ror*
    mo=ovo   ra-tamoloi-de   ma=va   ro=r
    3SG.R=罵る　　PL-人-REF　　3SG.R=行く　　3PL.R=言う

    ae   ralsua,   na
    ae   ra=lsu=a   na
    するつもり　3PL.IR=殺す=3SG.OBJ　しかし

資 料

ralsu			*tamanna?*		
ra=lsu			tamanna		
3SG.IR=殺す			どうやって		

「彼女があまりにも人々を罵り続けるものだから，とうとう人々は『彼女を殺してしまおう，しかしながら一体どうやって殺せばよいのだろうか』と口にした」

[6]	*mava*	*vose*	*na*	*boŋ*	*etea,*	*tamoloi*
	ma=va	vose	na	boŋ	e-tea	tamoloi
	3SG.R=行く	かつて	PP	日	CDN-1	人

etea	*mama*	*melevalaia*
e-tea	ma=ma	me=le=valai=a
CDN-1	3SG.R=来る	3SG.R=REP=通過する=3SG.OBJ

motovi	*na*	*isana*	*ro*	*mouvea.*
mo=tov-i	na	isa-na	ro	mo=uve=a
3SG.R=呼ぶ-OBJ	ART	名前-3SG.POSS	CONJ	3SG.R=罵る=3SG.OBJ

「ある日，一人の男がまたその場所を通ったときのことだ．彼女はその男の名前を呼び，そして彼を罵った」

[7]	*mouvea*	*ro*	*moroŋo*	*mesiati*
	mo=uve=a	ro	mo=roŋo	me=siati
	3SG.R=罵る=3SG.OBJ	CONJN	3SG.R=感じる	3SG.R=良くない

mer	*ae*	*kalsu*	*veaside.*
me=r	ae	ka=lsu	veasi-de
3SG.R=言う	するつもり	1SG.IR=殺す	灌木の精-REF

「彼女の男への罵りがあまりにひどかったため，男は腹を立てて『よし，俺がこいつを殺してやる』と言った」

[8]	*ror*	*ae*	*olsua*
	ro=r	ae	o=lsu=a
	3PL.R=言う	するつもり	2SG.R=殺す=3SG.OBJ

or	*saina?*
o=r	saina
2SG.R=言う	何

「人々は彼に『おまえは彼女を殺すと言ったけれど，いったいどうやって殺すのだい？』と尋ねた」

[9]	*odavsai*	*na*	*salana?*
	o=davsai	na	sala-na
	2SG.R=知る	ART	方法-3SG.POSS

「そして『おまえは灌木の精を殺す方法を知っているのか？』と聞いた」

487

[10] *mer   io   ae   kalsua.*
    me=r   io   ae   ka=lsu=a
    3SG.R=言う   はい   するつもり   1SG.IR=殺す=3SG.OBJ
   「すると男は『ええ，知っているとも，俺が彼女を殺す』と答えた」

[11] *mer   ŋo   mavano   molsu*
    me=r   ŋo   ma=vano   mo=lsu
    3SG.R=言う   はい   3SG.R=行く   3SG.R=殺す

    rabokalai   molsu   arivide   molsu
    ra-bokalai   mo=lsu   arivi-de   mo=lsu
    PL-小トカゲ   3SG.R=殺す   猫-REF   3SG.R=殺す

    kalasurde.
    kalasur-de
    大トカゲ-REF
   「彼は人々の問いに『ええ知っているとも』と答え，それから小さなトカゲ，猫，大きなトカゲを殺しに行った」

[12] *molsu   raino   mava*
    mo=lsu   ra-ino   ma=va
    3SG.R=殺す   PL-物   3SG.R=行く

    maburaira   rodaŋa.
    ma=burai=ra   ro=daŋa
    3SG.R=投げ込む=3PL.OBJ   3PL.R=臭う
   「彼は猫やトカゲを殺した後，それらを臭わせるために窪みに投げ込みに行った」

[13] *ro   malavia   mava*
    ro   ma=lav-i=a   ma=va
    CONJN   3SG.R=取る-OBJ=3SG.OBJ   3SG.R=行く

    mabasibasi.
    ma=basi-basi
    3SG.R=RED-塗る
   「そして彼は腐ったそれを取り，あちこちに塗った」

[14] *mabasibasi   nna   ro   mava*
    ma=basi-basi   nna   ro   ma=va
    3SG.R=RED-塗る   3SG   そして   3SG.R=行く

資料

motur	na	vaban	maradide.			
mo=tur	na	vaba-n	maradi-de			
3SG.R=立つ	PP	穴-LINK	石-REF			

「彼はあちこち自分に塗った．そして岩の穴の前に立ちに行った」

[15] ro　　　　veaside　　　　moroŋo　　　　na　　bonana　　　　　　ro
　　 ro　　　　veasi-de　　　　mo=roŋo　　　　na　　bon-a-na　　　　 ro
　　 CONJN　　灌木の精-REF　　3SG.R=感じる　　ART　匂う-NMLZ-3SG.POSS　CONJN

　　 maavtai　　　mamae.
　　 ma=avtai　　 ma=mae
　　 3SG.R=出る　 3SG.R=来る

「するとその灌木の精は匂いに気づいて出て来た」

[16] maavtai　　　mama　　　　mosoria,　　　　　　　ro
　　 ma=avtai　　ma=ma　　　 mo=sor-i=a　　　　　　ro
　　 3SG.R=出る　3SG.R=来る　3SG.R=見る-OBJ=3SG.OBJ　CONJN

　　 mam̃ana,　　　　　roretireti.
　　 ma=m̃ana　　　　 ro=reti-reti
　　 3SG.R=笑う　　　 3PL.R=RED-言う

「彼女は出て来て男を見，そして笑った．そして彼らは話をした」

[17] ro　　　　mama　　　　mereti　　　　　nna　　mer　　　　nentovon
　　 ro　　　　ma=ma　　　 me=reti　　　　nna　　me=r　　　nentovon
　　 CONJN　　3SG.R=来る　 3SG.R=言う　　 3SG　　3SG.R=言う　今

　　 nene　　　dao　　　　　doroturotu.
　　 ne-ne　　 dao　　　　　do=roturotu
　　 場所-DX　 1DUAL.INC　　1DUAL.INC.R=遊ぶ

「それからしばらくして，男は灌木の精に『今から一緒に遊ぼうよ』と言った」

[18] ro　　　　tamol　　　　duide　　　　mere　　　　nna　　mer
　　 ro　　　　tamol　　　　dui-de　　　 me=re　　　 nna　　me=r
　　 CONJN　　人　　　　　 良い-REF　　 3SG.R=言う　 3SG　　3SG.R=言う

　　 dao　　　　　doroturotu,　　　　　　ro　　　　mer　　　　　io　　modui.
　　 dao　　　　　do=roturotu　　　　　　ro　　　　me=r　　　　io　　mo=dui
　　 1DUAL.INC　　1DUAL.INC.R=遊ぶ　　　CONJN　　3SG.R=言う　はい　3SG.R=良い

「その善良な男が『一緒に遊ぼう』と灌木の精に言うと，灌木の精は『ええ，いいですね』と答えた」

[19] | *ro* | *tamol* | *duide* | | *mantau* | | *nna,* |
|---|---|---|---|---|---|---|
| ro | tamol | dui-de | | ma=ntau | | nna |
| CONJN | 人 | 良い-REF | | 3SG.R=怖がる | | 3SG |

ro	*mer*	*ar*		*dao*		*daroturotu*
ro	me=r	ar		dao		da=roturotu
CONJN	3SG.R=言う	CONJN		1DUAL.INC		1DUAL.INC.IR=遊ぶ

ro	*ae*	*kataurio,*				*ro*
ro	ae	ka=taur-i=o				ro
CONJN	するつもり	1SG.IR=つかむ-OBJ=2SG.OBJ				CONJN

kasolatio		*kava*		*kabulai*		
ka=solati=o		ka=va		ka=bulai		
1SG.IR=担ぐ=2SG.OBJ		1SG.IR=行く		1SG.IR=放り投げる		

seo	*nno,*	*nno*	*ar*		*eleao*	
seo	nno	nno	ar		e=le=ao	
より一層	2SG	2SG	CONJN		2SG.IR=取る=1SG.OBJ	

eva	*ro*	*ekuro*		*malum*		*nao.*
e=va	ro	e=kuro		malum		nao
2SG.IR=行く	CONJN	2SG.IR=放す		ゆっくり		1SG

「その善良な男は彼女のことを恐れていたので，『もし私たちが一緒に遊ぶならば，私はあなたをつかみ，担ぎ，強く放り投げます．あなたはもし私を捕まえたならば，私をゆっくりと放して下さい』と言った」

[20] | *veasi* | *mer* | *io* | *ae* | *abal.* |
|---|---|---|---|---|
| veasi | me=r | io | ae | a=bal |
| 灌木の精 | 3SG.R=言う | はい | するつもり | 3SG.IR=このように |

「灌木の精は『分かった，そのようにする』と言った」

[21] | *roma* | *rotaurtaur* | | *rarua* | | *ro* |
|---|---|---|---|---|---|
| ro=ma, | ro=taur-taur | | rarua | | ro |
| 3DUAL.R=来る | 3DUAL.R=RED-つかむ | | 3DUAL | | CONJN |

rotaurtaur		*raoa*	*ro*	*rotaurtaur*		*raoa.*
ro=taur-taur		raoa	ro	ro=taur-taur		raoa
3DUAL.R=RED-つかむ		3DUAL	CONJN	3DUAL.R=RED-つかむ		3DUAL

「彼ら二人はやってきて，そして互いに相手をつかんだ」

[22] | *veaside* | *mosolatia* | | *molova* | | *mokuro* |
|---|---|---|---|---|---|
| veasi-de | mo=solati=a | | mo=lova | | mo=kuro |
| 灌木の精-REF | 3SG.R=抱える=3SG.OBJ | | 3SG.R=ほとんど | | 3SG.R=放す |

malum		*nna.*	
malum		nna	
ゆっくり		3SG	

「その灌木の精は彼を抱え，ゆっくりと彼を放した」

[23] | *nna* | *mosolati* | *veasi* | *mava* |
|---|---|---|---|
| nna | mo=solati | veasi | ma=va |
| 3SG | 3SG.R=抱える | 灌木の精 | 3SG.R=行く |

mavsaia	*mer*	*amate,*	*medere.*
ma=vsai=a	me=r	a=mate,	me=dere
3SG.R=ぶつける=3SG.OBJ	3SG.R=言う	3SG.IR=死ぬ	3SG.R=違う

「彼は灌木の精を抱え，思い切り叩きつけて『死ね！』と口にしたが，彼女は死ななかった」

[24] | *nna* | *maradusai* | *masa* | *mosolatia* |
|---|---|---|---|
| nna | ma=radusai | ma=sa | mo=solati=a |
| 3SG | 3SG.R=ふらつく | 3SG.R=上る | 3SG.R=抱える=3SG.OBJ |

molova	*mokuro*	*malum*	*nna.*
mo=lova	mo=kuro	malum	nna
3SG.R=ほとんど	3SG.R=放す	ゆっくり	3SG

「彼女はふらつきながら立ち上がり，そして彼を抱え，ゆっくりと放した」

[25] | *ro* | *tamol* | *duide* | *melesolatia,* |
|---|---|---|---|
| ro | tamol | dui-de | me=le=solati=a |
| CONJN | 人 | 良い-REF | 3SG.R=REP=抱える=3SG.OBJ |

mava	*labiti*	*vitabola*	*etea*
ma=va	labiti	vi-tabolo	e-tea
3SG.R=行く	ごつごつした	木-タンボロ	CDN-1

molobeia	*aia*	*mer*	*avsa*
mo=lobei=a	a-ia	me=r	a=vsa
3SG.R=傾ける=3SG.OBJ	ADV-そこに	3SG.R=言う	3SG.IR=折れる

kamea	*mamaobe*	*mesi*	*bal.*
kamea	ma=maobe	me=si	bal
壊れる	3SG.R=曲げる	3SG.R=下る	このように

「そしてその善良な男は灌木の精を抱え，根が湾曲したスモモの木へ行き，そこに彼女の背骨が折れて砕けてしまうよう，このように下ろした」

[26] *ro*   *medere*   *matan*   *tanume*   *metemate.*
ro   me=dere   matan   tanume   me=te=mate
CONJN   3SG.R=違う   CONJN   悪魔   3SG.R=NEG=死ぬ
「そしてそれはうまくいかなかった，なぜなら彼女は悪魔なので死なないのだ」

[27] *ro*   *maradusai*   *mosolatia*   *mava,*
ro   ma=radusai   mo=solati=a   ma=va
CONJN   3SG.R=ふらつく   3SG.R=抱える=3SG.OBJ   3SG.R=行く

mava   *motur*   *malum*   *nna.*
ma=va   mo=tur   malum   nna
3SG.R=行く   3SG.R=立つ   ゆっくり   3SG
「そして彼女はふらつきながら男を抱え，歩き，そしてゆっくりと彼を立たせた」

[28] *nna*   *melesolatia*   *veaside*   *mava*
nna   me=le=solati=a   veasi-de   ma=va
3SG   3SG.R=REP=抱える=3SG.OBJ   灌木の精-REF   3SG.R=行く

marai   *etea*   *loeno*   *molobeia*   *aia*
maradi   e-tea   lo=eno   mo=lobeia   a-ia
石   CDN-1   PROG=横になる   3SG.R=横切る   ADV-そこに

na   *maradil.*
na   maradi   l
PP   石   DX
「彼は彼女を再度抱え，遠くの岩に向かって投げつけた」

[29] *na*   *veasi*   *metedavsaia*   *mer*   *tamoloide*
na   veasi   me=te=davsai=a   me=r   tamoloi-de
CONJN   灌木の精   3SG.R=NEG=知る=3SG.OBJ   3SG.R=言う   人-REF

losinae   *mer*   *alsu*
lo=sina=e   me=r   a=lsu
PROG=騙す=3SG.OBJ   3SG.R=言う   3SG.IR=殺す

mateia.
mate-i=a
死ぬ-TR=3SG.OBJ
「しかし灌木の精はその男が彼女を殺すつもりであることを知らなかった」

[30] *roa*   *roria*   *bal*   *mava*   *melesolati*
roa   ro=ria   bal   ma=va   me=le=solati
3DUAL   3DUAL.R=する   このように   3SG.R=行く   3SG.R=REP=抱える

資料

tamol	*duide*		*molova*		*mokuroa*
tamol	dui-de		mo=lova		mo=kuro=a
人	良い-REF		3SG.R=ほとんど		3SG.R=放す=3SG.OBJ

maruvitu	*na*	*bolboli*	*na*	*amalle.*	
maruvitu	na	bolboli	na	amal	le
近くに	PP	入り口	PP	寄合所	DX

「彼ら二人はこのようにし，そして灌木の精はまた善良な男を抱え，寄合所の入り口近くで放した」

[31] | *tamol* | *dui* | *melesolatia* | *ro* | *metidove* |
|---|---|---|---|---|
| tamol | dui | me=le=solati=a | ro | me=tidove |
| 人 | 良い | 3SG.R=REP=抱える=3SG.OBJ | CONJN | 3SG.R=投げる |

nna	*mesi*	*na*	*lolon*	*ima.*
nna	me=si	na	lolo-n	ima
3SG	3SG.R=下る	PP	内側-LINK	家

「その善良な男は灌木の精をまた抱え，そして家の中へと投げ込んだ」

[32] | *mesivo* | *ro* | *rainoseai* | *roloate* | *na* |
|---|---|---|---|---|
| me=sivo | ro | ra-inosea-i | ro=lo=ate | na |
| 3SG.R=下る | CONJN | PL-古い-REF | 3PL.R=PROG=座る | ART |

lolon	*amalde,*	*ro*	*mabulai*	*nna*
lolo-n	amal-de	ro	ma=bulai	nna
内側-LINK	寄合所-REF	CONJN	3SG.R=投げる	3SG

mesi	*aia*	*ro*	*role*	*ramasai*
me=si	a-ia	ro	ro=le	ra-masai
3SG.R=下る	ADV-そこに	CONJN	3PL.R=REP	PL-木枝

rololsua		*ro*	*rovun*	*matean*
ro=lo=lsu=a		ro	ro=vun	mate-a-n
3PL.R=PROG=殺す=3SG.OBJ		CONJN	3PL.R=殺す	死ぬ-NMLZ-LINK

abuna	*meeno*	*robasi*	*roma*
abu-na	me=eno	ro=basi	ro=ma
火-3SG.POSS	3SG.R=横になる	3PL.R=振り向く	3PL.R=来る

rolova	*bal*	*ro*	*tinana*	*mevidi*
ro=lo=va	bal	ro	tina-na	me=vidi
3PL.R=PROG=行く	このように	CONJN	母-3SG.POSS	3SG.R=飛ぶ

mama	*mer*	*"prrrrrr"*	*mevidi*
ma=ma	me=r	"prrrrrr"	me=vidi
3SG.R=来る	3SG.R=言う	"プルルルル"	3SG.R=飛ぶ

mama	*masaoa*	*roma*	*rova.*
ma=ma	ma=saoa	ro=ma	ro=va
3SG.R=来る	3SG.R=横切る	3PL.R=来る	3PL.R=行く

「灌木の精は投げられ，寄合所には首長らが座っていた．男は彼女をまた投げ，そして首長たちは彼女を殺すため木の枝で殴った．と，彼女の母親が「プルルル」と言いながら飛んできて，娘を連れ去ってしまった」

[33] *nira   rosi   roate.*
　　 nira   ro=si   ro=ate
　　 3PL   3PL.R=下る 3PL.R=座る

「彼ら（首長）はまた元の場所に戻り，座った」

和訳

　これからひとつ灌木の精のお話をすることにいたしましょう．

　むかしむかし，あるところに灌木の精がおりました．その灌木の精はいつも誰かを呪い，人の悪口ばかり言っていました．ある日，彼女は岩の穴に座りながら，いつものように前を通りかかる人々に向かって悪口や呪いの言葉を吐いていました．悪口を言われた人々は腹を立てて「彼女を殺してしまおう．どうやって殺そうか」と話し合いました．

　さて，とある日，一人の男が岩の穴の前を通りかかりました．灌木の精は男の名を呼び，男を口汚く罵りました．男は彼女に腹を立てて「よし，俺がこいつを殺してやる」と言いました．人々は彼に「おまえは彼女を殺すと言ったが，いったいどうやって殺すのだい？　お前は灌木の精の殺し方を知っているのか？」と聞きました．男は「知っているとも．俺が彼女を殺す」と答え，何匹かの大きなトカゲ，小さなトカゲ，それから猫を殺しに出かけて行きました．

　男は大小のトカゲと猫を殺し，それらを臭わせようと窪みに投げ込みに行きました．そして，それらが腐ったころあいを見計らって男は窪みへ行き，腐敗物をかき集めて自分の体に塗り始めました．男は腐敗物を身にまとったまま，灌木の精の住む岩の穴の前に立ちました．

　すると，その匂いをかぎつけた灌木の精が岩の穴から出てきたではありませんか．彼女は男を見て笑いました．それから２人は話を始めました．善良な男は彼女に「今から一緒に遊ばないか？」と誘いをもちかけました．灌木の精は「いいね，いいね」と応じました．しかしながら実は，男は彼女を怖がっていたのです．そこで，男は次のように灌木の精に言いました．「もし僕たちが遊ぶのであれば，こんなふうに遊ぼうよ．僕は君を持ち上げ，力強く下におろすんだ．次に君は僕を持ち上げ，ゆっくりと僕を放すのさ．どうだい？」灌木の精は「いいよ，そうしよう」と答えました．

　さて，彼らはお互いにしっかりと相手をつかみました．灌木の精は男を担ぎ上げ，それからゆっくりと下におろしました．次に男は灌木の精を担ぎ，灌木の精が死ぬように激しく地面に叩きつけました．しかしながら，灌木の精は死なずによろよろと立ち上がり，男を担いでやさしく地面におろしました．着地した善良な男は再び灌木の精を担ぎ，地上に大きく張り出したスモモの木の根っこめがけて投げつけました．しかし，それでも灌木の

資　料

　精は死にませんでした．なぜなら彼女は悪魔なので，そう簡単には死なないのです．
　灌木の精はふらふらしながら起き上がり，男を担いでまたゆっくりと下におろしました．男はまた灌木の精を担ぎ，今度は遠くの岩に向かって投げつけました．灌木の精は男が自分を殺すつもりであることなど，これっぽっちも思っていません．2人はこのように担いではおろすという行為を続け，わずかずつながらも進んでゆくうちに，寄合所の近くまでやって来ました．
　灌木の精が担いだ男を寄合所の入口におろすと，次に善良な男は灌木の精を担ぎ，そしてその中へ投げ入れました．灌木の精が床に倒れると，男はすぐにまた倒れた灌木の精を担ぎ，さらに床に叩きつけました．そして寄合所に座っていた首長らは，すかさずその倒れている灌木の精を幾度も幾度も棍棒で叩きました．灌木の精が死にかけたそのとき，どこからともなく灌木の精の母親がプルルルと音を立てながら飛んで来ました．そして娘をどこかへ運んで行ってしまいました．
　居合わせた首長らは何事もなかったかのように，また元の場所に静かに座ったのでした．

B.2. 『灌木の精と兄弟』

[1] *na   boŋ   etea   ro   tamoloi   etea   ro*
na   boŋ   e-tea   ro   tamoloi   e-tea   ro
PP   日   CDN-1   ITJ   人   CDN-1   CONJN

  mesana   rovasu   natura   erua.
  mesa-na   ro=vasu   natu-ra   e-rua
  妻-3SG.POSS   3PL.R=産む   子供-3PL.POSS   CDN-2
  「あるとき，2人の子供を持つ夫婦がいた」

[2] *roturu   rore   kamiu   meto,*
  ro=turu   ro=re   kamiu   me=to
  3PL.R=起きる   3PL.R=言う   2PL   2PL.IMP=居る

  kava   na   karede   kava
  ka=va   na   kare-de   ka=va
  1PL.EXC.IR=行く PP   畑-REF   1PL.EXC.IR=行く

  kal   te   noannan.
  ka=l   te   noannan
  1PL.EXC=取る   ART   食べ物
  「彼らは起きて，2人の子供に『ここに居なさい，私たちは畑に食べ物を取りに行ってくるから』と言った」

[3] *rova   roloto   na   karede   ro*
  ro=va   ro=lo=to   na   kare-de   ro
  3PL.R=行く   3PL.R=PROG=居る   PP   畑-REF   CONJN

  nna   mosola   tasina   ro   roa
  nna   mo=sola   tasi-na   ro   roa
  3SG   3SG.R=持って来る   兄弟-3SG.POSS   CONJN   3DUAL

  rova   rohor   menan   orotai
  ro=va   ro=hor   menan   orota-i
  3DUAL.R=行く   3DUAL.R=見る   熟した   木の実-REF

  rovileia.
  ro=vilei=a
  3DUAL.R=集める=3SG.OBJ
  「彼らが畑に行って過ごしているとき，兄は弟を連れ，熟した木の実を集めるために出て行ってしまった」

資　料

[4]　ro　　　　　roa　　　　　rovileia　　　　　　　　ro
　　 ro　　　　　roa　　　　　ro=vilei=a　　　　　　　ro
　　 CONJN　　　 3DUAL　　　 3DUAL.R=集める=3SG.OBJ　 CONJN

　　 veaside　　　　maavtai　　　　mama　　　　　ro　　　　　mer
　　 veasi-de　　　 ma=avtai　　　 ma=ma　　　　 ro　　　　　me=r
　　 灌木の精-REF　 3SG.R=出る　　 3SG.R=来る　　CONJN　　　 3SG.R=言う

　　 hei　　　　molove　　　　　　　sa?
　　 hei　　　　mo=lo=ve　　　　　 sa
　　 ヘイ　　　 2DUAL.R=PROG=作る　何
　　「そして彼ら2人が木の実を集めていると，灌木の清が出てきて，『やあ，君たち2人
　　 は一体何をしているの？』と聞いた」

[5]　kaman　　　　koloan　　　　　　　　　　orota.
　　 kaman　　　　ko=lo=an　　　　　　　　　orota
　　 1PL.EXC　　　1PL.EXC.R=PROG=食べる　　 木の実
　　「私たちは木の実を食べています」

[6]　ro　　　　　mobosi　　　　　　　　na　　　naona　　　　bal
　　 ro　　　　　mo=bosi　　　　　　　　na　　　nao-na　　　 bal
　　 CONJN　　　 3SG.R=振り向かせる　　 ART　　顔-3SG.POSS　このように

　　 tamol　　　　　　dui　　　na　　　 veasi.
　　 tamol　　　　　　dui　　　na　　　 veasi
　　 人　　　　　　　 良い　　 CONJN　　灌木の精
　　「灌木の精はまるで善人であるかのような顔をして振り向いた．しかし彼女は灌木の
　　 精なのだった」

[7]　mer　　　　　 mema　　　　　　datol　　　　　 dava　　　　　　　aima.
　　 me=r　　　　 me=ma　　　　　 datol　　　　　 da=va　　　　　　a-ima
　　 3SG.R=言う　 2PL.IMP=来る　　 1TRIAL.INC.　　1TRIAL.INC.IR=行く　ADV-家
　　「彼女は『おいで，私の家に行こう』と言った」

[8]　ratol　　　　　rova,　　　　　　 rotur　　　　　　na　　　vaban　　　　maradi
　　 ratol　　　　　ro=va　　　　　　ro=tur　　　　　 na　　　vaba-n　　　 maradi
　　 3TRIAL　　　　 3TRIAL.R=行く　　3TRIAL.R=立つ　　PP　　　穴-LINK　　　石

　　 ro　　　　　mer　　　　　　baru　　　malaŋa.
　　 ro　　　　　me=r　　　　　 baru　　　ma=laŋa
　　 CONJN　　　 3SG.R=言う　　 岩　　　　3SG.R=開く
　　「彼ら3人は行き，石の穴の前に立った．そして灌木の精は『岩よ，開け！』と言った」

[9] *maradi* *malaŋa* *rosi* *aia.*
   maradi ma=laŋa ro=si a-ia
   石 3SG.R=開く 3PL.R=下る ADV-そこに
   「石は開き，彼らはその中へ下って行った」

[10] *ratol* *roma* *rosi* *tamanatuna*
   ratol ro=ma ro=si, tamanatu-na
   3TRIAL 3TRIAL.R=来る 3TRIAL.R=下る 夫-3SG.POSS

   loeno *mer* *hi* *maduna*
   lo=eno me=r hi madu-na
   PROG=横になる 3SG.R=言う やあ 妻-3SG.POSS

   ole *na* *mabi-de* *abe?*
   o=le na mabi-de abe
   2SG.R=取る ART 孫-REF どこ
   「彼ら3人が中に入ったとき，彼女の夫は横になっていた．彼は妻に『やあ，いったいどこからこの子たちを連れて来たの？』と聞いた」

[11] *mer* *nnohorira.* *tisan*
   me=r nno=hor-i=ra tisan
   3SG.R=言う 1SG.R=見る-OBJ=3PL.OBJ 上の方

   ro *nnolavira.*
   ro nno=lav-i=ra
   CONJN 1SG.R=取る-OBJ=3PL.OBJ
   「彼女は『私は彼らを上の方で見つけて連れてきたのです』と言った」

[12] *ro* *mer* *modui* *mema*
   ro me=r mo=dui, me=ma
   CONJN 3SG.R=言う 3SG.R=良い 2PL.IR=来る

   daeno.
   da=eno
   1PL.INC.IR=横になる
   「すると彼は『それは良い．あなたたちこちらにおいで，一緒に眠ろう』と言った」

[13] *rolosinara* *matan* *raanra*
   ro=lo=sina=ra matan ra=an=ra
   3PL.R=PROG=だます=3PL.OBJ CONJN 3PL.IR=食べる=3PL.OBJ

```
     ro              ratol         roeno.
     ro              ratol         ro=eno
     CONJN           3TRIAL        3TRIAL.R=横になる
「彼らは2人を食べるためそのようにだまし，女と少年2人は横になった」

[14] ratol       roeno              mava          bitinoi       mamaturu.
     ratol       ro=eno             ma=va         bitinoi       ma=maturu
     3TRIAL      3TRIAL.R=横になる    3SG.R=行く     幼児          3SG.R=眠る
「彼ら3人は横になり，しばらくすると弟の方は眠った」

[15] lavoai        mantau            ro         maŋara,       ro
     lavoa-i       ma=ntau           ro         ma=ŋara       ro
     大きい-REF     3SG.R=怖がる       CONJN      3SG.R=泣く     CONJN

     meisia.
     me=isi=a
     3SG.R=つかむ=3SG.OBJ
「兄の方は怯え，泣いていた．そして何かを耳にした」

[16] ro         mer            hai        madu           madu
     ro         me=r           hai        madu           madu
     CONJN      3SG.R=言う       ねえ       おじいさん       おじいさん

     rainoi         ada              romaturu.
     ra-inoi        a-da             ro=mature
     PL-物          CLASS-1PL.INC.POSS   3PL.R=眠る
「彼女（女の灌木の精）は『ねえ，おじいさん，私たちの獲物が寝つきましたよ』と言った」

[17] ro         bitinoi     mer           or           saina      bubu?
     ro         bitinoi     me=r          o=r          saina      bubu
     CONJN      幼児         3SG.R=言う      2SG.R=言う    何          おばあさん
「すると弟が『おばあさん，今なんて言ったの？』と聞いた」

[18] ro         mer            medere        nao       nnoloreti
     ro         me=r           me=dere       nao       nno=lo=reti
     CONJN      3SG.R=言う       3SG.R=違う     1SG       1SG.R=PROG=言う
```

	tel	tubun	kamiu	kamiruo	meeno.
	tel	tubu-n	kamiu	kamiruo	me=eno
	PP	祖父-LINK	2PL	2DUAL	2DUAL.R=横になる

「すると彼女は『いやいや、私はあなたたちのおじいさんにあなたたち2人が横になったと伝えたのよ』と言った」

[19]
rolosinara		matan	raanra.
ro=lo=sina=ra		matan	ra=an=ra
3PL.R=PROG=だます=3PL.OBJ		CONJN	3PL.IR=食べる=3PL.OBJ

「彼らは子供たちを食べようと、彼らをだまし続けていたのだ」

[20]
ro	ae	nova	aror	ava
ro	ae	nova	a=ror	a=va
CONJN	するつもり	小ささ	3SG.IR=試みる	3SG.IR=行く

mede.
me=de
3SG.R=違う

「弟は逃げ出そうとしたが、うまくいかなかった」

[21]
vavinei	matarai	maravti
vavine-i	ma=tarai	ma=ravti
女性-REF	3SG.R=もぐ	3SG.R=取る

na	susuna,	masubu	na
na	susu-na	ma=subu	na
ART	乳房-3SG.POSS	3SG.R=引っ張る	ART

susuna	etea	ro	mer	ean
susu-na	e-tea	ro	me=r	e=an
乳房-3SG.POSS	CDN-1	CONJN	3SG.R=言う	2SG.IMP=食べる

boi	am.
boi	a-m
豚	CLASS-2SG.POSS

「女の灌木の精は自分の乳房をもぎ取り、そして『ほら、あなたのための豚肉よ、お食べなさい』と言った」

[22]
ro	mokuro	na	susuna	mesivo,	ro
ro	mo=kuro	na	susu-na	me=sivo	ro
CONJN	3SG.R=放す	ART	乳房-3SG.POSS	3SG.R=下る	CONJN

mel	*orotai*	*mesile*	*bitinoi.*	
me=l	orota-i	me=sile	bitinoi	
3SG.R=取る	木の実-REF	3SG.R=与える	幼児	

「兄はその乳房を床に置き，そして先ほど取った木の実を弟に与えた」

[23]
loan	*nna*	*ro*	*mer*	*"uuum"*	*madu*
lo=an	nna	ro	me=r	"uuum"	madu
PROG=食べる	3SG	CONJN	3SG.R=言う	"ううむ"	妻

ehoria,		*maan*	*boi,*	*na*	*abe,*
e=hor-i=a		ma=an	boi	na	abe
2SG.IMP=見る-OBJ=3SG.OBJ		3SG.R=食べる	豚	CONJN	どこ

susuna	*loeno.*
susu-na	lo=eno
乳房-3SG.POSS	PROG=横になる

「弟はそれを食べ，男の灌木の精は『ううむ，妻よ，見なさい！ 彼は豚を食べているよ』と言った．しかし実際のところ乳房は，床の上に置かれていたのだった」

[24]
ro	*raoa*	*rovaia*	*mede,*	*raoa*
ro	raoa	ro=vai=a	me=de	raoa
CONJN	3DUAL	3DUAL.R=作る=3SG.OBJ	3SG.R=違う	3DUAL

roeno.
ro=eno
3DUAL.R=横になる

「灌木の精は子供たちを眠らせようとしていたのだが，うまくいかず，子供たちではなく彼ら2人が眠ってしまった」

[25]
veasi	*merai*	*veasi*	*vavinei*	*romaturu*
veasi	mera-i	veasi	vavine-i	ro=maturu
灌木の精	男性-REF	灌木の精	女性-REF	3DUAL.R=眠る

ro	*lavoai*	*mele*	*na*	*vulu-ra*
ro	lavoa-i	me=le	na	vulu-ra
CONJN	大きい-REF	3SG.R=取る	ART	髪-3PL.POSS

mam	*medira*	*sara*	*etea.*
ma=m	me=dira	sara	e-tea
3SG.R=来る	3SG.R=結ぶ	場所	CDN-1

「男の灌木の精と女の灌木の精は眠ってしまった．すると兄は彼ら2人の髪をひとつに結った」

[26] *vuluvulun avera vuluvulun limara*
vulu-vulu-n ave-ra vulu-vulu-n lima-ra
RED-髪-LINK 脇-3PL.POSS RED-髪-LINK 腕-3PL.POSS

vuluvulun karura medira evui sara
vulu-vulu-n karu-ra me=dira evui sara
RED-髪-LINK 足-3PL.POSS 3SG.R=結ぶ すべて 場所

etea, ro mosolati bitinoi raoa rotarai.
e-tea ro mo=solati bitinoi raoa ro=tarai
CDN-1 CONJN 3SG.R=抱える 幼児 3DUAL 3DUAL.R=立ち上がる

「髪の毛，脇の毛，腕の毛，足の毛など，兄は彼らのすべての毛をひとつに結んだ．そして弟を抱え上げて彼ら2人は立ち上がった」

[27] *ro mer baru malaŋa ro maradi*
ro me=r baru ma=laŋa ro maradi
CONJN 3SG.R=言う 岩 3SG.R=開く CONJN 石

malaŋa roava roturu varea.
ma=laŋa roa-va ro=turu varea
3SG.R=開く 3DUAL.R=行く 3DUAL.R=立つ 外

「そして兄は『岩よ，開け！』と言った．すると岩が開いたため，2人は外へ出た」

[28] *raoa romaturei ro ror*
raoa ro=maturei ro ro=r
3DUAL 3DUAL.R=驚く CONJN 3DUAL.R=言う

tausana madusana tausana madusana tausana madusana.
tausana madusana tausana madusana tausana madusana
タウサナ マンドゥサナ タウサナ マンドゥサナ タウサナ マンドゥサナ

「灌木の精は驚き，『タウサナ　マンドゥサナ　タウサナ　マンドゥサナ　タウサナ　マンドゥサナ』と唱えた」

[29] *ro roa rovalao rovano rovrati*
ro roa ro=valao ro=vano ro=vrati
CONJN 3DUAL 3DUAL.R=走る 3DUAL.R=行く 3DUAL.R=出てくる

tel tamara tinara, roroŋo modui belesa
tel tama-ra tina-ra ro=roŋo mo=dui belesa
PP 父-3DUAL.POSS 母-3DUAL.POSS 3PL.R=感じる 3SG.R=良い とても

ro romaturei, nira rol noannan tarina
ro ro=maturei nira ro=l noannan tarina
CONJN 3PL.R=驚く 3PL 3PL.R=取る 食べ物 たくさん

tuan	*boe*	*ro*	*rove*	*noannan*	*lavoa*
tuan	boe	ro	ro=ve	noannan	lavoa
PP	豚	CONJN	3PL.R=作る	食べ物	大きい

sur	*raoa*	*ro*	*roto.*
sur	raoa	ro	ro=to
CONJN	3DUAL	ITJ	3DUAL.R=居る

「兄弟2人は走りに走り，彼らの両親のところまで辿り着いた．彼らの両親は安堵し，喜び，たくさんの食べ物と豚を用いて，2人の子供にたくさんのごちそうを作った」

[30] | *ro* | *storen* | *meev* | *han.* |
| ro | storen | me=ev | ha-n |
| CONJN | 話 | 3SG.R=終わる | 場所-DX |

「お話はここでおしまい」

和訳

　あるとき，2人の子供を持つ夫婦がいました．彼らは朝起きると子供たちに言いました．「あなたたちは留守番していなさい．私たちは畑へ行って何か食べ物を取って来るから」．彼らは畑へ行き，しばらく戻って来ませんでした．その間に兄は弟を連れて，熟した木の実を集めに外へ出てしまいました．

　彼らが木の実を拾い集めていると，どこからともなく灌木の精が現れて「やあ，あなたたち何をしているの？」と聞きました．兄弟は「僕たちは木の実を食べているんだ」と答えました．それを聞くと，灌木の精はまるでとても親切な人であるかのような顔をして，2人を振り向きました．しかし彼女は灌木の精なのです．彼女は「いらっしゃい，私のおうちに行きましょう」と誘いました．兄弟は彼女のあとについて行きました．そして大きな岩の前に立ちました．灌木の精は岩に向かって叫びました．「岩よ，開け！」．するとどうでしょう，岩が開くではありませんか．彼らはその中へ入って行きました．

　岩の奥へ奥へと進むと，そこには灌木の精の夫が横になっていました．彼らが近づくと夫は眠りから覚めて「おや，どこからこの子たちを連れてきたのかい？」と妻にたずねました．彼女は「すぐそこの森で出会ったのよ．それで連れて来たというわけ」と話しました．男は「ああ，なるほど．それはうまくやった．おいで，一緒に昼寝しよう」と言いました．この夫婦は2人の男の子を食べるつもりだったのですが，そんなことなどおくびにも出さず，子供たちをだますために寝せつけようとしました．

　女と兄弟も横になり，しばらくすると弟の方は眠ってしまいました．兄はというと，おびえてすすり泣いていました．と，女の声が聞こえてきました．「ねえ，おじいさん，獲物が眠ったわよ」とささやいています．すると寝ぼけ顔で弟が「おばあさん，今なんて言ったの？」と聞きました．女は「いや，いや，私はおじいさんにあなたたちが横になったと伝えただけよ」ととりつくろいました．灌木の精の夫婦は2人の少年を食べてしまおうとだましているのです．

弟は逃げ出そうとしましたが，うまくいきません．女は自分の乳房をもぎ取ると肉に変えて「ほら，この豚をお食べ」と兄弟に差し出しました．兄はこっそりとそれを床に置き，代わりに先ほど拾った木の実を取り出して弟にそっと与えました．木の実を食べているとは知るはずもない男は「ううぅむ，見なさい！　弟は肉を食べているじゃないか！」と妻に言いました．しかし実際のところは乳房は床の上に置かれていたのでした．灌木の精の夫婦はどうにかして子供たちを眠らせようとしましたがうまくいかず，子供たちではなく自分たち夫婦がとうとう眠ってしまいました．

灌木の精の夫婦が眠り込んだその隙に，兄は彼ら2人の髪の毛をひとつに結び始めました．兄は女の体毛を男の全ての体毛と結び付けました．髪の毛，脇の毛，腕の毛，そして足の毛など全ての体毛を結び，身動きできないようにしたのです．そして兄は弟を連れて大きな岩の前に立ちました．兄は「岩よ，開け！」と叫びました．すると岩は開き，彼らは外へ逃げ出すことができました．灌木の精の夫婦はびっくり仰天して「タウサナ　マンドゥサナ　タウサナ　マンドゥサナ　タウサナ　マンドゥサナ」と呪文を唱えました．

男の子たちは走りに走り，お父さんとお母さんの待つ家までたどり着くことができました．両親はとても安堵し，非常に喜びました．そして豚やいろいろな物を用いて，2人の子供にたくさんのごちそうを作ってあげました．これで話はおしまい．

C. 母音のフォルマント

- F1 は舌の高さをあらわし，口内で舌の位置が高くなるほど，値は低くなる．
- F2 は舌の前後位置をあらわし，調音位置が前であるほど値が高くなり，後ろになるほど低くなる．
- F2−F1 は舌の後退をあらわし，舌が後退するほど数値は低くなる．

[i]

F2−F1	F1	F2
2166.36	332.26	2498.62
2046.74	332.26	2379
2379.01	292.39	2671.4
2339.14	345.55	2684.69
2004.35	387.94	2392.29
2329.31	314.07	2643.38
2033.45	465.17	2498.62
1887.25	451.88	2339.13
1773.56	379.5	2153.06
1748.01	444.93	2192.94
2185.78	392.58	2578.36
2106.86	353.32	2460.18
2006.87	372.13	2379
1993.57	398.72	2392.29
2060.03	478.46	2538.49
1897.48	405.67	2303.15

[e]

F2−F1	F1	F2
1817.51	508.33	2325.84
1887.26	531.62	2418.88
1940.41	451.88	2392.29
1979.29	491.75	2471.04
1648.02	491.75	2139.77
1634.74	531.62	2166.36
1766.62	392.58	2159.2
1377.54	637.95	2015.49
1461.96	558.2	2020.16

1799.87	510.36	2310.23
1675.01	379.5	2054.51
1528.41	398.72	1927.13
1634.73	465.17	2099.9
1504.89	510.36	2015.25
1557.24	484.18	2041.42
1792.79	523.44	2316.23
1648.84	458.01	2106.85
1688.1	484.18	2172.28
1779.71	484.18	2263.89
1608.16	558.2	2166.36
1820.8	518.33	2339.13
1940.41	425.3	2365.71
1725.09	428.03	2153.12
1501.28	445.69	1946.97
1828.85	441	2269.85
1712.12	402.09	2114.21
1673.21	544.76	2217.97
1984.5	415.06	2399.56

[a]

F2−F1	F1	F2	F2−F1	F1	F2
890.46	996.79	1887.25	903.76	837.3	1741.06
719.73	824.42	1544.15	929.11	968.37	1897.48
691.1	956.92	1648.02	730.98	983.5	1714.48
615.05	1177.74	1792.79	730.98	1049.95	1780.93
667.39	1046.88	1714.27	1169.57	850.59	2020.16
651.23	996.79	1648.02	996.79	744.27	1741.06
838.52	730.98	1569.5	667.39	1138.49	1805.88
693.56	772.08	1465.64	916.02	798.25	1714.27
901.3	693.56	1594.86	1059.97	785.16	1845.13
706.65	955.28	1661.93	549.62	1151.57	1701.19
573.13	955.28	1528.41	930.34	824.01	1754.35
664.52	1156.28	1820.8	863.88	1010.08	1873.96
770.85	1023.37	1794.22	968.78	758.99	1727.77
744.27	996.79	1741.06	1010.08	824.01	1834.09
718.91	903.76	1622.67			
704.4	1023.37	1727.77			
642.66	1103.11	1727.77			

667.39	968.37	1635.76
676.59	1103.11	1779.7
745.9	1073.06	1818.96
956.91	903.76	1860.67
770.85	1089.82	1860.67

[o]

F2−F1	F1	F2
677.81	664.53	1342.34
258.67	691.11	949.78
490.36	664.53	1154.89
412.01	598.07	1010.08
558.2	505.04	1036.24
478.46	598.07	1076.53
598.08	571.49	1169.57
464.02	584.78	1048.8
518.33	544.91	1063.24
252.52	584.78	837.3
438.59	465.17	903.76
588.87	588.87	1177.74
641.22	549.61	1190.83
484.19	418.75	902.94
500.54	562.7	1063.24
624.65	664.53	1289.18
598.08	598.07	1196.15
797.43	558.2	1355.63
903.4	523.02	1426.42
737.32	558.2	1295.52

[u]

F2−F1	F1	F2
777.4	418.75	1196.15
844.05	431.84	1275.89
575.78	510.36	1086.14
518.33	465.17	983.5
458.01	458.01	916.02
390.22	478.46	868.68

451.87	385.43	837.3
709.71	340.24	1049.95
334.78	366.41	701.19
615.05	327.15	942.2
798.25	340.24	1138.49
1374.04	353.32	1727.36
1329.05	451.88	1780.93
1206.26	350.21	1556.47

あとがき

　本調査の終了後，補足調査のために再度ツツバ島に滞在していたときのこと．一台の車が海を渡ってツツバ島に入って来た．ほどなくそれまでは人々の歩む足跡しかなかった島の一本道に，くっきりと轍が刻まれた．その後再々度，補足調査のためにツツバ島を訪れたときには，ツツバ島出身という青年が携帯電話を百個持って売り歩いていた．

　今もって月の明りや火の明りを電灯代わりにし，雨水を飲み水としているツツバ島の生活．およそ物質文化とはほど遠い暮らしぶりである．しかしこの暮らしも電波をはじめ物質文化の流入により，今後急速に変化してゆくことは想像に難くない．そしてまたそれに伴い当然ながら言語も大きく影響を受けることは必至である．

　彼らの財産でありまた人類共通の知的遺産でもある固有の言語が，さらに人々の穏やかな生活が，いつまでも健在であることを願ってやまない．

　本書は 2008 年 3 月に京都大学大学院人間・環境学研究科に提出した博士学位論文「ツツバ語の記述的研究」に一部加筆したものです．本書をまとめるにあたり，たくさんの方々にお世話になりました．修士課程から博士課程修了に至るまで三谷恵子教授（京都大学大学院人間・環境学研究科）には，講義やセミナーは申すまでもなく折に触れて言語調査の方法からデータ分析や考察まで，言語調査と言語研究に必要なさまざまなことを細部にわたり懇切丁寧にご指導いただきました．そしてそれは今も続いています．本書の完成は三谷先生のご助言，ご指導なくしてはありえません．あらためて三谷先生に深くお礼申し上げます．

　また本研究・調査のきっかけを作って下さり，オセアニア地域の専門家として修士課程入学以降もご教示下さいました大角翠教授（東京女子大学），現地調査の方法や言語研究について講義内外でご助言下さり，博士課程修了後には日本学術振興会特別研究員として受け入れ，ご指導下さいました梶茂樹教授（京都大学大学院アジア・アフリカ地域研究研究科）に心より感謝申し上げます．さらに修士論文や博士論文にご助言下さいました大木充教授（京都大学大学院人間・環境学研究科），音声分析でお世話いただきました壇辻正剛教授（京都大学学術情報メディアセンター）と 2001 年当時，助手を務めておられてヴァヌアツの先行研究をご提示下さいました清水政明準教授（現，大阪大学世界言語研究センター）に感謝申し上げます．加えてオセアニア研究の先輩として私の質問にいつも答えて下さいました千田俊太郎準教授（熊本大学文学部）に深謝申し上げます．また

学会や研究会などの場でたくさんの貴重なご意見を下さいました多くの方々に，心からお礼申し上げます．

　ヴァヌアツでは現地調査を始めるにあたり，南太平洋大学の John Lynch 教授や Robert Early 教授に，調査地選定に関する数々のご助言をいただきました．Lynch 教授には舌唇音に関してもまた貴重なご助言をいただきました．ここに深謝いたします．また私を受け入れ，調査に協力して下さったツツバ島の方々に心からお礼申し上げます．なかでもツツバ島民の生活様式やツツバ語を繰り返し教えて下さった Moris さん，私の発音を細かく直し，舌唇音の録音を許可して下さった Vernabas さん，浜辺や畑，ジャングルを歩きながらツツバ島の生活や伝統をツツバ語でひとつひとつ教えて下さった Sara さん，会うたびにたくさんの昔話を聞かせて下さった Turabue さん，ツツバ島における学校教育や若者のツツバ語について説明下さった John さんに深く感謝いたします．そして居候者である私を家族の一員のように扱ってコミュニケーション方法を教えて下さった Elles さん一家に心からお礼申し上げます．

　本研究の遂行にあたり，ご支援下さった東京女子大学（川上貞子奨学金），日本科学協会（笹川科学研究助成）ならびに日本学術振興会（特別研究員奨励費）に感謝申し上げます．

　最後に，このたび博士論文を出版する機会を与えて下さいました京都大学大学院人間・環境学研究科の京都大学　平成 22 年度総長裁量経費　若手研究者に係る出版事業助成に関わられた冨田先生始め諸先生に謹んで厚くお礼申し上げ，謝辞の結びといたします．

索　引

[あ行]

アクセント　22, 52, 62, 86
　　——の消失　202
言い換えの名詞句　193
異化　51
一致　125, 320, 321, 402
移動動詞　212, 278, 312, 316-318, 321
意味拡張　286
イントネーション　53-55
ヴァヌアツ　2
オセアニア祖語　28, 35, 68, 69, 106, 186, 230, 241, 280, 296
音節　45

[か行]

格　118, 269
　　——支配　77, 127
拡張した自動詞　268
格変化　125
数　67
関係節　191, 426, 434
　　——のプロソディー　437
冠詞　105, 185, 194
間接所有　190, 218, 229, 240, 245
間接的使役　322
間接話法　450
感嘆詞　403
間投詞　107, 405
基数　151
既然法　118
基礎語彙　12, 43
北・中央ヴァヌアツグループ　9, 69

機能負担量　43
義務　136, 308
　　——の否定　136
疑問代名詞　162
疑問文　54
休止　86, 348, 408
　　——止の有無　413, 423, 437
繰り返しによる接続　414
形式主語　406
形態素　60
形容詞　96, 195, 332
　　——述語文　119, 334
　　——的用法の副詞　374
　　——と相　358
　　——と否定　360
　　——と法　356, 357, 359
　　——の意味グループ　344
　　——の連続　348
　　——を述語とする述部連結　352
言語習得　45
言語接触　44
現実的な仮定　431
語彙化　86, 407, 410
項　92, 95, 116, 269
行為動詞　311, 313, 316, 318, 321
項数　69, 95
　　——の変化　81
拘束語基　60, 61
拘束名詞　61, 146
公用語　2
コードスイッチング　45
国語　2
語形成　63
語順　125, 269

語基　48, 60, 80
固有名詞　148

[さ行]

再帰動詞　274
最上級　326
最小対　22, 27, 42
三数　158
子音　27
子音連続　46, 48
使役　68, 319–321
重文　53, 400, 413
指示機能　202
指示代名詞　68, 74, 157, 161, 191, 196, 198, 279, 434
舌唇音　27, 34
　　――の音変化仮説　35
指定の指示代名詞　201
自動詞　95, 257
　　――と自動詞による述語連続　311
斜格補語　101, 128, 384
斜格を支配する他動詞　276
借用　45, 48, 50, 60, 61, 239
自由語基　60
修飾構造　117
従属接続詞　103, 422
従属節の強調　427
自由変異　43
自由名詞　61, 146
受益動詞　277
主格　269
　　――補語　127, 159, 160
　　――を支配する前置詞　388, 394
　　――を支配する他動詞　127, 269
主語　125, 338
　　――代名詞　159
主節と補語節の法　451

述語　95, 116, 119
　　――連続　310, 311
述部の強調　403
述部連結　310, 314, 350, 359
　　――のプロソディー　413
条件節　431
小詞　108
消失　27
状態動詞　96, 317, 321, 332
焦点化　116, 134, 181
譲渡可能　221
譲渡不可能　220
序数　153, 227
所有者代名詞接辞　161
所有表現　165
進行相　137
数　118
数詞　150, 198
数量詞　157, 200
生物／無生物　384
節　116
接語　49, 62
接辞　60, 62, 265
接頭辞　63
接尾辞　71
　　――と接語　52
先行詞　434, 443
　　――の数　443
　　――の文法的役割　438
前置詞　101, 186
　　――の格支配　101, 384
前方照応　47, 74, 189, 193, 196, 202, 339, 341
相　137, 259, 260, 308, 323
双数　158
相補分布　78
存在詞　262
　　――の否定　263, 264

索 引

[た行]

対格　269
　　——補語　127, 134, 160
　　——を支配する前置詞　384, 386, 387
　　——を支配する他動詞　127, 271
　　——を支配する副詞　371
代名詞類　157
補文標識　319
脱落　52, 73, 342
他動詞　95, 269
　　——と自動詞による述語連続　312
　　——と他動詞による述語連続　313
　　——の格支配　269
　　——の形態的特徴　255
単語　60
単数と複数　63, 337
単文　53
知覚動詞　313, 445, 448
重複　52, 80, 81, 265, 266, 337, 372
　　——の回避　78
長母音化　53, 403
直接所有　190, 218, 221, 241
直接的使役　322
直接話法　450
定冠詞　106, 186, 188
転用　108
同音異義　39, 107, 405
同化　49
等位接続詞　103, 348, 400
動詞　95, 259
　　——句　304
　　——句の構造　304
　　——修飾の副詞　369
　　——述語文　119
　　——的用法の形容詞　97, 350, 359
　　——的用法の副詞　374
　　——連続　309

独立主語代名詞　159

[な行]

ニューヘブリデス諸島　2
人称　118
　　——代名詞　157, 158
　　——動詞　259
　　——標識　108

[は行]

倍数　154
排他形　158
場所をあらわす指示代名詞　208
派生　69, 258, 265
　　形容詞から名詞　70
　　指示代名詞から接尾辞　74
　　自動詞から他動詞　77
　　他動詞から自動詞　69
　　動詞から名詞　78
　　名詞から動詞　76
反義語　346
反復相　137
比較　325
非現実的な仮定　431
ピジン　2
ビスラマ語　2, 5, 8, 445
非対格動詞　259, 260
ピッチ　53, 403
否定　118, 136, 307
非人称動詞　257, 357
非能　259
品詞　92
フォルマント　25
付加詞　101, 116, 129
複合　83, 84
副詞　123

――述語文の否定　124
　――節　422
　――的な述部連結　323
　――的用法の形容詞　97, 354, 377
　――の格支配　98, 369
複数　64, 337
複文　53
普通名詞　145, 194
不定冠詞　106, 189
プロソディー　408, 413
文修飾の副詞　366
文の構造　116
分配数　155
文法範疇　118
分離可能所有名詞　220
分離接続詞　104, 402, 405
分離不可能所有名詞　220
平常文　53
並置　411, 413, 423, 449
母音　22
　　――交替　75
　　――連続　47
法　118, 135, 428
包括形　158
方向をあらわす指示代名詞　212
補語代名詞　160
補語節　448
　　――標識　449, 456
　　――標識の省略　449

[ま行]

未完了相　137
未然法　118

無生物　389
名詞　92
　――化　78
　――句接近可能性　443
　――句の構造　164
　――句の主要部
　　疑問代名詞　181
　　固有名詞　172
　　指示代名詞　179
　　数詞　174
　　数量詞　177
　　独立主語代名詞　178
　　派生した名詞　182
　　普通名詞　170
　　名詞的用法の形容詞　183
　――句の統語的機能　169
　――句標識　341
　――述語文　120
　――述語文の否定　122
　――的用法の形容詞　98
　――の形容詞的用法　94
　――の動詞的用法　94
　――標識　76, 355
命令文　55
物をあらわす指示代名詞　206

[ら行]

略号　15
両用動詞　254, 415
　　――の格支配　254
類推　228
類別詞　109, 200, 229
連結辞　111, 241, 245

[著者略歴]

内藤真帆（ないとう　まほ）

1976年鹿児島県生まれ．博士（人間・環境学）（京都大学，2008年）．2001年東京女子大学現代文化学部言語文化学科卒業，2003年，京都大学大学院人間・環境学研究科修士課程修了．2008年3月，同博士課程修了．2008年4月から2011年3月まで日本学術振興会特別研究員，2011年4月より京都大学大学院アジア・アフリカ地域研究研究科研究員，大阪大学非常勤講師．専門は言語学．
主な著作に「ツツバ語の移動動詞と空間分割」（『言語研究』136，2009年），Tutuba Apicolabials: Factors Influencing the Phonetic Transition from Apicolabials to Labials (*Oceanic Linguistics* 45(1)，2006)，「ツツバ語の所有表現」（『DYNAMIS—ことばと文化—』9，2005年）など．

（プリミエ・コレクション　8）
ツツバ語　記述言語学的研究　　　　　　　©Maho Naito 2011

2011年8月30日　初版第一刷発行

著　者　　内藤真帆
発行人　　檜山爲次郎
発行所　　京都大学学術出版会
京都市左京区吉田近衛町69番地
京都大学吉田南構内（〒606-8315）
電　話　(075) 761-6182
FAX　(075) 761-6190
URL　http://www.kyoto-up.or.jp
振　替　01000-8-64677

ISBN978-4-87698-570-8　　　　印刷・製本　㈱クイックス
Printed in Japan　　　　　　　価格はカバーに表示してあります

本書のコピー，スキャン，デジタル化等の無断複製は著作権法上での例外を除き禁じられています．本書を代行業者等の第三者に依頼してスキャンやデジタル化することは，たとえ個人や家庭内での利用でも著作権法違反です．